ISBN 978-0-282-47540-6
PIBN 10493938

1 MONTH OF
FREE
READING

at
www.ForgottenBooks.com

By purchasing this book you are eligible for one month membership to ForgottenBooks.com, giving you unlimited access to our entire collection of over 700,000 titles via our web site and mobile apps.

To claim your free month visit:
www.forgottenbooks.com/free493938

English
Français
Deutsche
Italiano
Español
Português

www.forgottenbooks.com

Mythology Photography **Fiction**
Fishing Christianity **Art** Cooking
Essays Buddhism Freemasonry
Medicine **Biology** Music **Ancient**
Egypt Evolution Carpentry Physics
Dance Geology **Mathematics** Fitness
Shakespeare **Folklore** Yoga Marketing
Confidence Immortality Biographies
Poetry **Psychology** Witchcraft
Electronics Chemistry History **Law**
Accounting **Philosophy** Anthropology
Alchemy Drama Quantum Mechanics
Atheism Sexual Health **Ancient History**
Entrepreneurship Languages Sport
Paleontology Needlework Islam
Metaphysics Investment Archaeology
Parenting Statistics Criminology
Motivational

Die Nibelungenstraße

Ein kulturgeschichtliches Wanderbuch

von

Oskar Vinzenz Ludwig

Mit 48 Illustrationen und 2 Karten

Volksverband der Bücherfreunde
Wegweiser-Verlag G. m. b. H.
Berlin

Meinem Klosterneuburger Freunde

Julian Sartorius

Vorwort

Die erfolgte Aufhebung des Paßvisums zwischen Deutschland und Österreich hat die Herzen aller Österreicher, die sich mit dem deutschen Bruder=volke eins fühlen, höher schlagen lassen: ist doch jetzt endlich die Bahn frei geworden für den unbehinderten Verkehr und eine unnatürliche Schranke wieder gefallen.

Der jährliche Strom der Studienreisenden, Touristen und Ausflügler, die das Donautal entlang pilgern, beweist, wie überaus lebhaft das Interesse für die landschaftlichen und kulturellen Werte der „Nibelungenstraße" nicht nur die be=nachbarten und entlegeneren deutschen Stammesangehöri=gen, sondern auch zahlreiche Ausländer erfaßt und jeden in den Bann schlägt, der jemals auf einem der schmucken und ein=ladenden Schiffe der Donau=Dampfschiffahrts=Gesellschaft stromab= oder stromaufwärts die länder= und städteverbin=dende Donaustraße befährt. Es muß deshalb als eine Auf=gabe von Bedeutung und praktischem Werte erscheinen, eine zusammenfassende Darstellung über die alte Völkerstraße der Öffentlichkeit und zumal dem reisenden Publikum in die Hand zu geben: sie dürfte gewiß willkommen sein und Anklang auch bei jenen finden, die sich zwar durch die bereits gang=baren „Führer" erster und zweiter Güte Unterweisung und Belehrung geholt haben, jedoch einer ebenso zusammenfassen=den als in die Tiefe gehenden Besprechung und Erläuterung der mit der „Nibelungenstraße" verknüpften wichtigen Fragen und Erscheinungen nicht gerne entraten möchten. Freilich läßt sich die ganze Summe all dieser Probleme nicht in einem einzigen Buche erschöpfen. Beweis dafür ist die bereits vorhandene große Literatur, in deren Bereich allerdings manches Gebiet noch recht stiefmütterlich vertreten erscheint. Das große Publikum will sich aber auch nicht auf Umwegen zeitraubender Zerklitterung des Forschungsmaterials und umständlichen Quellenstudiums unterrichten, es will lieber rasch und mühelos über alles Wissenswerte aufgeklärt werden. Dieser Umstand bildete eine Richtschnur und einen Wegweiser für die Anlage dieses Buches, das aber den Mängeln und mancherlei Ungereimtheiten des sich fälschlich „populärwissenschaftlich" gebärdenden Schrifttums aus dem Wege gehen soll. Zugänglichkeit für die Gebildeten aller Stände bei Wahrung der wissenschaftlichen Erkenntnisresultate und bei kritischer Betrachtungsweise sei die einzuhaltende Norm.

Als Nibelungen gau im landläufig-geographischen Sinne käme nur ein kleines Gebiet in Betracht; als Nibelungenstraße sei es uns vergönnt, den ganzen Donauweg von Passau bis Hainburg in den Kreis unserer Betrachtung zu bringen, ohne hiermit eine mit der österreichischen Landesgrenze konkordierende Absteckung geben zu wollen. Im Gegenteil: Der Begriff „Nibelungen" — heute von einer geradezu programmatischen politischen Bedeutung geworden — verträgt ebensowenig eine solche Absteckung wie jener Teil unserer blauen Donau, an deren Ufer Angehörige deutscher Zunge wohnen.

Es ist dem Verfasser gelegentlich seiner oftmaligen Fahrten auf der Donau mehrmals aufgefallen, wie schlecht beschlagen die große Mehrzahl der Reisenden — ich muß in

vielen Fällen leider auch die eigenen Mitbürger unseres
Donaustaates hierbei einschließen — im Betreff der sich in
ständigem Wechsel der vielfältigsten Formen darstellenden
Sehenswürdigkeiten und Merkwürdigkeiten zu nennen ist.
Schlechtinformierte, dafür aber gut bezahlte Cicerone gewisser Unternehmungen offenbaren oft eine derartige Un-
wissenheit und tischen den arglos lauschenden Zuhörern Un-
richtigkeiten und Fabeleien in so reicher Menge auf, daß der
Kenner seinen Ohren nicht zu trauen glaubt und nicht weiß,
worüber er mehr staunen soll: über die Ignoranz oder über
die Unverfrorenheit, mit der sie auftritt. Diese Tatsache führt
zu manchen falschen Vorstellungen und beklagenswerten Folgen: zu falschen Bildern, die sich zumal der Ausländer von
dem Gehörten und Geschauten macht, zu unrichtigen Ein-
stellungen, z. B. gegenüber der gerade für unsere Gegenden
so wichtigen Kunstform des Barocks oder — in einem andern
Falle — unserm Volkstum und seiner Eigenart, die öfter
schon verkannt wurde. Das sind dann nicht wieder gut-
zumachende Fehler, schwere Unterlassungen, ein Unrecht am
Hörer wie an dem geschilderten Objekt.

Der Volksverband der Bücherfreunde trägt der Lücke Rechnung, die das deutsche Schrifttum bisher infolge Fehlens
einer abgerundeten, alles Wesentliche zusammenfassenden
und alle neuesten Forschungsresultate verwertenden Schilderung des uralten Nibelungenweges aufzuweisen hatte. Es
kann nicht geleugnet werden, daß der einzubegreifende Stoff
an sich fast unbegrenzt ist, wollte man alle in Betracht kommenden Momente berücksichtigen, wie sie sich im Bereich der
einzelnen Wissens- und Erkenntnisgebiete mit ihren Verzweigungen und Verästelungen aufzeigen lassen, oder wollte

man gar Detailforschung in erschöpfender Weise pflegen.
Dazu ist weder der genügende Raum vorhanden, noch wäre
dies dem Zwecke des Buches entsprechend. Welche ungeheure
Fülle von Daten müßte allein das Kapitel „Donauverkehr"
oder eine halbwegs ausführliche Geschichte der Donauburgen
in Erscheinung treten lassen. Und schließlich wäre es mit
allen diesen mühselig zusammengebrachten Daten noch lange
nicht getan, solange das geistige Band fehlt, das heißt: das
Typische, Bildgebende, Wesentliche muß sich herauskristalli-
sieren, um sich den rechten Begriff und die richtige Vorstellung von dem betreffenden Betrachtungsobjekt grund-
sätzlich machen zu können.

Unsere österreichischen Gaue sind noch lange nicht der All-
gemeinheit so erschlossen, wie sie es verdienen würden, und
besonders der „Strudengau" und die „Wachau" führen
gegenüber der Rheinlandschaft noch immer ein Stiefkind-
dasein im gesamteuropäischen Reiseverkehr. Daran hat auch
die Internationalisierung der Donau seit dem Abschluß des
Weltkrieges nicht viel geändert, wenn auch die günstigeren
Valutaverhältnisse den Angehörigen der besser situierten
Staaten gute Gelegenheit zu billigem Besuche unserer
Donaugegenden geben. Selbst unsere deutschen Brüder und
Volksgenossen, die der Schönheit der österreichischen Alpen-
welt ein offenes Herz und verständnisvolle Augen entgegen-
bringen, sind in betreff der „Nibelungenstraße" häufig noch
unwissend, soweit es das alte „Osterland" angeht. Und doch
ist dieses Land, um ein Wort zu gebrauchen, das vor bald
600 Jahren von keinem Geringeren gesprochen wurde als
dem vielleicht genialsten Fürsten des habsburgischen Hauses,
von Herzog Rudolf IV. dem Stifter, das „fürnehmste Ge-

liede des römisch=deutschen Reiches...", das liebliche Land, von dem unser Grillparzer sagt, es sei „der wangenrote Jüngling zwischen dem Manne Deutschland und dem Kinde Italien"!

Schließlich möge man es nicht als unbefugte Überhebung deuten, wenn wir behaupten, daß unser Buch auch eine programmatische Bedeutung besitzt: Es zeigt, wie sich der Donauweg für den Osten Europas als hervorragendste Kulturstraße erwies, die bis heute nicht nur nichts an Wert eingebüßt hat, sondern im Falle friedlicher Entwicklung der politischen europäischen Verhältnisse neuem pulsierenden Leben entgegensehen könnte, vergleichbar einer ungeheuren Hauptschlagader, die vom und zum Herzen Europas führt, Osten und Westen einander nähert, zusammenfügt und in dem vielleicht einmal zur Wirklichkeit werdenden Staatengebilde „Vereinigte Staaten von Europa" mit dem Rhein in Verbindung den wirtschaftlichen Aufschwung unseres alten Erdteils zur Tatsache werden läßt. Hier tritt das in der Geschichte mitunter beobachtete Ereignis ein, daß „neues Leben aus Ruinen sprießt", aus Ruinen, sage ich, die einstige Größe, kulturelle Höhe und jubilierendes Leben kaum noch ahnen lassen.

Prof. Dr. O. V. Ludwig.

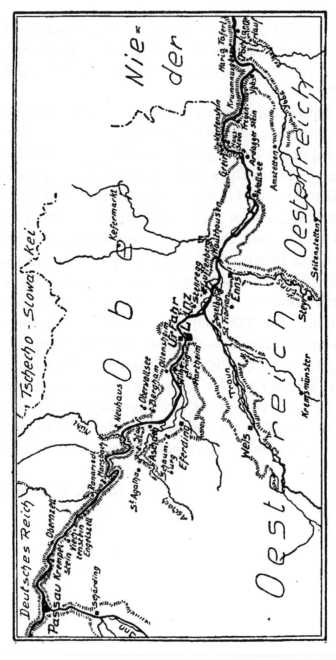

Die Donau von Passau bis Pöchlarn. Maßstab: 1:1,500000.

Die geologische Entwicklung der Donaulandschaft an der Nibelungenstraße

Wetterumtoste Bergeshäupter, die sich stolz über demütig-stille Auniederungen erheben, Steingehänge und getürmte Felsenmassen, zwischen denen Abgründe klaffen, sanft geneigte wald- und weinbewachsene Bergeslehnen, der rauschende Strom, der durch Engen sich zwängt, dann wieder ackerreiche Ebenen und saftige Wiesen umschlingt und auf seinen wanderlustigen Wogen die Holzlast seiner Forste und die Granitsockel seiner Uferwände trägt, — das sind die buntgewürfelten Elemente, aus denen sich das Mosaik der oberen Donaulandschaft zusammensetzt. Altväterisch behäbige Wirtschaftshöfe, weinberankte niedliche Häuschen mit farbenfrohen Vorgärtchen, verträumt am Strande sich sonnende Ortschaften, aus denen ein spitzes gotisches Türmchen hervorlugt, wenn nicht vielleicht ein barockverschnörkelter Zwiebelturm den Wachdienst übernommen hat, verwitterte Bildstöcke und Marterln, die obstbaumumsäumten Wege begleitend, aus dunklen Föhrenmassen oder hellerem Grün des Laubbestandes hervorblinkende Schlösser, prächtige Klosterpaläste, altersgraues vielgestaltiges Ruinenmauerwerk längst verfallener Burgen und trotziger Festen: das sind die nicht mißzuverstehenden Zeichen einer Romantik, die dem Donauwanderer, vorab

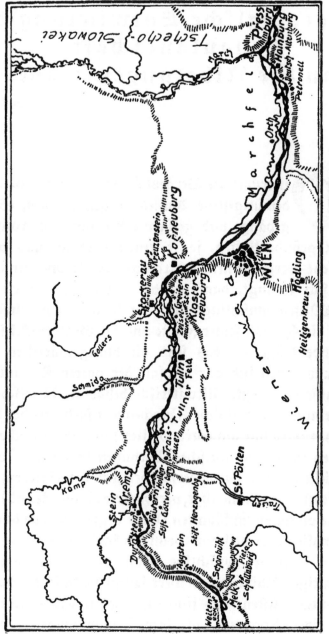

Die Donau von Melk bis Preßburg. Maßstab: 1:1,500000.

dem Maler und Dichter, immer wieder wechselnde und an=
ziehende Bilder darbietet. Dem Kulturhistoriker aber sind es
Marksteine geschichtlicher Erinnerung, die sich ihm mit der
Sicherheit eines Naturereignisses erschließt, so oft er Da=
nubia, der „keuschen Braut der Nibelungen" — wie ein
Jünger dieser lobesamen Gilde sie treffend genannt hat —
forschend und bewundernd in die blauen Augen blickt.

Doch der Geologe vermag noch weiter zurückzuschauen,
erdgeschichtliche Vorzeit liegt wie ein aufgeschlagenes Buch
vor ihm. In den Schriftzeichen desselben kann er lesen, wie
diese Landschaft ihren Anfang genommen hat und das Ant=
litz dieses Stückchens Erde gebildet ward.

Eine Senke trennte einst die jungen Faltungsketten der
Alpenmassen von dem uralten zerstückelten und zu Schol=
len zertrümmerten variskisch=armorikanischen Nordgebirge.
Diese Senke, die sich noch zwischen den Karpathen und Alpen
nach Zertrümmerung dieses Bogens östlich fortsetzte, war
mit einem Meeresgewässer erfüllt, das vom Golf du Lyon
durch das Alpenvorland der heutigen Schweiz, Süddeutsch=
lands und Österreichs flutete, durch die St.=Pöltner=Enge
mit dem Wiener Becken und durch die Karpathenpforte mit
der großen pannonischen Bucht, ferner nordwärts über
Marchfeld und Weißkirchner Wasserscheide (mährische
Pforte) mit der nordkarpathischen Bucht in Verbindung
stand. Wenn wir uns dies vorstellen wollen, werden wir
uns der weiten, trogartigen Meeresmulde erinnern müssen,
die in dem Geologen unter dem Namen Tethysmeer die Vor=
stellung eines bis zum Alttertiär reichenden großen Mittel=
meeres erweckt, von dem der südliche Teil in Form des Mittel=
ländischen Meeres heute noch existiert, während der nörd=

liche eingetrocknet ist. Als im Pliozän diese durch den Verlust
der Vereinigung mit dem Mittelländischen Meere in einzelne
Seen aufgelösten Wassermassen nach und nach verschwan=
den, hatten die in dieses ehemalige mitteleuropäische Meer
mündenden Flüsse ihr Bassin verloren, das sie bisher füllten.
Sie mußten sich also auf dem vom Meerwasser entblößten
und mit Sedimentschichten bedeckten Grunde ihren Weg
bahnen. Das mußte dazu führen, daß die tiefsten Stellen
dieses vormaligen Meeresgrundes nun zu einer Wasserrinne
wurden, in welcher alle die verschiedenen aus Nord und Süd
herandrängenden Wasseradern sich sammelten, um vereinigt,
immer mächtiger anschwellend, den tieferen Lagen zuzuströ=
men und in einem Mündungsgebiet ihre Wassermassen aus=
zuschütten. Das aber hatte zur Folge, daß die Donau — denn
diese war und blieb jener mittlere Sammelstrom — häufig
eine Bahn einschlug, die uns heute durchaus nicht als die lo=
gische und durch das jetzige Relief bedingte erscheinen mag,
und mitten durch harte Gebirgsmassen, zwischen Alpen=
vorland und dem uralten nördlichen Granitmassiv in so=
genannten epigenetischen Einschnitten ihren Weg nimmt,
indem sie einzelne Südenden dieses Massivs abschneidet.

Diese geologische Arbeit läßt sich stellenweise noch heute
ausgezeichnet studieren. Je weiter das Meer infolge der Ver=
landung zurückwich, desto tiefer ostwärts folgte die Urdonau,
wobei das schwankende Niveau des Meeres in dem Bild der
zum Teil noch erhaltenen Terrassen sich widerspiegelt. Der
verdiente Geologe der Donaulandschaft, Hassinger, hat solche
an Hand lehrreicher Querschnitte zur Anschauung gebracht.
Der Westumrandung des Wiener Beckens konnte er ein
Höchstniveau des Binnenmeeres von 540 m zusprechen.

Mehrmalige Aufschüttungen bewirkten dann vorübergehend Störungen des Laufes, die aber später infolge Abtragung beseitigt wurden. Dies war z. B. zwischen Melk und St. Pölten der Fall, eine Strecke, die einstmals von den Donau= wassern durchfurcht wurde. Mit dem Abzuge der pontischen Gewässer vollzog die Donau den Durchbruch durch die Ter= tiärschichten und sägte sich nach Durchschneidung derselben in das darunterliegende Urgestein hinein.

Dieser Tatsache verdanken wir heute auf einer Länge von nur 35½ km, welche der Fluß im österreichischen Reichsgebiet zurücklegt, den Anblick der reizenden, abwechslungsreichen Donaulandschaft mit ihren Engen zwischen Passau und Aschach, vor Linz, zwischen Grein und Persenbeug, ferner das Wunderland der Wachauer Formenfülle, dann als wir= kungsvolle Kontraste hierzu die breiten Becken von Eferding, von Linz, von Krems, von Tulln und Wien. Wie der Haupt= strom, so haben es auch in den Nebenfurchen die Zuflüsse ge= macht: tiefe Einschnitte senkten sie in das Gebirge ein und schufen auch ihrerseits erkennbare Terrassenkerben. Gegen diese genannten grundlegenden Faktoren in der Geschichte der Landschaftsbildung haben die späteren glazialen und post= glazialen Phänomene verhältnismäßig geringere Spuren hinterlassen. So dankenswert für die Schönheit des so zu= stande gekommenen Bodenreliefs die geschilderte Entwicklung uns auch erscheinen mag, ergibt sich doch auch eine weniger erfreuliche Tatsache aus diesem Werdegange: der stetige Wechsel des Flußgefälles, der sich für die Schiffahrt auch trotz moderner technischer Vollkommenheit der Schiffs= maschinen oft in störender Weise bemerkbar macht. Ältere und jüngere Terrassenschotter der Eiszeit haben mitgewirkt,

besonders an den Rändern der Stromebenen den Land=
schaftscharakter zu modifizieren, während der Löß in mit=
unter bedeutender Schichtungsmasse (bei Krems z. B. 25 m)
die Form verkleidete. Ergibt sich bei den Talquerschnitten ein
zeitweiser Wechsel des Profils (bei Grein nur ½ km, bei
Ardagger zirka 4 km breit), so ist der Ausschlag der Breite
des Uferlandes noch ein viel krasserer. So wird im Tullner
Becken ein Uferland von 5 km, im Marchfeld in der drei=
fachen Breite gemessen. Eine Unzahl von Inselchen bietet an
solchen verbreiterten Uferlandstrecken das Bild einer durch
viel Arme und Wassergräben durchzogenen Au, deren
mannigfaltige Verzweigungen in der Zeit, da noch keine Re=
gulierung des Hauptstrombettes erfolgt war, den Eindruck
eines Insellabyrinths gemacht haben muß, wie es uns die
alten Kartographen öfter festgehalten haben.

Ein Phänomen, das die Eigenart des Stromlandes der
Donau bestimmt und auf welche der berühmte Geologe
Sueß, gestützt auf Untersuchungen Baers, hingewiesen hat,
ist ihre Tendenz, das rechte Ufer in einem höheren Maße zu
erosieren als das linke, und die infolge dieser rascheren Zer=
störung des rechten Ufers stetig zu beobachtende Abweichung
aus der meridionalen Richtung. Daß dabei die Umdrehung
der Erde eine Rolle spielt, haben die eben genannten Forscher
mit großer Wahrscheinlichkeit angenommen und wird be=
stätigt durch jene Erscheinungen, mit welchen sich die Strom=
regulierung zu beschäftigen hat. Harte Gesteinsmassen und
der Seitenstoß der entgegenwirkenden Zuflüsse verhindern
stellenweise diese Ausbuchtung nach rechts, doch jede Niede=
rung gibt ihr neue Entfaltungsmöglichkeiten.

Wie gewaltig dieser Zug nach dem rechten Ufer sich aus=

Blick von der Ruine S

Blick auf Klosterneuburg

wirkt und wie nachhaltig er das Gedeihen der an diesem
Strande liegenden Siedlungen beeinflußt, dafür ist das Bett
der alten Donau in Floridsdorf und Donaufeld (Wien XXI)
ein ebenso schlagkräftiger Beweis, wie die schwierigen und
kostspieligen Regulierungsarbeiten, die Wien dieser Tendenz
des Stromes entgegensetzen mußte, um nicht in ihrem
innersten Stadtweichbilde an Raum zu verlieren. Was die
Donau dem rechten Ufer genommen, das schüttete sie an
Grundbänken auf und lagerte sie am linken Ufer ab. Ton=
schlamm (Silt), Sand und Stromgeschiebe haben an solchen
Stellen weitausgedehnte Auen geschaffen und zur Bildung
von Donauinseln Anlaß gegeben. Diese Auen wurden eine
mit üppigstem Vegetationsreichtum bedeckte Welt für sich.
Sie geben, wo man sie in ihrer Ursprünglichkeit belassen und
nicht abgeholzt und als Ackerboden und Wiesengrund in Be=
nutzung gezogen hat, der Stromlandschaft ein lebensvolles
Charakteristikum, zumal im Frühjahr, wenn sie sich zuerst
mit frischem Grün belauben, während die benachbarten
Lehnen und Berghänge infolge der geringeren Bodenfeuchte
noch dieses Schmuckes entbehren, und wenn sie im Farben=
rausch einer mit allen Nuancen ausgestatteten Palette pran=
gen, sobald der Herbst ins Land kommt. Dort findet der Land=
schaftsmaler eine nie versiegende Quelle zur Befruchtung
seiner künstlerischen Tätigkeit: Der zarte rötliche Schimmer
der Baumknospen, das Hellgrün der kaum zum Lichte ge=
borenen Blättchen und Rispen, das Silberweiß der Pappel=
weiden, das Olivgrün üppiger Sträucher, das schatten=
spendende Dunkel des sommerlichen Laubdaches, die Skala
roter Farbentöne und das leuchtende Gold der verfärbten
Herbstblätter geben jeder Jahreszeit ihre bestimmte Note.

Es ist ein Schwelgen in Farbensymphonien, zu denen der flimmernde Sand der sonnenbeschienenen Ufer, die glitzernden Kämme des Wellenschaumes und das Tiefblau der ruhig dahinfließenden Strömung die Folie bieten.

Der heftige Wellenschlag, hervorgerufen durch die größeren Fahrzeuge, noch weit mehr aber die häufigen Hochwasser, die zur Zeit der Schneeschmelze und in längeren Regenperioden mit ungeheurer Kraft an die Ufer branden, ja selbst niedrige Dämme, Soorne und Bunen überschwemmen, unterwaschen unaufhörlich die Böschungen, so daß nur gewaltige Schutzdämme dem fortwährenden Nagen und Abbröckeln Einhalt tun können. Wo einzelne Felsen der ununterbrochenen Unterwaschung Widerstand leisten, kommt es zu gefährlichen Klippenbildungen, die, nur bei Niederwasser sichtbar, eine ständige Bedrohung der sicheren Schiffahrt bilden. Wo sich diese Klippen, die man an den gefährlichsten Stellen durch Sprengung beseitigt hat, noch vorfinden, ist die höchste Wachsamkeit des Steuermanns notwendig, um schweres Unheil zu verhüten. Dort wird der kulturfreundliche Strom zum feindlichen Element, an dem schon oft die menschliche Klugheit auch in der Zeit modernster Technik scheitern mußte. Die landschaftliche Schönheit, bedingt durch die Kräfte der Naturgewalten, wird hier zur gefährlichen Lorelei, die den Schiffer ins Verderben lockt. Aber trotzdem verdankt ihr vor allem der Donaufahrer all die schönen Eindrücke, die sich ihm auf den Wellen und an den Ufern des Nibelungenstromes darbieten.

Wenn die Donau bei Passau das österreichische Gebiet erreicht, dann hat ihre Freigebigkeit schon viel des Schönen gespendet. Von den Quellen der Brege und Brigach und

vom Schloßhof zu Donaueschingen angefangen, hat sie in
abwechslungsreichen Szenerien Fruchtland und Felsenengen,
Heiden und Wiesen und romantische Einsamkeiten, gekrönt
von Burgen und Ruinen, durchflossen. An zahlreichen an=
mutigen Dörfchen, an historisch berühmten Stätten längs
der uralten Römerstraße ist sie durch das danubische Ger=
manien hindurchgekommen. Sie hat nicht nur die einstmals
wohlbefestigten römischen Brückenköpfe und Kastelle der rö=
mischen Heeresstraße berührt, ihre Wogen umspülten auch
ehrwürdige Orte, von denen aus sich das Christentum donau=
ostwärts verbreitet hat, aber auch Denkmäler mittelalter=
licher Städtekunst wie Erinnerungszeichen vaterländischen
Ruhmes. Sie hat die im Mittelalter hochberühmte Reichs=
stadt Regensburg passiert, die den Stapelplatz und das
Hauptwarenlager des Donauhandels bildete, wo sich — an=
knüpfend an die römische Tradition, die durch die Porta prae=
toria symbolisiert wird — in ununterbrochener Folge der
Donauverkehr und Donauhandel zu dem mächtigsten seiner
Zeit entwickelte und bedeutsame Kulturelemente dem Osten
zuführte.

Bei den ehemaligen Klöstern Ober= und Niederaltaich
kam sie an jenen Zentralpunkten der Kultur und Zivilisation
vorüber, von wo aus schon in der Karolingerzeit eine leben=
dige Verbindung mit dem mittleren Donautal, vorzüglich
mit der Wachau geschaffen wurde, die sich fruchtbringend
für beide Teile erwies. Nach einer kurzen Zone, in der die
Raublust gewalttätiger Rittergeschlechter sie in Ketten
spannte und den freien Donauhandel in Fesseln schlug, er=
reicht sie Passau, das Castra batava der Römer. Wo ein=
stens Norikum und Vindelicien aneinander grenzten, stehen

2*

auch derzeit noch die österreichischen und bayrischen Grenz=
pfähle längs der Ufer des Inn. Die weit vorgeschobene Land=
zunge zwischen Donau und Inn, auf der die alte Bischofs=
stadt erbaut ist, der Granitfelsen zwischen dem Hauptstrom
und der dunkel gefärbten Ilz, der die Festung Oberhaus
trägt, der Zusammenfluß der drei Gewässer, der Passau zu
einem Flußknotenpunkt stempelt, verleiht der Stadt ein ma=
lerisches Bild, wie es uns in dieser von der Natur so meister=
lich geschaffenen Szenerie nicht so bald mehr in Europas
Bilderbuch begegnet. Hatte der Strom nicht weit vor Passau
sich durch das gefürchtete wirbelreiche Windorfer Kachlet
hindurchzuzwängen, so wälzt er jetzt seine durch Inn und
Ilz verdoppelte Kraft in die Talengen, die der Rheingegend
ebenbürtig sind, an Wildheit sie jedoch gewiß übertreffen.
Es sind die letzten Ausläufer des Böhmer Waldes mit be=
waldeten, steil zum Strom abfallenden Plateaus, mit alters=
geschwärzten dunklen Felsen, auf denen hin und wieder
Trümmer einstiger Behausungen zwischen Tannen und Fich=
ten emporragen. Wo sich im Gehänge eine Lichtung öffnet,
wird mitunter ein behäbiges Gehöft sichtbar, taucht wohl
auch das Kirchtürmchen einer kleinen Ortschaft aus Wald=
und Wiesengrün auf. Es ist ein vielgestaltiges Schlingen
und Branden um vorspringende Granitnasen, so daß der
Strom, der widerspenstig grollend mit höchster Geschwin=
digkeit dahinbraust, gezwungen wird, in S=förmigen Schlei=
fen seine Kraft immer wieder zurückgedrängt zu sehen.

Schluchten tun sich auf, aus denen Nebengewässer herab=
stürzen. Der Strömung begegnet die Gegenströmung, mit=
unter will es scheinen, als wäre dem Wasser der Ausgang
versperrt, und wie bei einem Alpensee schließen sich die Ku=

lissen des Hintergrundes. Dann plötzlich wieder öffnet sich
bei einer scharfen Biegung das Tal, und von erhöhtem
Standort aus übersieht man drei verschiedene Strecken eines
und desselben Stromes, als dürften sie unabhängig voneinander zu verschiedenen Stromgebieten gehören. Nach
stundenlanger Fahrt weitet sich die Enge. Eine fruchtbare
Ebene öffnet sich den in die Ferne schauenden Blicken. Während die Wogen mit dem Aschacher und Brandstätter Kachlet
kämpfen, dehnt sich sonnenbeglänzt das Eferdinger Becken
zwischen den letzten Ausläufern des Mühlviertler Berglandes
und den beginnenden Voralpen aus. „Uffgau", d. i. offener
Gau, hat sie das Mittelalter genannt, und Eferding war
jener Ort, wo die Nibelungen auf ihrer Fahrt zu König Etzel
Herberge nahmen. Noch einmal treten die Berge knapp zueinander heran, bevor der Strom die oberösterreichische
Hauptstadt Linz erreicht. Ottensheim und Wilhering, das
eine durch sein Schloß, das andere durch sein Stift gekenn-
zeichnet, sind die Eingangspforten zu der mit schönen Wal-
dungen geschmückten Stromenge, die mit dem Pöstlingberg
am linken Ufer und mit dem Kirnberg am rechten Ufer die
reizvolle Umgebung der Stadt bildet. Sie beherrscht den
wichtigen Übergang in das Moldautal und ist mit dem
ganzen Gelände ein bedeutsamer strategischer Punkt. An die
Linzer Ebene schließt sich hart an der Stelle, wo bei Mauthausen der Granit zur Donau herabreicht, das Wallseer Augebiet an. Der Traunfluß und die Enns bringen aus dem
Hochgebirge neue Gewässer herbei, die Geschiebe und Geröll
ablagerten und zur Insel- und Aubildung beigetragen haben.
Hinter Wallsee stoßen die Gebirgsausläufer an beide Ufer
heran, bis sie bei Grein eine neue Enge bilden, die als Greiner

Strudel bekannt und gefürchtet ist. Es scheint, der Strom
würde durch aneinanderrückende Felsen in seinem Weiterlauf
gänzlich aufgehalten werden. Das kleine Inselchen Wörth
teilt die Fahrrinne; die zur rechten Seite wird „Hößgang"
genannt, zur linken der eigentliche „Strudel", dessen zerstö-
rende Gewalt zu bekämpfen erst zu Kaiserin Maria Theresias
Zeit versucht wurde. Heute freilich ist der Strudel und der
demselben folgende Wirbel reguliert, er bleibt aber trotzdem bei tiefem Wasserstand noch immer eine zur Vorsicht
mahnende Episode der Schiffahrt. Wie in vergangenen Zeiten diese Stromenge und ihre Gefahren oftmals in den leb-
haftesten Farben geschildert wurden, so haftet an ihr heute
noch ein über das Gefühl des Romantischen hinausgehender
Eindruck, der manche Reisende mit einiger Bangigkeit erfüllt. Wir können es gut begreifen, daß hier die Phantasie
nicht nur der Sage reiche Nahrung bot, sondern auch der
geschichtlichen Erinnerung, die sich an das im 12. Jahrhundert schon errichtete Spital für die im Strome Verunglückten
zu Sankt Nikola knüpft. Bald nach Sarmingstein kommen
die erregten Wogen in dem nun breiter werdenden Strom-
bette wieder zur Ruhe und, wie bei Aschach, so öffnet sich
auch hier mit einem Schlage ein großes, flaches Becken, das
geologisch und hydrographisch interessant ist und den Namen
„Die Gottsdorfer Scheibe" führt. Es ist hiermit das von
der Donau in mehrfachen Absätzen abgelegte und von ihr
in einem gewaltigen Bogen umschlossene Alluvium in der
Nähe der Mündung der Ybbs gemeint. „Böse Beuge" nannte
man einst diese weit ausholende Donauschleife, und die alte
Burg Persenbeug liefert diesen Namen weiter. Auch hier
ist echter Nibelungenboden.

Wo sich bei Krummnußbaum und Marbach die Donau wieder in ihre Hauptrichtung gedrängt sieht und am rechten Ufer die Erlaf mündet, befindet sich die klassische Stätte der Nibelungensage: Markgraf Rüdigers Bechelaren (Pöchlarn), das Arelape der Römer, an die ein mächtiger Turm am Ufer erinnert. Nach kurzer Strecke, innerhalb der jene schmale Au liegt, durch die der alte Donauweg führte, gelangt der Strom an die Melker Felsen und damit an die Pforte des Donaudurchbruches, der mit dem Strudengau und mit der Passauer Strecke soviel Ähnlichkeiten hat, jedoch zu größerer Beliebtheit und Berühmtheit bei den Donaureisenden gelangt ist. Es ist die Wachau. Wieder ist es ein epigenetisches Tal, das alle landschaftlichen Reize in sich birgt, wie sie einem solchen eigen. Hier hat die Natur einen großen Anteil an der Schaffung eines lieblichen und dabei hochromantischen Stromgebietes, das heute zu den am meisten besuchten Ausflugszielen gehört. Hat sich die frühere Zeit auf die Strecke zwischen Spitz und Dürnstein mit der Bezeichnung Wachau festgelegt, so hat man in neuerer Zeit diesen Namen auf den ganzen Durchbruch, und zwar zwischen Melk und Krems, ausgedehnt.

Ein Juwel innerhalb der Köstlichkeiten dieses vielbesungenen Tales ist Dürnstein mit seinem durch steil abstürzende Felsenriffe gebildeten Hintergrund. Zwischen Stein bzw. Krems am linken und Mautern am rechten Ufer weitet sich wieder die Landschaft, wenn auch der niedrige Abfall der Gföhler Berge und die terrassenförmigen Abstufungen des Wagrams noch längere Zeit das linke Ufer des Stromes begleiten. Bei Hollenburg und dem sogenannten Wetterkreuz am rechten Ufer, wo sich in der Nachbarschaft, in der Nähe der Traisenmündung, das alte römische Trigisanum (das heutige Traismauer und weiter hinein Stift Herzogenburg) befindet, treten die Hügel und Berge immer weiter zurück. Eine große fruchtbare Ebene tut sich auf, das Tullnerfeld. In weitem Bogen begrenzt es südlich die Ausläufer des Wiener Waldes, die erst wieder mit den steinbruchreichen Abhängen von Greifenstein an den Strom herantreten, während am linken Ufer schief gegenüber die mit der Kreuzensteiner Burg gekrönten Ausläufer des Manhartsgebirges die Donau abschließen, um jedoch am selben Ufer einer kleineren Beckenlandschaft Raum zu gewähren, dem sogenannten Korneuburger Becken. Knapp vor Wien treten nochmals zwei stark erodierte Anhöhen einander näher und bilden so eine Art Donauenge. Es sind der Bisamberg am linken und das Kahlengebirge mit dem Steilabfall des Leopoldsberges am rechten Ufer. Die beiden Anhöhen, die einstmals das obere Donaubecken abschlossen, hingen geologisch miteinander zusammen, sind aber heute durch das mindestens 2 km breite Donautal getrennt. An dieser Stelle, wo der Strom in das Wiener Becken einmündet, erreicht er zugleich einen verkehrs= und handelsgeschichtlich ungemein wichtigen Kreuzungspunkt. Die westöstliche Donaustraße schneidet sich hier mit dem nördlich=südlichen, bereits in der prähistorischen Zeit bedeutsamen Handelsweg, der sogenannten Bernsteinstraße. Hier treffen sich die Verbindungen vom westlichen Rheingebiet und vom östlichen Balkangebiet (Schwarzes Meer) mit den Verbindungen der nördlich in Nord= und Ostsee mündenden Ströme mit den Adriastraßen. So erscheint es uns geographisch und geschichtlich begründet, daß Wien als der Hauptort dieses Donaukernlandes zur Hauptstadt einer

Monarchie geworden war, die mit Recht den Namen „Donaumonarchie" führen konnte.

An diesem Kreuzungspunkt gelegen, ist Wien auch gewiß prädestiniert, in dem großen Wasserstraßenprojekte, welches das Europa der Zukunft einmal zum Ausbau bringen wird und das Nord= und Ostsee, das Schwarze Meer und die Adria miteinander verbindet, der Hauptstapelplatz dieser Binnenwasserstraße zu sein. Wie schon oben erwähnt, folgt die Donau auch im Wiener Becken der Tendenz nach Süd= osten. Das verursacht ihren bogenförmigen Verlauf, der sie nach einer südlichen Abschwenkung das Wiener Becken durch= queren läßt, bis sie die Ausgangspforte dieses Beckens bei dem am rechten Ufer gelegenen Petronell und bei Deutsch= Altenburg erreicht, wo mit dem Leithagebirge die Alpen und mit dem Thebnerkogel die Karpathen bis zum Strom heran= reichen. Bei Hainburg, der östlichsten Nibelungenstadt, endet die Nibelungenstraße. Jenseits des Tores von Theben tut sich die obere ungarische Tiefebene auf, durch die die Völker des Ostens ihren Weg stromaufwärts dem Westen entgegen nahmen, bis mit dem denkwürdigen Tage der Schlacht bei Augsburg (955) dieser Völkerwanderung für immer ein „Halt" geboten wurde. Die physikalisch=geographischen Probleme zu erläutern, welche das Gebiet der Nibelungenstraße betreffen, kann nicht unter die Aufgabe dieses Buches fallen. Um diese kennenzulernen, müssen wir unsere Leser auf die ausgedehnte und tiefschürfende Literatur hinweisen, die hierüber in neue= rer und neuester Zeit, besonders seit jenem Zeitpunkt entstan= den ist, als man sich mit der Donau als einer der bedeutend= sten Wasserstraßen und Handelswege Europas intensiver beschäftigt hat. Doch gehören einige Daten als notwendige

Grundlage für die siedlungsgeschichtlichen Vorbedingungen
hierher, wenn sie auch strenggenommen in ein Kapitel
„Stromphysik" zusammengefaßt werden müßten.

Was die Donau zu einer so wichtigen Verkehrsader in
anthropogeographischer Hinsicht gemacht hat, wurzelt eben
in den im allgemeinen günstigen Momenten hydrographi=
scher Natur und in der spezifischen Flora und Fauna des
Stromgebietes. Als siedlungs= und kulturfördernd muß der
Umstand erwähnt werden, daß die verschiedenen feinen Fluß=
sedimente für Entstehung fruchtbarer Kulturebenen und er=
giebigen Bodens ausschlaggebend waren. Ferner haben die
Durchbrüche und Engen haltbare Grenzen und leichte Ver=
teidigung derselben gegen die von Norden her eindringenden
feindlichen Kräfte ermöglicht und sind deshalb auch schon in
der vorgeschichtlichen Zeit wie besonders von dem strategi=
schen Scharfblick der Römer als vorzügliche Verteidigungs=
plätze und Defensivstellungen erwählt worden. Der Wechsel
des Stromstriches hat die Siedlungen mächtig beeinflußt:
Volkreiche Niederlassungen und Städteanlagen konnten dort
entstehen, wo Fruchtbarkeit der Auen und Uferanlagen neben
Fischreichtum zur Besiedlung einluden. Auch die Viehwirt=
schaft und Auholznutzung haben zusammen mit dem an den
Strom geknüpften Gewerbe zur Volksdichte beigetragen.
So z. B. das Müllergewerbe in den zahlreichen Schiffs=
mühlen, die Korbflechterei, die Flößerei, der Überfuhrdienst,
die Sand= und Eisgewinnung. Der lebhafte Verkehr be=
günstigte das Gastgewerbe in größerem und kleinerem Aus=
maße, die sonnseitigen Talgelände boten Gelegenheit zu er=
giebigem Weinbau. Streckenweise ist auch die Obstbaum=
zucht zu einer besonderen Spezialität geworden, z. B. in der

Wachau, von wo die „Äpfelplätten" im Herbst die Donau=
städte mit Obst versorgen.

Versuche zur Goldgewinnung sind allerdings nur ganz
vereinzelt und ohne Erfolg unternommen worden. Ein noch
der Ausnutzung und Auswertung harrendes Moment ist die
Wasserkraft der Donau. Ihr steht gewiß noch eine größere
Zukunft bevor. Die im allgemeinen günstigen klimatischen
Verhältnisse (ziemlich milde Winter, teilweiser Windschutz,
zeitlicheres Erblühen der Pflanzen und Ausreifen des Ge=
treides, eine genügende sommerliche Regenmenge) gestalten die
Vegetation zu einer an brauchbaren Holzarten und Edelobst=
sorten ausgezeichneten (Äpfel, Birnen, Pflaumen, Marillen,
Pfirsiche, Kirschen). Doch waren die Klimate im Wechsel
der erdgeschichtlichen Perioden großen Schwankungen unter=
worfen, wie es nicht nur die prähistorische Flora, sondern
hauptsächlich die Fauna beweist, die in manchen Schichtungen
Tiergattungen von ausgesprochen kalten Klimaten aufweist.

Störende und hemmende Faktoren sind vor allen in den be=
reits erwähnten Profilveränderungen des Bettes und in den
Schwankungen der Wassermengen des Stromes zu sehen.
Die winterlichen Eisbedeckungen haben sich im allgemeinen
nicht so verhängnisvoll erwiesen als die eigentlichen Hoch=
wässer. Diese waren der eigentliche kritische Faktor im
Kulturleben des Donauuferbewohners und sind es zum Teil
heute noch. (Zum Beleg diene ein Vergleich der mittleren
Wasserführung bei Wien, die mit 1800 cbm in der Sekunde
bemessen wird, bei Tiefwasser auf 400 cbm sinkt, bei Hoch=
wasser jedoch auf 10 000 cbm steigt.) Schneeschmelze und hef=
tige längere Regengüsse erzeugen Hochwässer, die in der
Geschichte des Donaulandes häufig „schwarze Tage" ver=

zeichnen. Über den Fortschritt der Hochwasserwelle in ihrer Ausdehnung belehrt anschaulich folgendes Datum: Im Jahre 1890 war der Scheitelpunkt der Hochwasserwelle in Passau am 27. August, in Linz am 28., in Spitz am 29., in Preßburg am 30., also durchschnittlich 120 km pro Tag. Ungeheure Veränderungen, von denen wir Nachrichten haben, zeitigten die Hochwässer am Beginn des 14. Jahrhunderts, durch welche die Teilung von Neuburg in Klosterneuburg und Korneuburg erfolgte; dann die vom Jahre 1405, welche das Marchfeld überschwemmten, und die vom Jahre 1501, welche laut Annales Melicenses eine Elle über den Hochaltar der Melker Ortskirche emporstiegen (fast 215 m Höhenstand). Zahlreiche Siedlungen sind durch die Hochwässer zugrunde gegangen. Besonders dort, wo sich Wendepunkte der Laufrichtung befanden, z. B. bei Krems, bei Greifenstein, bei Korneuburg, bei Bisamberg. Darüber wissen die Urbare und Wirtschaftsbücher in den Archiven eine beredte Sprache zu führen. Von den Siedlungen im Uferbereiche der Donau unterhalb Krems sind 35% verschollen, ebenso gingen (wie die Klosterneuburger Urbare ausweisen) außerordentlich viele im Marchfelde zugrunde. Die größten Überschwemmungen des 19. Jahrhunderts waren die von 1862, 1897, 1899. Eine üble, für den Donaudampfschiffverkehr folgenschwere Wirkung der Hochwässer ist die Verengung der normalen Fahrrinne mit Anschwemmungsmaterial, wodurch die Benutzung von Fahrzeugen mit größerem Tiefgang auf Schwierigkeiten stößt, sobald das Hochwasser wieder zurückgetreten ist oder gar durch Niederwasser abgelöst wird, wie dies im Jahre 1926 der Fall war.

Die Nibelungenstraße in der Geschichte

Von den Wellen der großen Ströme, die Reiche und Länder miteinander verbinden, werden Völkerschicksale getragen. In ihren Fluten spiegelt sich das Leben. Ströme können Straßen sein, die Nord und Süd, Ost und West zusammenschließen. Sie können aber auch zu Festungsmauern werden, mit denen sich die Staaten und Völker feindselig oder selbstsüchtig gegen die Nachbarn gürten. Die Donau ist solch ein Strom. Die große fruchtverheißende Idee, sie zu einem unzerreißbaren Bindemittel zwischen Okzident und Orient werden zu lassen, wurde leider niemals — wer könnte alle Schuldigen nennen? — in vollem Umfange verwirklicht. Das römische Imperium trug sich damit nicht minder, wie seit Karls des Großen Zeiten weitblickende Herrscher und großzügige Staatsmänner. Der folgenschwere Fluch, der auf Europa liegt, die nationale Zersplitterung, die Eifersucht der Staaten, die Kurzsichtigkeit und der Machtdünkel der Völker und einzelner Gewaltträger haben es immer zu verhindern gewußt, daß gesunde Keime und hoffnungsfreudige Ansätze dieser Idee frühzeitig abgebaut und zerstört wurden. Dies alles aber war doch nicht imstande, das aufzuhalten, was das Wohl der die Donauuferstaaten bewohnenden Völker gleichsam mit Naturnotwendigkeit gebieterisch verlangte, wollten sie nicht wirtschaftlich und politisch verkümmern, nämlich die Entfaltung

des Donauverkehrs und -handels in Zeiten friedlichen Wett-
bewerbs und ungestörten Kulturlebens.

Wie diese Epochen mit solchen wildesten Völkerringens
und kriegerischer Heerfahrten in bunter Folge wechselten, das
hat der Nibelungenstrom wie kein anderer Strom der Welt
mehr erfahren. Auch wenn wir nur die für uns hier in Betracht kommende Strecke Passau—Hainburg ins Auge fassen.

Die Ableitung des Namens „Donau" aus dem Keltischen
in der Bedeutung von „Doppelfluß" oder aus „Don"
oder aus „Dan", was Fluß bedeuten soll, weist uns bereits
auf jenes Volk hin, das auch in unserer Gegend in vor-
geschichtlicher Zeit an den Stromesufern siedelte. Prähistorische Funde bestätigen dies. Was wir aus der ältesten Geschichte der Donau auf dem Umwege über Herodot und
Strabo wissen, bezieht sich teils auf sagenhafte Fahrten (z. B.
der Argonautenzug, phönizische und griechische Handels-
schiffahrt), teils ausschließlich auf den Unterlauf des Stromes. Seit den siebziger Jahren des ersten nachchristlichen
Jahrhunderts beherrschten die Legionen Roms das ganze
ungeheure Stromgebiet und verstanden es auch, Strom und
Uferlandschaften sich strategisch und technisch zu unter-
werfen. Daß sie dies auch stellenweise am linken Ufergebiete
vermochten, dafür ist eine neuestens von fachmännischer
Seite aus betonte Feststellung römischen Vordringens im
Gebiete der ober- und niederösterreichischen Donau Beweis.
Dies betrifft jedoch bereits die zweite Schiffahrtsperiode der
Donau, die nach Suppan etwa vier Jahrhunderte (vom
ersten vorchristlichen bis inklusive dritten nachchristlichen Jahrhundert) dauerte. In der ersten Schiffahrtsperiode, die also
für unser Gebiet vorgeschichtliche Epochen umfaßt, verliert

sich das Geschehen in undurchdringliches Dunkel, das einigermaßen nur durch die Fundobjekte aufgehellt werden kann.

Die römische Epoche, also die zweite Schiffahrtsperiode,
liegt unserer Erkenntnis kraft der glücklich erhalten geblie-
nen Objekte und der ausführlichen Nachrichten offen zutage. Man kann von einem tatsächlich lebhaften provinzialen
Kulturleben der römischen Uferländer sprechen. Sie verfügten nicht nur über ganze Donauflottillen, auch die Strom-
übersetzungen und Transporte, die strategischen Verkehrs-
und Handelszwecken dienten, waren vorzüglich organisiert.
An den wichtigsten Punkten des Donauweges hatte der römische Scharfblick nicht nur Garnisonen und feste Plätze,
sondern auch zweckmäßige Handelsstationen angelegt. Die
größten und bekanntesten in unserer Donaulandschaft waren:
Castra Batava, heute Passau, Joviacum stromabwärts davon, Lentia (Linz), Sexta Colonia oder Arlape (Pöchlarn),
Namare (Melk), Faviana (Mautern), Trigisanum (Traismauer), Comagena (Tulln), Astura (Klosterneuburg), Vindobona (Wien) und Carnuntum (Petronell). Seitwärts dieses
nach strategischen Rücksichten ausgebauten Grenzortesystems
waren einige befestigte Orte zum Schutze der Zufahrtsstraßen
errichtet, z. B. Ovilabis (Wels), Lauriacum (Lorch bei
Enns), ad pontem Isis (Ybbs) und zahlreiche kleine Siedlungen. Wie Handel und Verkehr ganz von strategischem
Gesichtswinkel aus geordnet und betrieben wurden, so auch
die Bodenkultur, die Landwirtschaft, das Gewerbe und
schließlich auch das gesamte zivile Leben, das unter militäri-
schem Regime stand. Wir müssen uns den Strom mit zahlreichen Fahrzeugen, fassungsreichen Frachtschiffen wie mit
schnellen Kriegsschiffen und leichten Verkehrsflotten zwecks

raschen Wechsels der Kampfstaffeln belebt denken. Wie bedeutungsvoll und umfangreich Carnuntum, mit Vindobona ein Hauptwaffenplatz, gewesen sein mag, als es Residenz Marc Aurels zum Zentrum der Donaureichsgrenze
geworden, dafür geben die zahlreichen, aus der Verschüttung
mühevoll aber erfolgreich zurückgewonnenen Gebäudeanlagen Aufschluß, die heute Fachmänner und lernbegierige
Laienschaft alljährlich nach Deutsch-Altenburg locken. Auch
Wien, damals vom Hauptlaufe der Donau bespült, war ein
wichtiges Arsenal und Flottillenstapelplatz. Der Hohe Markt
mit dem tiefen Graben und die Namen Maria am Gestade
und Fischerstiege erinnern uns heute noch an jene Zeit. Der
Admiral der Donauflotte hatte hier nach der Zerstörung
Carnuntums sein Kommando.

In den nächsten Jahrhunderten sieht die Donau ein wildes Völkerdurcheinander an ihren Ufern. Goten, Vandalen
und Hunnen und die Dienstpflichtigen der letzteren, Markomannen, Thüringer, Burgunder, Franken, Quaden, Sueven,
Sarmaten, Alemannen, Rugen, Heruler, Ostgoten brechen
herein. Die Langobarden siegen über die Heruler im Marchfelde und treiben sie über die Donau nach Norikum, das
unter steter Beunruhigung und Plünderung schweren Schaden nimmt. Alles, was hier die römische Kultur geschaffen,
geht zugrunde, Siedlungen und fruchtreiche Anpflanzungen
werden zerstört, die Donauhäfen veröden, der ganze Schiff-
verkehr hört auf. Die Awaren erst verstehen es, sich den
Strom für Handel und Verkehr dienstbar zu machen. Bei
ihrer Vertreibung aus den westlichen Donaugebieten erscheint Karl der Große in Linz mit einer Flottille. Es war
dies die dritte Schiffahrtsperiode, welche bei der Vorherr-

Einfahrt in die Greiner Strudenlandschaft

Schloß in Petronell

5

40

Engelszell, Kircheninneres

schaft der Franken hauptsächlich für den Verkehr mit dem Orient für kurze Zeit blühte, bis mit dem Einbruche der magyarischen Nomaden wieder eine Störung erfolgt, doch nicht für lange.

Mit der Seßhaftigkeit der Magyaren und ihrer Zivilisation unter König Stephan dem Heiligen erlangen die oberen Donaugegenden unter der zielbewußten Kulturarbeit der Babenberger einen wirtschaftlichen Aufschwung und die nötige Sicherheit, so daß die Kreuzfahrer mit Vorliebe den Donauweg wählen. Wir hören von gewaltigen Mengen an Holz, Waffen, Tuchwaren und Kriegsgerätschaften samt Lebensmitteln, die auf der Donau verfrachtet werden und trotz kirchlichen Verbotes der Lieferung an Heiden nicht immer gerade für die Gläubigen bestimmt waren. Was Regensburg damals wurde, das zu Wien im Regensburger Hof seinen Stützpunkt hatte, wo es die Stromgerechtigkeit ausübte, das kann mit einiger Einschränkung auch von den österreichischen Donaustädten gesagt werden; sie wurden zu ebenso vielen Kulturzentren, von wo aus nicht nur die materiellen Waren, sondern auch die verschiedenen Bildungselemente einer höheren geistigen Kultur allenthalben ausstrahlten. Das gibt dieser fünften Schiffahrtsperiode ihre eigentümliche Signatur. Sie dauerte bis zum 13. Jahrhundert.

Dann folgte wieder ein fast sechs Jahrhunderte langer Rückgang, hervorgerufen durch Maßnahmen der uferbesitzenden Herren und Städte und durch die Ablenkung der Handelsfahrten, die über Venedig, Genua, Marseille und Antwerpen ihren Zug nahmen, da der Donauhandelsstraße nicht mehr genug Sicherheit eignete. Der Transithandel, zur See hinverlegt, hört dann vollständig auf, als zu Beginn des 13. Jahrhunderts der Mongoleneinfall und in der Folgezeit

die verschiedenen gewalttätigen oder unter dem Deckmantel
von Regalien und Privilegien plündernden Stromräuber und
Zöllner ihr Unwesen treiben. Das Strandgericht, das Her=
zog Friedrich der Schöne gegen Raubgesindel auf der Donau
und später der österreichische Marschall unter dem Namen
„Das Geräune" einsetzte, hat zwar so manchem adligen und
nichtadligen Strauchritter sein Handwerk gelegt, aber so
völlig sicher und unbehindert konnte sich der Donaufahrer
noch lange nicht fühlen. Außerdem boten die Elementar=
schäden und die natürlichen Veränderungen, die der Strom
selbst am Ufergelände und an seinem eigenen Bette zeitweise
anrichtete, der Schiffahrt manche Hindernisse, ohne daß man
infolge der noch mangelnden Technik ihrer hätte Herr wer=
den können. So ging der löbliche Versuch eines gewissen
Kaspar Hartneid im Jahre 1454, den Strom bei Wien zu
regulieren, indem er den Döblinger Bach in den an der
Stadt vorbeifließenden Donauarm einleiten wollte, so
gründlich fehl, daß die mit Unterstützung des Stadtrates
aufgeführten Regulierungsbauten vom Strom fast einge=
drückt und hierdurch ganz Wien unter Wasser gesetzt wor=
den wäre, wenn die rasche Eindämmung fehlgeschlagen hätte.
Erst 1590 gelang dem Freiherrn von Hoyos die Regulierung
und die Herstellung des Donaukanals, womit freilich, wie
die Folgezeit z. B. 1744, 1768 lehrte, die Hochwassergefahr
nicht gebannt war. Dies geschah ebensowenig durch die
immerhin energischen Maßnahmen Kaiser Josefs II., der
sich persönlich einer Strominspektion von Krems bis zur
March unterzog. Erst der Donaudurchstich vom Jahre 1868
mit einem Kostenaufwand von 64 Millionen in einer Länge
von 30 km brachte die nötige Sicherung.

Die Wirren des habsburgischen Zwistes im 15., der Re=
formation, Gegenreformation und Bauernkriege im 15. und
16. Jahrhundert brachten so manche schwere Epochen für
das österreichische Donautal. Zerstörte Schlösser und Bur=
gen, niedergebrannte Siedlungen, verwüstete Felder und
Weinberge waren die rauchenden Flammenzeichen des
Bruderkampfes. Es brauchte lange Zeit, bevor diese schwe=
ren Wunden, die Fanatismus, Blindheit und wildes
Kriegsfieber der schönen Danubia zugefügt hatten, wieder
verharschten. Im Laufe dieser Tage sah sie mancherlei Ge=
sellen, abenteuerliche und exotische Gestalten in das deutsche
Land eindringen: Magyaren unter Matthias Corvinus, die
Heeressäulen des Islam, die schwedischen Reiter, spanische
Soldateska, des Lothringers und des Türkenlouis' tapfere
Helden und schließlich, an der Wende vom 18. zum 19. Jahr=
hundert, die verbündeten Russen und die gewaltige napoleo=
nische Streitmacht. Ihn selbst, den Herrn Europas, konnte
sie als allmächtigen Triumphator in Palästen und Prunk=
sälen der Donaustifte, aber auch als fast geschlagenen, in
seinem Erobererstolz aufs schwerste getroffenen Feldherrn
auf einsamem, flüchtigem Schifflein sehen. Als merkwürdige
Reminiszenz sei noch des von Kaiser Maximilian I. begrün=
deten Streitschiffarsenals am rechten Donaukanalufer ge=
dacht. Kaiser Karl VI. hat es in jenen Seitenarm der Donau
verlegt, der hiervon heute noch den Namen „Kaiserwasser"
führt; Karl war es auch, der jene Donauarmada schuf, die
sich in den Türkenkriegen an der unteren Donau mit Ruhm
bedeckt hat.
Lagen seit dem Wiener Kongreß die Donaugelände viele
Jahre hindurch wie in sanftem Schlummer eingebettet, der

nur durch die rauhkehligen Zurufe der Schiffsmannschaften
und der Flößer unterbrochen wurde, so kam einigermaßen
neues Leben durch die Einführung der Dampfschiffahrt in
das Donauland, mit der die sechste Schiffahrtsperiode ihren
Anfang nahm. Jetzt rang sich die Überzeugung durch, daß
der Donaustraße eine erhöhte, geradezu europäische Bedeutung für Lasten- und Personenverkehr zukomme. Also eine
Würdigung des hervorragenden Faktors, den der alte
Nibelungenweg auch im Leben der modernen europäischen
Staaten ausmacht, wie es Napoleons Weitblick damals erkannte, als er eine eigene Stromkarte anfertigen und eine
Donauflottille organisieren ließ. Das hatte zwar die Wirkung, daß sich der Wiener Kongreß in mehreren Artikeln
mit der Donauschiffahrt trotz der eigensüchtigen Pläne Ruß-
lands beschäftigte. Aber erst 1851 kommt es zwischen Österreich und Bayern zu einem Übereinkommen behufs Aufhebung der Flußzölle und Erhaltung einer brauchbaren Fahrrinne. Am Pariser Kongreß 1856 wurde unter Einfluß-
nahme Englands der internationale Charakter der Donau
festgelegt und durch eigene Kommissionen und Vereinbarun-
gen die mit dem Donauverkehr zusammenhängenden Probleme verhandelt. Während die Uferstaatenkommission vom
Jahre 1856 bedeutungslos wurde, erhielten sich die Befug-
nisse der europäischen Donaukommission in Kraft. Seit der
Beendigung des Weltkrieges ist die vollständige Internationalisierung der Donau zur Tatsache geworden; das, was
C. V. Suppan in seiner Monographie als „Erlösung und
Sendung" der Donau sich erhofft, scheint der Erfüllung
näher gekommen zu sein, wenn auch nicht ganz in der von
ihm gewünschten Auswirkung.

Der Donauhandel an der Nibelungenstraße

Er ist zweifellos so alt wie der Güteraustausch unter den Ansiedlern. Mag er anfangs auch ziemlich beschränkt und lokaler Natur gewesen sein, so benutzte man gewiß mit Vorliebe die leicht befahrbare Wasserstrecke, um größere Lasten von einem Gebiet in das andere zu bringen. So haben wir Beweise aus der Greiner Gegend, daß der vorgeschichtliche Siedler verschiedene Erzeugnisse seines Wohnsitzes, wenn er daran Überfluß hatte, gegen andere ihm notwendigere Tauschobjekte einhandelte. Vorzüglich Eisen und Salz wurden auf der Donau verfrachtet. Hatte man den gefährlichen Wirbel glücklich überstanden, brachte man Dankopfer dar, die aus Werkzeugen oder Waffen bestanden. Mit der Besetzung der Donau durch die Römer erblühte auch der auf den leicht lenkbaren und schnellen, Liburner genannten Fahrzeugen betriebene Stromhandel.

Eigene Schiffergilden bildeten sich, die stromauf und stromab Waren und Menschen beförderten. Im ersteren Falle bediente man sich der sogenannten Treppelwege, ein Verfahren, das bis in die neueste Zeit herein in Übung blieb. Wenn uns erzählt wird, daß Kaiser Julian 3000 Soldaten auf bayrischem Boden nach dem Orient einschiffte, so setzt dies eine ganz erstaunliche Anzahl von Fahrzeugen voraus. Denn es mußte doch auf genügend Proviant und Kriegsmaterialien dabei gedacht werden. Aus der „Vita Severini" des Eugip-

pius erfahren wir über Vorratsschiffe, die aus Rätien herauf Lebensmittel für die hungernde Römerstadt Faviana
herbeischleppten. Bald darauf hört der Donauhandel wohl
vollständig auf: Mit dem Einbruch wandernder Völkerzüge
waren die Vorbedingungen hierzu nicht mehr vorhanden.
Erst mit Kaiser Karl dem Großen, der auf seinem Awaren-
zuge die Donau entlang gegen Osten seine Scharen führte,
kam es zur Wiederbelebung des unterbrochenen Donauhandels. Seine bekannten Kanalprojekte, die den Rhein mit
der Donau verbinden sollten und bereits in Angriff genommen waren, zeigen deutlich das hohe Verständnis für die
Wichtigkeit der Donaustraße. Es kam zur Verleihung von
Stapelrechten an wichtige Handelsplätze, wie z. B. an Lorch.
Aus dem beginnenden 10. Jahrhundert besitzen wir die hoch-
interessante Raffelstättner Zollordnung, einen unanfecht-
baren Beleg für die Lebhaftigkeit des Donauhandels und zugleich ein überaus wichtiges Dokument betreffs der zu ver-
frachtenden Waren und Artikel, der Märkte sowie der aus
den Donaugebieten in die Nachbargegenden führenden Handelswege. (In der Zollordnung wird auch ein Landweg von
Enns zur Url genannt, der den Greiner Strudel umging.)
Aber es beweist zugleich, welche Hindernisse dem freien Handel schon damals durch Zölle, Abgaben und durch verschiedene Schikanen von seiten der Gebietsgewaltigen erwuchsen.
Eine vorübergehende Unterbrechung brachte aufs neue der
Magyareneinfall, bis mit der Übergabe der Ostmark an das
kräftige Geschlecht der Babenberger und mit dem Aufblühen zahlreicher klösterlicher Niederlassungen eine Neu-
besiedelung und dadurch weitgreifende Kolonisationsarbeit
begann. Der Umstand, daß diese geistlichen Großgrund-

besitzer, die ihnen gehörigen Ländereien in verschiedenen Gegenden zersplittert liegen hatten (Streubesitz), ergab bald wieder eine Bereicherung des Handelsverkehrs, der am mächtigsten jedoch durch die Kreuzzugsbewegung gefördert wurde. Damals legten die süddeutschen Kaufleute, zumal die Ulmer, Augsburger, Regensburger, Nürnberger und Passauer, durch ihre ausgedehnten Handelsfahrten den Grundstock zu ihren sprichwörtlich gewordenen Reichtümern. Das öffentliche Recht und die Gesetzgebung griff ordnend, leider mitunter auch hindernd in diese Entwicklung ein.

Im 11. Jahrhundert sehen wir in den Hansgrafen amtlich bestellte Organe zur Überwachung des Donauhandels, der die Stadt Enns zum Stapelplatz für Salz, Krems und Stein zum Hauptort des Korn- und Weinhandels machte. Im 13. Jahrhundert gelangte Wien infolge seiner überaus günstigen Lage und durch das ihr von Herzog Leopold IV. verliehene Stadtrecht zu einer prominenten Stellung im Donauhandel. In dieser vom 28. Oktober 1221 datierten Urkunde liegt im Keime das Stapelrecht bereits eingeschlossen. Hatten die Kaufleute von seiten eines Teiles des entarteten Raubrittertums für die Sicherheit ihrer Güter und ihres Lebens zu fürchten, so schädigte vielleicht noch mehr durch Verleihung des Niederlassungsrechtes lebenswichtiger Artikel an Passau König Wenzel empfindlich den Handel zwischen österreichischen und deutschen Städten, wenn auch durch Umgehung des Stapelrechtes dieser Schaden häufig wettgemacht wurde, bis Maximilian I. das Passauer Privilegium gänzlich aufhob. Freilich war damit die Hauptursache der Verminderung des Donauhandels nicht aus dem Wege geräumt: die Lähmung desselben durch die herauf-

ziehende Türkengefahr und die Ablenkung von der Donau=
straße auf die neuentdeckten, ungeheuren Gewinn verspre=
chenden Seewege. Ähnlich dem Projekte Karls des Großen
taucht zur Zeit des Luxemburgers Karl IV. ein Kanalprojekt
auf, das die Donau mit der Moldau verbinden soll, um
dadurch einen Handelsweg zwischen Italien, Deutschland
und Böhmen sowie seinen Nachbarländern zu schaffen. Man
will im 16. Jahrhundert noch Spuren der Verwirklichung
dieses Planes gesehen haben.

Eine einschneidende, handelsfördernde Maßnahme war
die zwischen Bayern und Österreich getroffene Abmachung
vom Jahre 1375 zwecks Sicherheit der Handelsgeschäfte zu
Lande und zu Wasser und zwecks radikaler Abschaffung aller
dem Donauhandel nachteiligen Grundruhrrechte. Die ferdi=
nandeische Mautordnung vom Jahre 1524 gibt uns dann
ein Bild von dem Nutzen, den der Landesfürst aus dem
Donauhandel zog, wie uns eine Verordnung Kaiser Maxi=
milians II. vom Jahre 1567 die Maßnahmen beschreibt,
welche eine Stromregulierung bei Wien ins Werk setzen.
Wie die erste, so war auch die zweite Belagerung Wiens
durch die Türken nur ein vorübergehendes Hemmnis rück=
sichtlich unserer Gegenden, so daß wir von Donaureisenden
unterrichtet werden, die eine genaue Schilderung des Was=
serweges bis Wien geben, z. B. eine vom Jahre 1591 in
Hans Georg Ernstingers „Raisbuch" und 100 Jahre später
eine von einem gewissen Hammerschmidt, der sich beson=
ders in einer ausführlichen und auch zeichnerischen Darstel=
lung des Greiner Wirbels gefällt. Dabei treten immer wie=
der neue gutgemeinte und näher spezialisierte Projekte nutz=
bringender Kanäle zwischen Donau, Rhein, Main, Moldau,

March usw. auf (so das Bechersche vom Jahre 1688 und das Vogemontsche vom Jahre 1712; das Kanalsystemprojekt des belgischen Ingenieurs Maire, mit Wien als Zentrum gedacht).

Die siegreiche Beendigung der Türkenkriege befreite die Donaustraße von den Hemmnissen und Fesseln, die ihr die ständige Kriegsgefahr auferlegt hatte. Zwischen Regens= burg und Wien (ab 1696) und zwischen Ulm und Wien (1712) war für einen regelmäßigen Schiffsverkehr gesorgt. Die Handelsverträge mit der Türkei brachten zwar nicht die erhofften Vorteile, aber es fehlte wenigstens nicht unter Maria Theresia und Kaiser Josef II. an wiederholten Be= mühungen, die Schiffahrt zu heben. So hat Maria The= resia einen 1000=Gulden=Preis für Erfindung eines brauch= baren Donausegelschiffes gestiftet, mit welchem „auf und gegen den Strom mit Segeln gefahren und in dem bis= herigen Frachtlohn eine Verminderung erlangt werden könne". Auch die Regulierung des Greiner Strudels wurde 1785 durch einen Ingenieur namens Liske in Angriff genommen.

Beachtenswert sind auch Berichte über Schiffe und Fahr= zeiten aus jenen Tagen (1784). Von Ulm aus gehen nach Wien wöchentlich die sogenannten „Ordinarischiffe" ab. Der Fahrpreis ist samt Gepäck im vorderen Hüttenzimmer 12—15 Gulden, im rückwärtigen 4 Gulden. Ein Zentner Ware kostet ohne Zoll 1,48—2,15 Gulden. Im Antiqua= rius heißt es darüber näher: „Eine Ulmer Ordinari ist eine Gamsel und trägt gewöhnlich stromabwärts 4—5000. Ein eigenes Fahrzeug, auf welchem eine Kutsche mit 4 bis 6 Personen Platz hat, eine mittlere Plätte, nämlich von 48 Schuh Länge und 10 Fuß breit, 2½ Fuß tief, kostet bis Wien 300 Gulden, eine kleine Zille hingegen, mit zwei

Schiffern bemannt, ohne Hütte kommt auf 180 Gulden. Die kürzeste Zeit, in welcher mit einer solchen Zille nach Wien gefahren werden kann, ist 6—7 Tage. Die reine Zeit aber, binnen welcher man mit derselben von Wien nach Ulm fahren könnte, wenn man nicht anländen müßte ... beträgt 74 Stunden. Im Hochsommer bei gutem Wetter und Wind braucht der Ordinari von Ulm bis Wien 8—9 Tage, im Frühjahr und Herbst wegen Nebel und Wind meist 14 Tage, im späten Oktober und November wohl auch 20 Tage."

Das Jahr 1819 bringt die Eingabe eines Mitgliedes der Rheinschiffahrtskommission in Mainz an den Landtag, worin auf Grund der Tatsache, daß freier Handel und leichter Verkehr durch Schiffahrt auf Flüssen und Kanälen die Grundpfeiler einer großen Gewerbetätigkeit für die Nationen sind, der Rhein—Main—Donaukanal gefordert wird. Ein Passus darin könnte für unsere heutigen europäischen Konferenzen geprägt sein: „Kein Handelsverein ist dauernd, der nicht gegenseitige Vorteile gestattet. Der Ruhm der Unsterblichkeit haftet auf der Ausführung dieses Werkes." Bevor mit der Ausnutzung der Dampfkraft ein neuer Schiffstyp erfunden worden und ein solcher auf Grund eines österreichischen Privilegs durch die beiden Engländer John Andrews und Josef Prichard für den Donauverkehr eingestellt worden war, gab es mehrere in dem Schifferidiom genau auseinandergehaltene Schiffstypen. Solche sind: die Hohenauer oder Klobzillen für den Verkehr stromaufwärts, mit Menschen- oder Tierkraft gezogen, ferner die Nebenbeis, so genannt, weil sie an ein anderes angehängt wird. Ferner die Schwemmer. Drei Schwemmer mit dem Küchenschiff (Kuchelzill oder Habergreis) und einigen Plätten nannte man einen Salzzug. Ein

anderer Typ ist der Kellhammer, von der Stadt Kelheim so genannt. Dann die Gamsel, die Plätte (von platt, d. h. flach),
die Zillen, Weit- und Fischerzillen, Seelentränker, Überfahrt.

Am 1. Februar 1831 begann nach einer gelungenen Probe-
fahrt des ersten Dampfschiffes „Kaiser Franz I." die Donau-
Dampfschiffahrts-Gesellschaft ihren regelmäßigen Fahrtbe-
trieb. Doch erst ab 1842 erfolgte die Eröffnung der Strecke
Wien—Linz. Es ist der Überlieferung wert, das Urteil der
bisherigen Schiffersleute, unter denen die Linzer, die Spitzer
und die Steiner als die Tüchtigsten galten, über das erste
Dampfschiff zu hören, wie es Suppan mitteilt: „Die werden's schon sehen, sie werden's schon spüren, die über Nacht
g'scheiter sein wollen als wir. Die Donau verträgt keine
Maschin', die hat ihre Mucken, an denen wir alten Schiff-
leut', die wir jedes Graberl kennen, uns totstudieren. Heute
rinnt's Fahrwasser da, morgen marschiert's dort. Die Maschin', eine wird der anderen die Rippen einstoßen, daß's nur
so kracht, und dann werden's wiederum uns bitten zu fahren,
die, wann wir a langsam gehn, doch immer ankommen."

Der Donau-Dampfschiffahrts-Gesellschaft gebührt das
große Verdienst, eine ununterbrochene Verkehrslinie vom
Schwarzwald bis zum Schwarzen Meere geschaffen zu
haben, und als größte Flußschiffahrtsgesellschaft der Welt
ist sie berufen, bei der Ausführung neuer paneuropäischer
Großschiffahrtsprobleme die hervorragendste Rolle zu spie-
len. Donau, Rhein, Elbe, Oder und Weichsel in einem mächtigen Kanalnetz zu vereinen, auf welchem durch freien Handel der wirtschaftliche Aufschwung aller beteiligten Staaten
in ungeahnter Weise gefördert werden soll, das ist hoffent-
lich nicht zu lange mehr bloße Zukunftsmusik.

Die Städte an der Nibelungenstraße

Eintrittstor nach Deutschland" ist man in Österreich gewohnt, die alte Bischofsstadt Passau zu nennen. Und doch wäre es in mancherlei Beziehung richtiger, wenn man sie Pforte in das Ostland nennen würde. Unter Ostland hätte man vorzüglich Österreich, aber auch die anderen sich anschließenden Donaustaaten, denen über Passau deutsche Kultur zugekommen ist, zu verstehen. Denn aus der Geschichte der Stadt, für deren Aufhellung A. Erhard und nach ihm Ulrich Schmid und Heuwieser wertvolle Forschungen dargeboten haben, wie sie für die Bistumsgeschichte Schrödel in der Passavia sacra niedergelegt hat und neuestens Wolfgang M. Schmid in einer wertvollen, bei Seemann erschienenen Monographie zur Darstellung brachte, wird uns die überragende Bedeutung Passaus für die angrenzenden östlichen Donauländer klar. Eine Bedeutung, über die man sich nicht nur jetzt erst, in der Zeit des Anschlußgedankens, Rechenschaft gibt, die auch schon frühere Geschlechter erfaßt hatten. So belehrt uns ein norddeutscher Reisender, J. G. Kohl, der beiläufig um dieselbe Zeit, als die drei Klosterneuburger Chorherren Bukovsky, Fischer und Schützenberger ihre „Biedermeierreise" nach München hinaus unternahmen, sich zwischen Passau und Wien ziemlich gut beobachtend herumtrieb, mit aufmerksamem Urteil: „Alle ältesten deutschen Orte und Kolonien Österreichs liegen an der Donau, und zwar um so ältere, je näher sie bei

Paffau find, und man kann dies kleine, enge Paffau, in deffen Nähe die uralte Wurzel des öfterreichifchen Staates, jetzt freilich vielfach verwifcht, verwittert und mit nur fchwachen, fich durch fie hinziehenden Lebensadern, liegt, das eigentliche enge Tor nennen, durch welches alles deutfche Leben weiter und immer weiter nach Often in die „Länder der Hunnen und Awaren" hineinwehte und jetzt, fo weit als dies die Grenzen des großen Kaiferftaates zeigen, fich aus= gebreitet hat."

Paffau

Es kann hier nicht unfere Aufgabe fein, die Gefchichte Paffaus als eines kirchlichen Brennpunktes und als einer reichsfürftlichen Refidenz, die als Grenzftadt zwifchen zwei ehemals mächtigen Staaten von den beiderfeitigen Schick= falen derfelben nicht unberührt bleiben konnte, zu erzählen. Aber als Ausgangspunkt des Nibelungenweges, der ja ge= rade durch den Schreiber eines Paffauer Bifchofs (Pilgrim) literarifche Überlieferung erhielt, und in den darin gefchil= derten Begebenheiten gewiffermaßen porträtiert, fteht fie uns finngemäß und örtlich am Beginn unferer Donaufahrt. Die Forfchung hat die bereits fteinzeitliche Befiedlung jener überaus wichtigen Schnittpunkte der vom Weften, Süd= weften und Norden zufammenftrömenden Wafferadern feft= geftellt. Man fpricht mit vollem Rechte von einem weftöft= lichen und nordfüdlichen Austaufchverkehr im 2. Jahrtau= fend v. Chr., bei welcher das Salz und Gerätfchaften wie, auch Waffen im Handel waren. Zahlreiche keltifche Funde verbürgen die Anwesenheit des Stammes der Bojer, deren befestigte Siedlung von den Römern Bojodurum genannt wurde, wo sie Legionäre in Garnison legten. So entstand in der Römerzeit dort, wo heute die Innstadt sich befindet und die prähistorische Hochstraße südlich der Donau in die Donaustraße nach Lorch (Laureacum) überging, ein überaus wichtiger Handelsplatz, mit dem auch die nördlich der Donau wohnhaften Germanen in Beziehung traten. Zur besseren Bewachung des Nordufers wurde ein römisches Kastell angelegt, das nach dem Kohortennamen „Castra Batava" hieß und zur Provinz Rätien gehörte.

In der Severin-Biographie aus dem Beginn des 6. Jahrhunderts erhalten wir über die weitumfassende kirchlich organisatorische Tätigkeit des 488 verstorbenen Apostels der Donaulande ein getreues Bild der Entfaltung und Ausbreitung christlicher Gemeinden im Gebiete des östlichen Rätien und des nordwestlichen Norikum, zu welchen damals die alten Römersiedlungen zwischen Passau und Klosterneuburg gehörten. Auf Passauer Boden weilte in daselbst schon bestehenden Kirchen Severin, und an der nach ihm benannten Kirche der Innstadt befindet sich die von der Überlieferung als solche bezeichnete Severin-Kapelle — die primitive Betzelle Severins, wie sie heute auf Grund ununterbrochenen Bestandes von den meisten angesprochen wird. Der Zeitpunkt des Unterganges des Römischen Reiches war auch der Zeitpunkt der Einnahme der Römerfestung Batava, was aber nicht verschlägt, daß 12 Jahre darauf zu Bojodurum das Kloster Severins besiedelt ist. Schon 20 Jahre später strömten die Bajuvaren aus dem Osten herbei, und die Agilolfinger ergriffen Besitz von dem Orte, der seit Bonifazius,

dem Gründer der deutſchen Biſtumsordnung, Sitz eines
Biſchofs war.

Strahlenförmig erfolgt nun eine umfaſſende Chriſtiani=
ſierung und Kultivierung der Umgebung und weiterhin
gegen den Oſten bis in die Gegend der Traiſen. Der Taſſilo=
Becher im Stifte Kremsmünſter erſcheint uns wie ein Wahr=
zeichen jener erſten Kloſtergründungsepoche großen Stils,
in der das Agilolfingergeſchlecht ſich auszeichnet, was aber
den Franken Karl den Großen nicht hindert, den Bayern=
herzog Taſſilo II. ſeiner Herrſchaft verluſtig zu erklären und
das verwaiſte Gebiet dem fränkiſchen Reiche einzuverleiben.
Mit der Zurückdrängung der Awaren wird Paſſau zum
Hauptorte des denſelben abgenommenen Landſtriches und
deſſen kirchliche Metropole. Es bleibt dieſelbe auch, bis im
15. Jahrhundert die Diözeſe Wien am öſtlichſten Grenzſtrei=
ſen abgetrennt wird. Noch immer aber, bis in die Zeit Kaiſer
Joſefs II., reicht die Paſſauer Biſtumsgrenze das ganze
Stromgebiet entlang bis zum Wiener Wald. Dieſer Um=
ſtand führte zur Erkenntnis der Zuſammenhänge geiſtig kul=
tureller Intereſſen der durch die Reichsgrenze zerſchnittenen
Diözeſengebiete als eines hiſtoriſch und genetiſch einheitlichen
Ganzen.

Es muß uns freuen, auch dieſem Bewußtſein bei dem
norddeutſchen Reiſenden, deſſen wir oben gedachten, zu be=
gegnen, wenn er ſich verlauten läßt: „Die Gründung und
Geſchichte der meiſten der öſterreichiſchen Abteien und Bis=
tümer hängt innig mit der des geiſtlichen Sprengels von
Paſſau zuſammen, deſſen Biſchof in dieſer Gegend im Mit=
telalter der mächtigſte Herr und das am meiſten wärmende
und leuchtende Licht war. Und ſo wie Bayern von der

Mark Österreich als das nächste Mutterland verehrt wird,
so ist Passau gewissermaßen als die eigentliche Mutter aller
dieser geistlichen Stifte zu betrachten. Nicht nur die Augu=
stiner von St. Florian und andere Klöster gingen aus Passau
hervor, sondern auch die Schottländer, welche, Klöster grün=
dend, aus dem fernen Norden kamen, ließen sich zuerst in
Passau nieder und erlangten erst von hier aus das herrliche
Besitztum, das sie in und um Wien haben und das dort
noch von dem Volk ‚Zu den Schotten‘ genannt wird.“

Man kann sich lebhaft vorstellen, welche Folge die geist=
liche Machtstellung Passaus in betreff des Donauweges
stromabwärts haben mußte; wenn auch der Magyaren=
sturm unsägliches Leid über die Bewohner und ihre Sied=
lungen brachte, erwuchs doch nach der Schlacht auf dem
Lechfelde gerade in diesem seßhaft werdenden Volke ein Zu=
wachs der geistlichen Machtbefugnis und ein neues weites
Arbeitsfeld für die Passauer Kirche. Die groß angelegte Kir=
chenpolitik Bischof Pilgrims suchte hinsichtlich Ungarns aus
einer fingierten Nachfolgeschaft von Lorch freie Hand gegen=
über dem Salzburger Metropoliten zu gewinnen. Doch fan=
den diese Absichten in Rom ein Hindernis, ebenso wie der
Anspruch auf die Stadt Passau teilweise scheiterte. Mit den
Ersatzschenkungen des Kaisers Otto II. für die zerstörte Stadt
wurde wieder eine Verbindung mit österreichischem Boden
(Enns) gewonnen und im letzten Jahre des 10. Jahrhun=
derts den Bischöfen die volle Inhabung der Stadt Passau
zugesprochen.

Trotz der durch den Investiturstreit bedingten turbulenten
Vorgänge und vielfachen Kämpfe, die die Passauer Bi=
schöfe als streitbare Kämpen erweisen und in deren Mittel=

Stift Wilhering

Kleine Orgel im Stift Wilhering

Stift Melk

Klofter Schönbühel

punkt die Geſtalt des Gründers Göttweigs, des ſeligen Alt=
mann ſteht, nimmt die Tätigkeit des Paſſauer Bistums
hinſichtlich der oſtmärkiſchen Donaugegend ihren raſtloſen
Fortgang. Benediktiner, Ziſterzienſer, Auguſtiner Chorher=
ren und ſpäter Prämonſtratenſer erſcheinen in der Kirchen=
geſchichte jener Tage als Kulturträger, die die Flammen
ihrer Fackeln am ewigen Lichte des Paſſauer Domes ent=
zündet haben. Der Paſſauer Biſchof oder ſein Vertreter
(Offizial) tritt bei den wichtigen Amtshandlungen der
Donauklöſter auf, er konſekriert die Pfarrkirche zu Wien
und gibt ihr den Patron der eigenen Metropole, St. Ste=
phan, zum Schutzheiligen. Wenn es auch auf manchem Ge=
biete, z. B. auf dem der Buchmalerei, deren Provenienz nach
Salzburg weiſt, geleugnet wird, daß Paſſau in künſtleri=
ſcher Hinſicht beſonders ausſchlaggebend auf die Donaulän=
der im Oſten Einfluß ausgeübt hätte, ſo wird doch nicht zu
beſtreiten ſein, daß in den öſterreichiſchen Klöſtern wie auch
in den ſtädtiſchen Siedlungen von Paſſau her ſich Anregun=
gen und beiſpielgebende Muſter feſtſtellen laſſen. Bei dem
lebhaften Verkehr in der Zeit der Kreuzzüge, bei dem Wachs=
tum des Güterumſatzes auf der Donau und den geſteigerten
Handelsbeziehungen wird es nicht wundernehmen, immer
wieder Elementen im kulturellen Leben Öſterreichs zu begeg=
nen, die auf Paſſau zurückführen. Schmid hat der zwieſpäl=
tigen Politik der Paſſauer Fürſtbiſchöfe gegenüber Öſter=
reich dahin Ausdruck gegeben, daß er von einem ſeit 1250
ſich vollziehenden langſamen Aufſaugungsprozeß des Paſ=
ſauer Bistums ſpricht, der erſt in der joſefiniſchen Zeit en=
digt. Die bekannten Pläne des genialen Herzogs Rudolfs IV.
von Öſterreich, der (durch die goldene Bulle Kaiſer Karls IV.,

seines Schwiegervaters) aus der Reihe der Kurfürsten ausgeschlossen, seine Länder zu einem höheren Grade der Selb-
ständigkeit führen will, zielen auch auf die Lostrennung
Wiens vom Passauer Bistum, eine Angelegenheit, die bereits im Jahre 1206 einen Auftakt hatte, die aber erst 1468
zur Reife gedieh. Nach der Abtrennung des Wiener Bistums ließ der Passauer Fürstbischof seine Seminaristen nicht
mehr auf der Wiener Universität ihre Studien zurücklegen,
sondern sie wurden in Passau selbst unterrichtet.

Die lange andauernden Kämpfe zwischen Bischof und
Bürgerschaft vermochten der Gewalt der ersteren keine besondere Einbuße zuzufügen, aber für die Entfaltung des
Donauhandels brachten sie immerhin manche Störungen.
Die interessante Baugeschichte des Passauer Domes liefert
Belege für den lebhaften Austausch von aus den Steinmetz-
zeichen ersichtlichen Steinmetzen mit anderen Bauhütten, so
z. B. mit der St.-Stephans- und der Maria-Stiegen-Bau-
hütte zu Wien. Unter den Baumeistern von Passau begegnet
uns auch ein Verwandter Wolfgang Rueland Frueaufs,
nämlich sein Schwager Georg Blümel und vor allem er
selbst in den Wandgemälden des Rathauses. In diesem
Künstler repräsentiert sich ein Vertreter jener Richtung, die
in mehreren Werken der sogenannten Wiener Malerschule
zum Ausdruck kommt. Er hat gewiß, wie es die in Wien
befindlichen Passionsbilder, ferner die in St. Florian, in
Wiener Sammlungen und in Klosterneuburg befindlichen
Werke beweisen, auf die Künstler der österreichischen Donaugegend Einfluß ausgeübt. Die im Klosterneuburger Stiftsmuseum vorfindlichen Bilderzyklen (Leopolds-, Johannes-
zyklus, das Leopoldsbild in der Prälatur) stammen von dem

jüngeren Rueland Frueauf und zeigen bereits zeitlich vor-
geſchrittene Auffaſſung. Von einer intereſſanten Verbindung
des Stiftes Herzogenburg an der Traiſen mit Paſſau, auf
deſſen Biſchof Ulrich I. es ſeine Gründung zurückführt, gibt
ein prächtiges Stifterbild zu Herzogenburg Kunde, auf dem
man die Paſſauer Innſtadt, Altſtadt und die Feſte Oberhaus
in gut erfaßter Landſchaft abgebildet ſieht. Der Name des
Künſtlers, dem die ſchöne Landſchaft bereits etwas zu ſagen
hatte, iſt leider nicht bekannt.

In der Folgezeit erfuhr das Verhältnis zu Öſterreich auf
Grund eines bayriſchen Salzediktes, wodurch Paſſau ſchwer
geſchädigt wurde, eine Beſſerung, da ſich durch den engeren
Zuſammenſchluß für lange eine Beeinfluſſung durch Öſterreich ergab, das mit ſeinem Adel das Bistum beſetzte. Einige
Zeit hatte es einen öſterreichiſchen Erzherzog, Leopold I.,
zum Oberhaupt, nach ihm Erzherzog Leopold II., einen Sohn
Ferdinands II., der zugleich General der gegen die Schweden kämpfenden kaiſerlichen Armee war und ſich deshalb um
das Wohl der Stadt nicht beſonders kümmerte.

Die Wechſelbeziehungen zu den Künſtlern der Renaiſſance-
zeit in Wien, wo Altdorfer und Cranach ſich vorübergehend
aufhielten, mit Meiſtern des Paſſauer Kreiſes ſind noch
wenig klargeſtellt. Es iſt das große Problem des ſogenannten Donauſtils, welches in der Malerei des beginnenden
16. Jahrhunderts auftaucht und nach den neueſten Forſchun-
gen, beſonders nach den verdienſtvollen Feſtſtellungen Gu-
bys, ein vertieftes und ausſichtsreiches Studium erfährt.
Die Charakteriſtik des Donauſtils in ſeinem Beginn zeigt
ein Paſſauer Maler, deſſen Ölbergbild im dortigen Muſeum
berechtigtes Intereſſe findet. Wir werden darauf beim Ka-

pitel „Donauftil" zu sprechen kommen und wollen hier nur
eines anderen Passauers gedenken, der 1518 daselbst starb,
nämlich des Hans Pruckendorfer. Von ihm stammt „Die
heilige Sippe" in der Wiener Akademie mit ausgesproche=
nen Donauftilkennzeichen. Wenn der mit N. K. sich zeich=
nende Autor des Enthauptungsbildes im Klosterneuburger
Stiftsmuseum, wie Schmid in Frage stellt, mit Nikolaus
Kriegbaum identisch ist, so haben wir es ebenfalls mit einem
der tüchtigen Passauer Künstler des beginnenden 16. Jahr=
hunderts zu tun, die jedoch alle überragt werden durch den
Vorarlberger Wolfgang Huber. Unter dem aus dem Kano=
nisationsprozeß Leopolds III. uns wohlbekannten Fürst=
bischof Viguleus Fröschel arbeitet Huber bereits erfolgreich
in Passau. Er ist so recht der erste Maler der Donauland=
schaft geworden und dadurch das Vorbild und Haupt des
sogenannten Donaustils nach Meister Altdorfer, mit dem
er vermutlich 1510 eine Donaureise unternommen hatte.
Andere Passauer Künstler sind Stephan Rottaler, Jörg
Huber, die sich einer Stilgebung befleißigen, wie sie in ver=
schiedenen österreichischen Kirchen bzw. jetzt Museen zu fin=
den sind, und die Schmid nicht mit Unrecht ebenfalls als
eine Donauschule der Plastik mit ihrem Hauptsitz Passau
bezeichnet. Daß dieser Stil auch an anderen Objekten kon=
statiert werden kann, wie z. B. am Passauer Modell des
Bischofsstabes vom Jahre 1520, ist nur natürlich.

Die ganz gewaltigen Werke der nach den großen Brän=
den im 17. Jahrhundert erfolgten Wiederherstellung des
Domes und der Bischofsresidenz, wie auch die Neuerrich=
tung monumentaler Gebäude vollzog sich unter den Fürst=
bischöfen Wenzel von Tun, Sebastian von Pötting und

Johann Philipp von Lamberg. Unter dem Kardinal=Fürst=
bischof Leopold von Firmian erfolgte die Vollendung des
Residenzbaues. Bei diesen gewaltigen Baulichkeiten spielten
die ausgezeichneten italienischen Architekten Giovanni Bat=
tista Carlone und Carlo Antonio Carlone die erste Rolle[1]).

Die Carlone sind ein Schulbeispiel dafür, wie die Prunk=
barocke durch die Schöpfungen dieser Meister zur Architek=
tur kat exochen der österreichischen geistlichen Hochburgen
wird und sich der Reihe nach die vorzüglichsten Stifte, vor
allem Ober= und Niederösterreichs, erobert, von wo es dann
seinen Siegeszug, den es in Passau begonnen, bis hinaus in
andere Provinzen unternimmt. Admont, Baumgartenberg,
Gleink, Garsten, Schlierbach, Seitenstetten, Kremsmünster
und St. Florian empfangen durch die Carlone ihre Weihe.

Eferding

Das 700jährige Bestandes=Jubiläum, das die Stadt
Eferding im August des Jahres 1925 beging, lenkte
die Aufmerksamkeit auf diese uralte Siedlung, die eigentlich
viel älter ist. Es ist nachgewiesen, daß die Kelten die frucht=
bare Ebene von Eferding bewohnten, bevor um 15 v. Chr.
die Römer in diese Gegenden kamen und dort, wo heute die
Stadtanlage sich befindet, und wo ehemals die Wellen der
Donau brandeten, einen Donaubrückenkopf errichteten, der

---

[1]) Neben ihnen noch mehrere ausgezeichnete Meister, wie Tenkala
(Gewölbemaler), Carlo Antonio Buffy (Deckenmaler), Balthasar Hacken=
müller, Johann Michael Rottmeier, die Maler Sing und Wolf, Bau=
meister Solari und der Bildhauer Matthias Högenwald, der Stukkatorer
Paul Dallio, der Maler Martin Altomonte usw.

die Straße nach Wels zu schützen bestimmt war. Der Name
dieser Römersiedlung, deren Zeugen in verschiedenen Römer=
funden vorhanden sind, war Marinianum. Der Name Efer=
ding wird von Ever, der niederdeutschen Bezeichnung für
Flußschiff abgeleitet, welche Benennung ein deutlicher Hin=
weis für die Stromlage des Ortes ist. Mit dem Zusammen=
bruche der römischen Donauprovinzen drangen die Rugier
in dieses Gebiet ein und verdrängten die am Nordufer
wohnhaften Markomannen, doch nahmen die Nachkommen
der letzteren, als welche wohl die Bajuvaren angesehen wer=
den dürften, das Land wieder in Besitz und streuten die
Keime der Kultur in jener Gegend aus. Bald nachdem die
Franken daselbst ihre Herrschaft ausgedehnt hatten, erschie=
nen plündernd und zerstörend die Magyaren. Nach deren
Niederlage scheint Eferding, das erstmals 1067 erwähnt
wird, seinen Aufschwung genommen zu haben. Als Donau=
landungsplatz konnte es häufig fremde Gäste begrüßen. Im
XXI. Abenteuer berichtet das Nibelungenlied von dem Auf=
enthalte Krimhildens daselbst, der aber gerade kein schönes
Licht auf die Sitten und Gebräuche in jener Gegend wirft
(„roub uf der strazen nach ir gewoneheit"). Auch die Kreuz=
fahrer unter Konrad III. (1147) und unter Barbarossa
(1189) kamen mit ihrer Flotte hier vorüber. Die schwersten
Zeiten hatte der Ort durch die Hussiten und in der Refor=
mationszeit mitzumachen. Befand er sich doch in einem Zen=
trum der Bauernunruhen.

Daß im Jahre 1167 bereits bischöfliche Burggrafen und
die Eferdinger Bürger Burgleute genannt werden, läßt den
Schluß auf die Existenz einer Burg zu. Als die Schaun=
burger den Ort als österreichisches Lehen innehatten, erbau=

ten sie sich hier ein Schloß (beiläufig 1400). Beim Ausster=
ben der Schaunburger kam Eferding an die Starhemberge.
Der berühmteste dieses Geschlechtes wurde der Türkenbesie=
ger und Verteidiger Wiens, Ernst Graf Rüdiger, dessen
Grabdenkmal in der Stadtpfarrkirche zu Eferding zu sehen
ist. Im kleinen Schloßmuseum sind heute noch Gegenstände
zu sehen, die der Graf bei der Belagerung benützte, um das
türkische Lager auszukundschaften. Das Schloß, 1784 er=
richtet und von imposantem Eindruck, verlor mit der Auf=
lassung der befestigten Tore und Gräben vollständig seinen
Burgcharakter, dafür ist der von den Schaunburgern im
15. Jahrhundert errichtete gotische Kirchenbau (der Turm ist
leider später verändert worden) gut erhalten und besitzt
einen über das Eferdinger Becken weit hinausschauenden
72 Meter hohen Turm. Eine historische Reminiszenz knüpft
sich an die Anwesenheit des Astronomen Johannes Kepler,
der eine Eferdinger Waise 1613 in der Pfarrkirche daselbst
ehelichte und von der Stadt mit Ehren überhäuft wurde.
Im österreichischen Erbfolgekrieg und in der napoleonischen
Zeit hatte Eferding von den Franzosen viel zu leiden.

Linz

Man hat in jüngster Zeit für das zwischen Wels, Linz,
Enns und Steyer liegende Landgebiet den Namen
„Zentralraum" Oberösterreichs geprägt, dem die Vorherr=
schaft in der ganzen Provinz zukomme. Gewiß ist der Um=
stand von besonderer Bedeutung, daß hier gegen Norden
die Feldaistsenke, der Traun entlang die Salzstraße mit

ihrer Verlängerung (via Linz) durch den Haselgraben und
das Tal der großen Rodel gegen Böhmen zu, durch die
Mühlsenke nach Bayern zu und der Enns entlang die Eisen=
straße mit dem durch die Natur gegebenen Donauweg zu=
sammentreffen. Denn er gibt diesem Raume und darin wie=
der dem Donauorte Linz eine bevorzugte Verkehrslage, die
— von den ältesten Verkehrsmitteln angefangen bis in
unsere Zeit hinein — dieser Stadt eine prominente Geltung
in der Reihe ihrer Schwestern an der Donau zuwies, wie
sie unter ähnlichen Voraussetzungen und in noch erhöhtem
Ausmaße Wien gewinnen mußte. Von den leichter zu
schützenden Höhenlagen zur Stromebene hinab vollzog sich
im Laufe der Jahrtausende die Besiedlung, deren Zeugen aus
der Steinzeit und aus späteren Epochen am Freinberg auf=
schienen.

In der Römerzeit liegt am Schloßberge das den Brücken=
kopf sowie das Hauptlager von Laureacum bewachende Ka=
stell Lentia. Die Burgberghänge sehen dann das Linz des
frühen Mittelalters entstehen (in der Karolingerzeit, als
Passau hier bereits Boden gefaßt hatte); am Beginne des
10. Jahrhunderts befindet sich hier schon ein wichtiger
Markt mit Zollstätte, die von den Passauer Lehensträgern,
den Haunsbergern vom Wildberg, am Beginn des 13. Jahr=
hunderts an die Babenberger gelangt. Sie werden von
dem Przemysliden Ottokar und nach ihm von den Habs=
burgern im Besitze der durch einträglichen Mauteneingang
begehrenswerten Stadt abgelöst. Heute ist Linz, das mit
seinen mehr als hunderttausend Einwohnern bereits unter
die Großstädte zählt und mit den Vororten bis an die
Traun hinausgewachsen ist, von allen Weltgegenden her

leicht zu erreichen. Nur drei Stunden D-Zug benötigt der
Wiener zu einem Ausflug dahin, den er aber — wenn er
genießerisch veranlagt ist — gewiß besser mit dem präch=
tigen Eilschiff der Donau=Dampfschiffahrts=Gesellschaft
dorthin unternimmt, was ihm nebst der Bequemlichkeit und
dem Komfort einer entzückenden Donaufahrt nicht einmal
höher zu stehen kommt als die kurze Bahnfahrt, die land=
schaftlich nicht entfernt an die erstere heranreicht. Auch ver=
meidet der Donaureisende die unvermeidliche Enttäuschung,
die den dem Zug Entsteigenden am Bahnhof beim ersten
Anblick der Stadt befällt — ein Eindruck, den schon unser
von Ebelsberg her Linz sich nähernde Freund aus der Bie=
dermeierzeit hatte.

Es empfiehlt sich, die Stadt zuerst vom Pöstlingsberg
aus zu besichtigen, dann wird man das begreiflich finden,
was derselbe Freund vom Pfarrer des Bergkirchleins zu
erzählen weiß. Er hatte einen Lottogewinn von über 30 000
Gulden altösterreichischer Währung gemacht und war des=
halb vom Linzer Bischof aufgefordert worden, sich ein Ka=
nonikat am Dome zu stiften. Der gute Pfarrer, der ein gro=
ßer Naturfreund und Liebhaber seines Bergdaseins war,
verzichtete auf das immerhin sehr ehrenvolle Angebot und
Avancement ... Was er heute zu dem Bilde sagen würde,
das sich ihm als das moderne Linz darbietet? Die male=
rischen mittelalterlichen Befestigungen, die sich auf den alten
Stichen vorfinden, hatte er zwar damals auch nicht mehr
geschaut — nach dem furchtbaren Brande im Jahre 1800
wurden sie niedergelegt, und das Weichbild der Stadt griff
auf die Vororte über. Was würde er aber erst zum Donau=
hafen sagen, der, zumal seit der Internationalisierung des

Stromes, ein buntes Gewimmel der verschiedenen Reichs=
flaggen auf den Schiffen aller möglichen Typen dem Be=
schauer zeigt. Frachtenumschlag, lebhafter Personenverkehr
in den Sommermonaten, ein munteres Hafentreiben an den
Landungsplätzen und ein stetiges Hin und Her von Men=
schen, Wagen, Straßenbahn und Automobilen auf der Ur=
fahrerbrücke würde ihn ebenso in Staunen versetzen, wie die
zahlreichen rauchenden Fabrikschlote an der Peripherie, die
vielfach unschönen Neugebäude im Stadtzentrum und die
Zerstörung des anheimelnden alten Stadtbildes bis auf
wenige Zeugen älterer Zeit sein Mißfallen finden dürften.
Der praktische Sinn und das eiserne Gebot der Notwendig=
keit hat uns zwar gelehrt, das durch den Aufschwung der
Industrie sich ergebende Plus an Fabriketablissements zu
begrüßen, aber in dem Bilde der altväterischen Stadt der
Torten und schönen goldbehaubten Linzerinnen sind sie nicht
gut am Platze. Prächtige Kirchen, in denen sich wunder=
volle Werke Rafael Donners, des Kremsers Schmidt, Alto=
montes, Sandrarts, Reselfeldts und anderer tüchtiger Künst=
ler erhielten, wenn sie auch mitunter durch „Andachtskitsch"
nüchterner Geschmacklosigkeit, der sich in der Nachbarschaft
breit macht, zu leiden haben, sind ebenso Labestationen, wie
die Minoriten=, Elisabethinen= und Ursulinenkirche Meister
Hildebrands und Krinners. Die edle Größe des Prandauer=
schen Bischofshofes, Erkerhäuser und Stiftshäuser der Alt=
stadt, wo man manche schöne Arkadenhöfe aufstöbern kann,
das Weißenwolffsche und das Montforter Haus auf der
Landstraße, vor allem aber das einzigschöne Renaissance=
portal des Landhauses und der Arkadenhof darinnen, das
sind künstlerische Lichtpunkte im Stadtbilde. Zugleich häufig

auch historisch denkwürdige Gebäude, an die sich zahlreiche bedeutungsvolle Erinnerungen knüpfen. Napoleon, Kepler, Kaiser Friedrich III., noch mehr die uns näherstehenden Großen: Mozart, Schubert, Beethoven und Bruckner, Stifter und Stelzhammer — um nur einige zu nennen — begegnen uns im alten Linz. Die kaiserliche Burg, in der gotischen Zeit gewiß wirkungsvoll und malerisch, kann, heute umgewandelt, uns kein so starkes Interesse abnötigen. Der neue Dom, der sich majestätisch — leider am unrichtigen Platze — über die Stadt erhebt, wird manchem nicht das sagen können, was der alte noch immer bedeutet, wenn er auch unter die Dii minores gentium zurückgesetzt wurde. Ein besonderer Vorteil ergibt sich aus dem Besuche der oberösterreichischen Hauptstadt noch in anderer Beziehung: Wer sich hier bereits umgeschaut hat, kann nichts Besseres unternehmen, als mit der Elektrischen nach St. Florian zum Meister Anton und seinem herrlichen Stifte oder mit der Bahn nach dem Benediktinerstifte Herzog Tassilos mit seinem Originalbecher zu wallfahrten. Oder er zieht es vor, seinen Weg über die Donau nach Norden — in der Richtung der ersten österreichischen Eisenbahn — zu nehmen, um sich das Prämonstratenserstift Schlägl und den Höhenzug des Böhmer Waldes zu besehen, wenn er nicht vielleicht eine angenehme Fußwanderung längs der Donau stromaufwärts nach dem Zisterzienserstift Wilhering mit seiner licht- und farbendurchfluteten Kirche vorzieht. Es gibt freilich noch viele andere Dinge in der Linzer Umgebung, die aufzuzählen hier nicht der Raum ist. Aber wir können einen gutgemeinten Wink den kunsthistorischen Feinschmeckern zu geben nicht unterlassen: Kefermarkt ist auch nicht weit, und das,

was man dort sehen kann, gehört zu den erlesensten Schätzen
deutscher Bildhauerarbeit. Doch darüber später! Wer dann
noch auf dem Marsch nach Wilhering Zeit und Muße hat,
kann im Vorüberwandern sich den Linzer Kalvarienberg zu
Gemüte führen, dessen Kapellen (Stationen) eine lange
Bergstiege wald= und bergaufwärts flankieren, die zu einer
großen Kreuzigungsgruppe und zu dem Rundkirchlein und
einem idyllischen Friedhof führt. „Der hohe Wienerische
Adel" — so heißt es auf einer alten Inschrift — „hat im
Jahre 1664 aus sonderbarer Andacht zum sterbenden Hei=
land diese Stiege setzen lassen." Hier zogen die Kreuzfahrer
vorüber, die mit dem Heere Barbarossas donauabwärts
strebten, woran das ehemalige Kirchlein zur heiligen Mar=
garete (der Ort nennt sich heute noch so) und die Sage von
der wunderbaren Heilung des erschöpften Mönchs erinnert.

Ein Heiligtum höheren Ranges — das Mariazell Ober=
österreichs — ist das Kirchlein am Pöstlingberg, das in
seiner Entstehung wie der Lage nach an das marianische
Heiligtum Mariataferl bei Marbach an der Donau gemahnt,
dessen bedeutungsvolle Rolle in Handel=Mazzettis wunder=
voller Dichtung „Jesse und Maria" allbekannt ist. Und wer
an klaren Tagen, nachdem sich der Blick an den zarten Ro=
kokoformen des Kircheninneren geweidet hat, vor die Kirche
hinaustritt, um das Landschaftsbild zu seinen Füßen zu er=
schauen, wie es sich vom Freinberg und Bauernberg nicht so
umfassend darbietet, wird ein Stück urdeutschen Donaulan=
des am Nibelungenstrom schauen. Knapp am Bergesfuß am
linken Donauufer liegt das mit Linz durch die Strombrücke
verbundene Urfahr, der Ausgangspunkt der Mühlkreisbahn,
im Volksmunde „Müllireisbahn" genannt. Erst seit 1808

zum Markte und seit 1882 zur Stadt erhoben, bietet Urfahr das Bild einer außerordentlich bewegten und volkreichen Stromsiedlung, die einige freundliche altertümelnde Gassen= prospekte aufzuweisen hat. Am Urfahrer Kai genießt man in der Schiffahrtssaison öfter den Anblick eines bunten Ge= wirrs von Fahrzeugen aller Art, neuestens auch des in der Linzer Schiffswerft für die Baudirektion der Donauregu= lierung hergestellten Naßbaggers für 200 Kubikmeter stünd= liche Baggerleistung, aus denen die blitzblank geputzten wei= ßen Eilschiffe hervorstechen. Hier lernt man am besten Linz als Knotenpunkt und Umschlagplatz des Handels= und Per= sonenverkehrs kennen, der, aus allen Weltrichtungen be= schickt, seiner Aufgabe gerecht wird, zwischen Osten und Westen eine immer inniger werdende Verbindung herzustel= len. Es wäre zu wünschen, daß mit dem Ausbau der großen mitteleuropäischen Kanalprojekte auch der oberösterreichischen Hauptstadt ein Teil des goldenen Segens in den Schoß fällt, den sie sich als vielhundertjährige treue Warte an der Donau reichlich verdient hat.

Enns und Grein

Ein lehrreiches Beispiel, wie ein Ort, von seiner Haupt= lebensader abgeschnitten, der früheren Verbindungen mit Industrie= und Verkehrszentren verlustig, seine Bedeu= tung einbüßt, ist das am gleichnamigen Fluß, beiläufig eine Stunde von seiner Mündung in die Donau entfernt gelegene Enns. Es hat das Erbe des römischen Hauptlagers Lauria= kum, des stets wachsamen, drohenden und strategisch hoch=

bedeutsamen Bollwerks an der Nordgrenze des römischen
Reiches übernommen. Auch hier begegnen sich uralte Han=
delswege, auf denen Salz und Eisen verfrachtet wurde. Hier
lag die große römische Donauflottille, hier schuf sich der
Römer das nötige Kriegsrüstzeug, und hier erhob sich schon
frühzeitig eine Zivilstadt am Fuße der gegen die magyarischen
Einfälle erbauten „Anesipurch". Nach allen Stürmen er=
blühte die Ennsstadt mit dem Durchzugsverkehr deutscher
Kaufleute, die hier nach dem Stapelrecht auf dem Pfingst=
jahrmarkte ihre Waren feilhielten. Gericht, Münzstätte,
Maut und vor allem das berühmte Stadtrecht vom Jahr
1212 — das erste Österreichs — lassen auf eine frühzeitige
Machtstellung zurückschließen, die aber in dem Augenblicke
gefährdet war, als die Reichsgrenze bis zur Leitha verlegt
wurde. Immer mehr — je weiter es sich durch die An=
schwemmungen und das neugebildete Augebiet von der
Donau abgetrennt sah — sank seine Bedeutung. Das alte
Lorch hatte längst ausgespielt, seine Kirche mit dem wunder=
vollen Sakramentshäuschen wurde zur Friedhofskapelle de=
gradiert.

Im 16. Jahrhundert schmückte sich Enns mit manchem
mächtigen Gebäude. Zum Wahrzeichen wurde der mitten
am Markte stehende Stadtturm, der wie ein stolzer Herr=
scher über die stillen Straßen und freundlichen Bürgerhäu=
ser herabblickt, denen mitunter ein Erkerlein oder ein alter=
tümlicher Laubengang eine anheimelnde Note gibt. Wer sich
Zeit nehmen will, kann im städtischen Museum Zeugen des
Römerlagers besichtigen, von denen im Freien fast nichts
mehr zu sehen ist. Das Städtchen lag lange in sanftem
Schlummer, bis es jetzt wieder der Lärm der Automobile

aufgeweckt hat, die auf der äußerſt lohnenden Route von
Amſtetten her den Reiſenden Gelegenheit bieten, ihre Blicke
über die Donauauen hinüber bis an die in bläulichem Dufte
den Horizont abſchließenden Mühlviertlerberge zu ſenden.
Zu den Füßen des Beſchauers liegt wie eine zarte Landſchaft
von Claude Lorraine die Nibelungenſtraße, die ſich hier als
ein maleriſches Panorama darbietet.

Vollſtändig verſchieden von dem Ennſer Landſchaftsbilde
iſt die Szenerie um Grein, das einer der gefährlichſten
Strecken der Donaufahrt ſeinen Namen gibt, und wie die
benachbarten Ortſchaften Struden, St. Nikola und Sarmingſtein mit der Topographie und Geſchichte der berüch-
tigten Enge aufs innigſte verknüpft iſt. Am Fuße der mächtigen Greinburg in einem zum Donauniveau herabreichen-
den Gelände ſanft eingebettet liegt die Ortſchaft, deren ge-
ſchichtlicher Urſprung dunkel iſt. Wahrſcheinlich haben jene
recht, welche ſeine Entſtehung auf Schifferanſiedlungen zurückführen, die für den Donauverkehr wegen der Strom-
gefahren unentbehrlich wurden. Sie ſtanden im 12. Jahrhundert zum Kloſter Säbnich in Beziehung, von dem aus
die Pfarrkirche beſetzt wurde. Die Anſiedler dürften den Gra-
ſen von Klamm zugehört haben, ſeit 1217 den Babenber-
gern. Frühzeitig mit Stapel- und Strandrecht begabt, kommt
es im Jahre 1468 zu einem intereſſanten Wappen, auf dem
wir die gefährlichen Stromfelſen bemerken. 1491 erhält es
das Stadtrecht. Wie es die ganze Zeit über vom Donauverkehr lebte, ſo behält es auch heute noch in erſter Linie als
Verkehrspunkt und gerne beſuchte Donauſommerfriſche ſeine
Geltung. Seit der Errichtung der Donauuferbahn und der
Ausdehnung der Bahnſtraße nach Mauthauſen ſteht es mit

den benachbarten Donaugegenden in lebhafter Verbindung. Als Hauptort des Strudengaues ist es zugleich der Ausgangspunkt lohnender Wanderungen in den waldreichen Gegenden nördlich des Stromes.

Ybbs und Pöchlarn

Am Ausgange des Strudengaues liegt auf einem für Siedlungen höchst günstigen Terrassenabschnitt, der sich der Donau zuneigt und in dem Denkmal des Jubiläums der Völkerschlacht eine weithin sichtbare Krönung erfährt, die Stadt Ybbs. Schief gegenüber dem am linken Ufer thronenden Schlosse Persenbeug beherrscht die Stadt den Zugang zur sogenannten „Gottsdorfer Scheibe", jenem bereits besprochenen geologisch interessanten Phänomen. Wir haben es hier mit einem jener Verkehrswege an der Donaustraße zu tun, die seit der Römerzeit zu einem Knotenpunkt von hervorragender Bedeutung geworden sind. Von Iva (ad pontem Isis), wie Ybbs damals hieß, zog sich die Limesstraße über das Kohortenkastell Arelape (Pöchlarn) nach Namare (Melk), von wo aus eine Gabelung dieser Straße stattfand. Der eine Schenkel führte südlich des Dunkelsteiner Massivs nach St. Pölten bzw. Wien, der nördliche ging längs der Donau durch die Wachau. Die Flüsse Ybbs und Erlaf führen in diesem Raum der Donau ihre Gewässer zu. So ergab sich für Ybbs der Zugang in das Gebiet der sogenannten „Eisenwurzen" (Waidhofener Straße), auch trifft hier die Steyrer Straße mit dem Donauweg zusammen, so daß sich auch für das mittelalterliche Ybbs die Be-

Stiftsturm und Portal von Dürnstein

Stift Göttweig

Stift Herzogenburg

13

14

Stift Klosterneuburg (Projekt)

deutung als eines „Vorortes des Waidhofener Eisen- und Proviantbezirkes" lebendig erhielt. Bezeichnend ist das historische Privilegium der Ybbser, den Eisenhandel nach Venedig betreiben zu dürfen. So gelangte es zu einer hohen Blüte, die sich in dem alten Lobeswort dokumentiert: „Ybbs und Enns, Stein und Krems, Brünn und Prag, Wien und Laa, Köln am Rhein — sind der schönsten Städte neun!" Freilich darf man diesen Spruch nicht auf die Goldwage legen.

Als Schwesterstadt von Ybbs nimmt auch Groß-Pöchlarn seit ältester Zeit eine ganz ähnliche Stellung wie dieses ein. Die Veränderungen des Donaustrombettes haben das Weichbild der Stadt nicht unberührt gelassen, ja noch beim Hochwasser im Jahre 1899 sich unangenehm bemerkbar gemacht, aber als römische Flottenbasis hatte es eine sowohl die Wasserstraße als auch den südlich davon befindlichen Landweg überwachende Lage. Auch in der Völkerwanderungszeit wird es als Durchzugsgebiet der einzelnen Stämme immer wieder vorübergehend besiedelt und wird häufig genug zu einem entscheidungsvollen Schlachtfeld. Hier schauen wir das klassische Land des Nibelungenliedes, der Sage von den Harlungen und von Rüdiger von Bechelaren. Als Residenz des Markgrafen Burkhard und wichtiger Stützpunkt im Kampfe gegen die Magyaren kommt es nochmals zu historischer Geltung, die es jedoch bald darauf an das Wasser- und Landweg beherrschende Melk abgeben muß. Ybbs und Pöchlarn, beide während der Hauptepoche des Donauhandelsverkehrs in mächtigem Aufblühen, erfahren nach den großen Verkehrsänderungen und Umwandlungen eine Zurücksetzung: Denn der überaus wichtige Schienenstrang der

Westbahn läßt die Stadt Ybbs seitlich liegen und hat auch für die ehemalige Hauptstadt des Nibelungengaues, Pöchlarn, keine namhafte Förderung gebracht. Denn die Hauptlinien des Eisenbahnverkehrs haben ihren Knotenpunkt in Amstetten. Selbst Melk, das noch am meisten begünstigt erscheint und als Kopfstation für die Wachau wie Stein und Krems seine Geltung nicht verlieren kann, bleibt mit Ybbs und Pöchlarn weit hinter dem fabelhaften Aufschwung Amstettens zurück, das aus einer kleinen Siedlung innerhalb 70 Jahren zu einem mit zehnfacher Bewohnerzahl ausgezeichneten Eisenbahnknotenpunkt geworden ist.

Güttenberger erinnert daran, daß Ybbs ähnlich wie Stein, mit dem es in lebhaftem Transitverkehr stand, Treffpunkt der wichtigen Straße aus dem Alpenvorland mit dem Strom war, wie in Stein die bedeutungsvolle Abzweigung nach Mähren und Schlesien sich befand. In der Burg zu Ybbs, deren Vorläufer als „Burgus" schon unter Kaiser Valens von Legionären aus Lauriakum — mit Iva durch die Limesstraße in Verbindung — gebaut wurde, waren deutsche Kaiser zu Gaste, und reiche Patrizier hausten während der Blütezeit der Stadt auf der nachweisbar seit der Steinzeit besiedelten Terrasse. Der gewaltige Geldumsatz war begründet durch den lebhaften Ybbser Markt, dessen Maß zur Norm wurde. Die Haupthandelsartikel waren Tuch (nach Wien), Salz, Wein (obgleich Ybbs nicht mehr im eigentlichen Weingebiet liegt), Eisen und Eisenwaren.

Ein neuerlicher Beweis, wie sehr die Greiner Enge den Handelsverkehr behinderte, ist in diesem selbst wichtige Weinstädte übertreffenden Weinhandel gelegen. Man war eben gezwungen, in Ybbs noch vor dem Haupthindernis der

Schiffahrt die Weine zu verfrachten und umzuladen, wie hier auch ein Stapelplatz für die „Ybbser Schmelztiegel" war. Die von Huemer verfaßte Geschichte der Stadt weiß auch von den Ereignissen des Bauernkrieges zu berichten, in dessen Strudel Ybbs hineingerissen wurde. Damals wollten die Bürger es recht schlau machen — sie schlossen mit den aufständischen Bauern, die sich der Säusensteiner Enge bemächtigt hatten, ein Bündnis, das ihnen aber teuer zu stehen kam: sie verloren für zwanzig Jahre alle ihre Privilegien. Überschwemmungen, Feuersbrünste, Handelskrisen, Sperre der auf Flößerei, Weinfracht u. a. bezüglichen Rechte, der allgemeine Verfall des Donauhandels, unter dem alle anrainenden Orte zu leiden hatten, stürzte auch Ybbs von seiner glänzenden Höhe herab, zumal es ihm an dem Hexengericht fehlte, das anderen Donauorten mitunter noch zur Sensation helfen konnte.

So träumt das Städtchen still dahin — kleine verborgene Schönheiten, dem großen Touristenstrom entzogen, erinnern noch vielfach an vergangene Tage. Ein Rolandbrunnen, eine Ölberggruppe und schöne Barockstatuen bei der Kirche, Reste von alten Türmen und Festungen, Häuserfassaden mit interessanten Formen älterer und jüngerer Kunstepochen, ein nett geordnetes Stadtarchiv mit kleinem Museum u. a. lohnen einen Besuch der Stadt, zu der das malerisch alte „Sandtürl" donauseitig einladet.

Wie uns von einem Schriftsteller des 16. Jahrhunderts erzählt wurde, daß man in Pöchlarn die Donau über römisches Pflaster und über römische Baureste dahinfließen sehe, könnte man dies fast wie ein Symbol für die Überflutung dieses seit dem 12. Jahrhundert Pechlarn genannten und im

5*

Nibelungenliede als Bechelaren bezeichneten ehemaligen Arelape durch die verschiedenen Völker am Ausgange des Alter-
tums deuten. Manche versetzen hierher das „Herilungefelt",
auf dem sich die furchtbaren Kämpfe zwischen Langobarden
und Herulern und zwischen Awaren und bayerischen Ansiedlern abspielten. Hier soll in der Herilungoburg die Residenz
des Harlungenkönigs Rodulf gewesen sein, hier hat die Ko-
lonistenstraße der Karolingerzeit (Strata publica) vorüber-
geführt. Wenn wir im Nibelungenliede lesen:

> „Diu venster an den mûren sach man offen stan,
> diu burc ze Bechelaren diu was ufgetan.
> do riten dar in die geste, di man vil gerne sach.
> den hiez der wirt edele schaffen guoten gemach.
>
> Si viengen sich behanden unde giengen dan
> in einen palas witen, der was vil wol getan,
> da diu Tuonouwe under hine vloz.
> si sazen gen dem lufte und heten kurzwile groz."

Wo heute im Osten der Stadt das Schloß der freiherr-
lichen Familie Tinti steht, waren einst gewuchtige Kai-
anlagen der Römer, die wahrscheinlich den Unterbau für die
Rüdigerburg des Nibelungenliedes gegeben haben. Impo-
sant ragt aus der Frontalansicht am Strom noch immer der
altersgeschwärzte „Welserturm" und der „Urfahrturm" heraus. Der erstere war zugleich der Wellen- und Eisschutz bei
Überschwemmungen und Eisgang. Auch der alte Treppel-
weg für den Schiffszug ist in der Form eines Schutzdammes
erhalten geblieben. Wer sich ein gutes Bild des alten
Pöchlarn machen will, der lese Handel-Mazzettis Donau-
roman „Jesse und Maria". Auch Pöchlarn verdankt wie
Ybbs sein Emporkommen dem Donauhandel, besonders mit

den hinterländischen Eiseninduſtrieartikeln, die im Erlaftal
aufwärts und auf der ſogenannten „Dreimärkteſtraße" her=
angebracht worden ſind. Ferner brachte der Tuchhandel und
die Salzverfrachtung nach den Gegenden nördlich der
Donau, ebenſo die im Orte ausgiebig betriebene Töpferei der
Stadt großen Gewinn. Von der Wohlhabenheit geben die
zahlreichen geräumigen Niederlaſſungen und ſchönen Häuſer,
ſowie einige Kirchen Zeugnis. Jetzt kann es durch ſeine
Induſtrien (chemiſche Farbwaren, Metallwaren, Tonwaren,
Seilerwaren, Schamotte) und durch Holzverfrachtung aus
waldreichen Alpengegenden manchen Vorteil erlangen.

Melk

Der dritte der überaus wichtigen Orte des Nibelungen=
gaues iſt Melk. Es iſt uraltes Siedlungsland. Im
Neolithikum haben ſich am linken wie am rechten Donauuſer
Menſchen befunden, die hauptſächlich die gut geſchützten und
in der Nähe des Stromes emporragenden Höhen bewohn=
ten. So auch das Felsplateau, auf dem heute das Stift maje=
ſtätiſch thront. Die ununterbrochene Serie der einzelnen prä=
hiſtoriſchen Epochen, die ſich an den Funden konſtatieren
laſſen und von Römerfunden abgelöſt werden, zeigen uns
eine fortdauernde Beſiedlung. An der Mündung der Pielach
dürfte das Kaſtell von Namare zu ſuchen ſein, hingegen
auf der Stelle des Stiftsbaues eine Wachſtation, die ihren
Gegenpart am linken Donauuſer beim heutigen Emmers=
dorf hatte. Doch iſt es wohl jüngeren Datums als Arelape,
nach deſſen Untergang Melk wieder zuerſt zu größerer Be=

deutung gelangte, indem die Babenberger dort ihre Burg
als Residenz der Ostmark erbauten, nachdem es ihnen gelun-
gen war, die magyarischen Bollwerke zu erobern. Mit der
Gründung eines Klosters, wo der Leichnam des bei Stockerau erschlagenen Märtyrers Koloman beigesetzt wurde, entstand zugleich ein segensreiches Kulturzentrum, von dem
aus strahlenförmig die Zivilisation den benachbarten Gegenden vermittelt wurde. Wir haben leider erst aus dem
15. Jahrhundert eine Darstellung des berühmten Benedik-
tinerstiftes erhalten; sie befindet sich auf dem Stammbaum
der Babenberger in der Schatzkammer des Stiftes Klosterneuburg. Im 12. Jahrhundert nimmt Melk infolge seiner
günstigen Lage an der Donau und der alten Hochstraße, d. i.
die mittelalterliche Römerstraße, als Handels- und Verkehrsplatz einen hohen Rang ein.

An der Kreuzung der Wachauer, der Wiener und der
Linzer Straße mußte das Suburbium von Melk, das im
15. Jahrhundert die pfarrliche Stephanskirche in den Ort
hinab bekam, mächtig emporkommen. Zwischen dem Stifte
und dem Orte entstanden Mißhelligkeiten und Eifersüchte-
leien, die in Marktuntertänigkeit des Stiftes befindlichen
Bürger schlossen sich den dem Stift feindlichen Elementen
an. Mit der steigenden Macht der zu politischer Größe gelangten Abtei, die unter dem kunstsinnigen und allmächtigen
Abt Berthold von Dietmayer den unvergleichlichen Barock-
palast durch Meister Prandauer erhalten hatte, sank die Bedeutung der Ortschaft, da auch Eisen- und Weinhandel bereits stark abgenommen hatten. Dazu kam noch die für den
ehemaligen Schiffsverkehr unangenehme Tatsache, daß die
bisherige diesseitige und leicht passierbare Donaufahrrinne

immer mehr verſandete, ein Prozeß, deſſen vollſtändige Aus=
wirkung bis in unſere Zeit hereinreicht.

Doch war es immerhin wieder ein bedeutender Gewinn,
daß Melk durch den Bahnſtrang Wien—Linz—Salzburg
(1858) in den Eiſenbahnfracht= und Perſonenverkehr einer
Hauptſtrecke einbezogen wurde und ſich mit der Eröffnung
der Donau=Dampfſchiffahrts=Geſellſchaft ein weiteres gün=
ſtiges Moment für Melk ergab. Neueſtens gewinnt Melk,
wie die (leider das Ortsbild keineswegs verſchönende) Stadt=
erweiterung auf den Terraſſen des Wachberges und beim
Bahnhof zeigt, wieder erhöhte Lebenskraft, ſeitdem es mit
der Erſchließung der Wachau durch die Wachautalbahn und
infolge des lebhaften Touriſten= und Ausflugverkehrs zum
gerne beſuchten Zielpunkte von Öſterreichern und Ausländern
geworden iſt. Unter den drei Städten Ybbs, Pöchlarn und
Melk nimmt das letztere die höchſte Ziffer an Volksvermeh=
rung ſeit 1900 ein.

Dürnſtein

Die romantiſchſte Stelle, von vielen als das eigentliche
Donaujuwel geprieſen, oftmals beſungen und unzäh=
lige Male mit Stift und Pinſel feſtgehalten, verklärt durch
Sage und Geſchichte, die ſich an geborſtenen Ruinen von
Burg und Kirchen in ſtimmungsvollſter Syntheſe von Mit=
telalter und Barocke ſpiegelt, von efeuumſponnenem Mauer=
werk eingefriedet, iſt für jeden Wachauwanderer Dürnſtein.
Am linken Donauufer, beim Ausgang des Engtales in die
aus der Franzoſenzeit her tragiſch bekannte Loibner Ebene

gelegen, ist es durch die Patina der Zeit vielleicht noch mehr
als durch menschliche Pläne zu einem echten Kunstwerk einer
kleinstädtischen Siedlung geworden. Angeschmiegt an ein
vom Strom seit Jahrtausenden benagtes felsiges Terrain
gleicht es heute noch mit seinem unverändert gebliebenen
altertümelnden Straßenbild einer malerischen Stromfeste,
die durch die Steilabfälle der verwitterten Felsenwände
ringsum umhegt wird. Wäre nicht der in heiteren Barock=
formen sich gefallende Turm des anmutigen, am Strome ge=
legenen ehemaligen Augustiner Chorherrenstiftes, und wäre
nicht der noch immer stolze, wenn auch innerlich verwahr=
loste Starhembergische Renaissancepalast, man möchte mei=
nen, ein mittelalterliches Raubritternest vor sich zu haben,
dem nur noch die Sperrkette fehlt, um die Warenschiffe am
Strome abzufangen.

Wie alt das Städtchen ist, läßt sich schwer ermitteln.
Wahrscheinlich vom Kloster Tegernsee aus zuerst besiedelt,
kam es im 12. Jahrhundert an die tapferen Kuenringer, die
sich nicht umsonst den Beinamen „Hunde" gegeben hatten
und auf der sagenhaften, aus grotesken Felsengruppen her=
auswachsenden Burg über Strom und Umgebung herrsch=
ten. Rings an den Mauern von Rebgelände umschlungen
liegt es heute still und friedlich da — ein Dorado der Maler=
gilde — und nur das Pusten und Pfeifen der Wachauufer=
bahn stört zuweilen seine Idylle. Eines der köstlichsten Bil=
der, die Dürnstein dem Auge des betrachtenden Künstlers
bieten kann, ist der von mystischer Symbolik und wehmuts=
voller Stimmung erfüllte Stiftshof, ein Geschenk des kunst=
sinnigen Prälaten des Stiftes, Hieronymus Übelbacher, an
die Nachwelt, wofür sie ihm nicht genug Dank wissen kann.

Freilich hat der Zauber der Vergänglichkeit und die Tragik des Verfalls vielleicht am meisten dazu beigetragen, das wundervolle Lebenswerk des Bauherrn in den Schimmer verklärender Poesie zu tauchen.

Mautern, Stein und Krems

War einst für die Donaustädte Dürnstein, Mautern, Stein und Krems die Wachau, in welcher die einzelnen Kulturschichten in aller Deutlichkeit sich ausgeprägt haben, das Gebiet der alles befruchtenden und mehrenden Lebensader, die mit ihren Kolonisten das deutsche Wesen in das alte „Osterland" des Nibelungenliedes gebracht hatte, so war die Bezeichnung Wachau zu verschiedenen Zeiten auch verschieden begrenzt. Einmal (in der Urkunde Ludwigs des Deutschen vom Jahre 830) gilt es als das Land zwischen Mießling, Jauerling und Donau, ein andermal zwischen Pielach-Rossatz und Emmersdorf-Dürnstein.

Nach dem topographischen Landschematismus vom Jahre 1795 ist die Wachau ein Tal im Viertel ober dem Manhartsberg, das zwischen Spitz und Dürnstein liegt, was von einigen zur selben Zeit noch auf die Strecke Stein—Spitz ausgedehnt wird. Der Donauwanderer von heute wird im allgemeinen darunter die ganze herrliche Stromstrecke Melk—Krems verstehen.

Die Stromlandschaft der Wachau hat in Willendorf, dem Fundort der weiblichen Figürchen, und in Stein altsteinzeitliche Primitivkultur aufzuweisen. So dürften auch, ohne daß wir genauere Daten anzugeben imstande wären,

die Dürnsteiner Terrasse und in weiterer Fortsetzung die
Steiner und gegenüber die Mautner Hochterrasse in zirka
sechs Meter Höhe über dem heutigen Stromniveau eine früh=
zeitige prähistorische Siedlung besessen haben. Es ist das
Gebiet zwischen dem Strom und dem Massivrand für die
Verkehrslinienkreuzung ausschlaggebend und eine leicht zu
befestigende Verteidigungsstellung, die mit der Zeit durch
die Entwicklung in die Nähe des Stromes, in das Alluvial=
land rückte. Bei Mautern war der Stromübergang, von
Stein und Krems aus wurde der Verkehr gegen den Nor=
den zu weitergeleitet.

Dieser Platz hatte in der Zeit der Vorherrschaft der östlich=
westlichen Verkehrsrichtung auf der Donau sogar größere
Bedeutung als die Handelsstraße, die von Linz aus an die
Grenze der Sudetenländer führte. Ein Symbol, auf welches
Güttenberger in dieser Hinsicht weisen kann, ist die Tatsache,
daß die Mautner Brücke 1463, die Linzer Brücke erst 1497
erbaut wurde. Die Verlegung der Hauptverkehrslinien der
ehemaligen Monarchie in das gegebene natürliche Zentrum,
das Wiener Becken, mußte auch zum Nachteile für die weiter
westlich befindlichen Übergänge ausschlagen, obzwar Krems
unter den niederösterreichischen Donaustädten immer im Vor=
dergrunde stand, einzig Wien ausgenommen. Erst die Eisen=
bahn selbst brachte eine für die drei Wachaustädte ungünstige
Änderung, durch welche St. Pölten zum Hauptpunkte des
westlich=östlichen Durchgangsverkehrs und Wien ein sol=
cher für den nördlich=südlichen Verkehr wurde. Ob sich in
dieser Beziehung in naher Zukunft eine Verschiebung ergeben
wird, ist jetzt noch nicht sicher zu behaupten, doch sei hier
registriert, daß man in diesen Tagen viel von einem Pro=

jekte spricht, das einerseits zur Entlastung der Westbahn=
strecke und andererseits zur Erhöhung des Interesses für
die Wachau die D-Züge von Wien aus nicht mehr wiental=
aufwärts, sondern über Tulln, Absdorf, Krems und Maut=
hausen nach Linz geführt werden sollen. Es ist sehr instruk=
tiv, Ziffern für den Donauverkehrsplatz Stein im Rahmen
des österreichischen Gesamtstromhandels der Vorkriegszeit
in Prozentwerten zu ermitteln: 0,46 % Import, 0,65 % Ex=
port, also eine vollständige Umstellung gegen früher.

Stein war ehemals Brückenstadt, Donauhafen und Ver=
kehrsknotenpunkt. Seitdem der Hauptverkehr nicht mehr der
Wasserstraße folgt, sind diese einzelnen Funktionen am Ost=
rande der Wachau auf die genannten Städte und auf St.
Pölten zerteilt und St. Pölten als Knotenpunkt an der
Traisen zugleich ein Industriegebiet geworden. Das Wachs=
tum der Einwohnerzahl in den letzten 93 Jahren ergibt für
Krems, Stein und Mautern zusammengenommen 153,3%,
dagegen für St. Pölten allein genommen 618,7%. So hat
St. Pölten die Wachaustädte überflügelt und wird diese
seine bevorzugte Stellung wohl noch auf lange hinaus be=
wahren.

Nun zu den Städten im einzelnen: Der römische Ursprung
der Stadt Mautern, die im Jahre 899 urkundlich als
Civitas Mutarensis erwähnt wird, ist heute außer allem
Zweifel. Die „Vita Sancti Severini" kennt es als Fabianae,
und die „Notitia dignitatum" als Faviana, Sitz eines
Kommandanten der Flottillenstation mit ihrem wichtigen,
den Stromübergang schützenden Brückenkopf. Die römische
Siedlung war mit dem Kastell Trigisanum, wo die Limes=
straße den Strom verließ, um über Cetium (St. Pölten) und

von dort nach Namare (Melk) zu führen, vereinigt. Es ging übrigens auch noch eine Sicherungsstraße in den Dunkelsteiner Wald (durch den Halterbachgraben) und wieder zum Strome hinab durch den Aggsbachgraben (von Dungl festgestellt). Feste Wachttürme auf der Göttweiger Höhe sorgten für scharfe Beobachtung des Stromgebietes und des feindlichen Ufergeländes, in das von Mähren und Böhmen herab die Völkermassen zur Donau gelangten. In der Lößgegend von Mautern kennt die „Vita Severini" eine Stelle, „ad vinias" genannt, wo sich der Heilige zu der Zeit aufhielt, als die Rugier auf dem heutigen Kremser Boden sich scharten und die Burg des Rugenkönigs an demselben Platz erbauten, und wo schon der Steinzeitmensch lagerte. (Man nimmt für die La=Tène=Zeit keltische Siedlungen an und will auch im Ortsnamen Krems eine keltische Sprachwurzel finden.) Krems würde danach als Siedlung „am steinigen Abhang" mit ihrer jüngeren Schwesterstadt Stein denselben Namen tragen. Von den Rugiern her hat sich der Name Rugiland für diesen Teil der Donaulandschaft noch längere Zeit erhalten. Wenn zu Severin aus Castra Batava Kaufleute mit der Bitte kommen, er möge den Rugenkönig dazu bestimmen, die früheren Handelsbeziehungen wiederaufnehmen zu lassen, so läßt dies leichte und sichere Schlüsse auf die Handelsbedeutung der dortigen Donaustädte zu.

Auch später (Ende des 9. und Beginn des 10. Jahrhunderts), da das Traisengebiet den gesicherten Teil der Grenzgrafschaft gegen Osten bildete und (904) die Greifensteiner Enge die Pforte nach Pannonien hinein bedeutete, waren unsere drei Wachaustädte die letzten Bollwerke gegen die Barbarenlande. Man nimmt hier die Heimoburg und den

kämpfereichen Grunzwittigau an, und die Zollordnung von
Raffelstetten spricht von Mautern als der Mautstelle an
der Grenze und bestimmt, daß die Slawen, die aus dem an=
grenzenden Gebiete des Handels wegen herbeikommen, im
Gegensatz zu den Kaufleuten aus Bayern bestimmte Ab=
gaben zu zahlen haben. Auch für die Ausfuhr, unter der an
erster Stelle Salz genannt wird, muß ein eigener Zoll ge=
zahlt werden. Auf Grund der genannten Zollordnung muß
der Weg nach Böhmen und Mähren damals in derselben
Richtung verlaufen sein, in der der Karolinger Pipin zur
Eroberung des Awarenringes am Kampfluß seine Scharen
vom südlichen Böhmen aus herabführte. Seit der Besitz=
ergreifung der Ostmark durch die Babenberger zur Zeit der
ottonischen Kolonisation war das Tullner Becken zum Herr=
schaftsbereich hinzugekommen, und die Stelle, wo heute bei
Greifenstein der Wiener Wald an die Donau stößt, war
die Grenze des Kolonistenlandes. Am linken Ufer der Donau
blieb der Wagram noch weiterhin die Grenze.

Zwei wichtige Daten stammen aus dieser Epoche: Die
erste Erwähnung von Krems, als in der Grenzregion ge=
legen (in der Kaiserurkunde vom Jahre 995), und das erste
Auftreten des Namens Ostarrichi (996). Auch die „Burg"
bzw. die ersten Befestigungen setzt Plöckinger in die Zeit
der Babenberger an. Zirka 1100 fällt die Erwähnung von
Stein. 1014 wurde auf einem von Kaiser Heinrich II. Passau
geschenkten Landstück die heutige Frauenkirche erbaut. Auf
Grund dieser ältesten frühmittelalterlichen Angabe wissen
wir heute, daß das älteste Krems sich am Felsplateau der
„Burg" befand. Über die zeitliche Entwicklung sagt Gütten=
berger: „Die Civitas Cremisa wuchs dem Strome sichtlich

entgegen, der damals die große Welthandelsstraße nach By=
zanz war. Beweis dafür ist, daß noch in der ersten Hälfte des
12. Jahrhunderts bereits die heute tiefer gelegene Pfarrkirche
als ‚Ecclesia matrix‘ erscheint. In der nächsten Nähe der
Kirche lag der Marktplatz. Einerseits bis an die Fluten der
Donau reichend, andererseits von der uralten Landstraße
gequert, mochte er den Handel treibenden Bürgern besser
frommen als das ‚Forum superius‘ (Hoher Markt). Leich=
ter wuchs der benachbarte Uferort von dem kärglich bemesse=
nen Raum ‚auf dem Stein‘, an den Ruinen der alten ‚Burg‘
und der Frauenkirche — auch sie knüpft wie jene in Krems
an ein noch älteres Heiligtum an — über das Hindernis des
Terrassenrandes, der Stromstraße, entgegen. Die Steiner
Lände, nicht mehr Mautern, erscheint im Privilegium für
die Regensburger 1192 als Mautstelle und Verladungsplatz.
Der Steiner Zolltarif weist Warengattungen von erstaun=
licher Mannigfaltigkeit auf, darunter bezeichnenderweise
Eisen. In den landesfürstlichen Urbaren des 13. Jahrhun=
derts wird Maut und Überfuhr (muta et passagium) in
Stein erwähnt. Der Regalienertrag von Krems=Stein
(1100 Pfund) wird in dieser Höhe nur noch bei Wien, Wie=
ner Neustadt und Korneuburg vermerkt. Linz trägt 100
Pfund, Hainburg 500 Pfund, Tulln 350 Pfund, Enns 200
Pfund. So hatten also die auch vom Landesfürsten begün=
stigten Städte am linken Ufer schon im 12. Jahrhundert
das ältere passauische Mautern beerbt: Stein mehr den Lan=
dungs= und Marktplatz, Krems den Verkehrsplatz für den
Fernhandel. Krems war damals Wien überlegen. Der Ara=
ber Endresi gibt Ghermisia=Krems um die Mitte des
12. Jahrhunderts den Vorrang vor Biena=Wien. Die

Kremser Münze wird gegen Ende dieses Jahrhunderts als
Landesmünze bezeichnet. Bis zur Errichtung der Münzstätte
in Wien (also zwischen 1130 und 1190) war sie die aus-
schließliche Landeswährung."

Die Ursachen des Aufblühens des mittelalterlichen Krems
und Stein sind verschiedene. Wie in der eigentlichen Wachau,
so hatten in der Nähe von Krems die reichbegüterten damaligen Klöster ihre Weinberge und Weinhöfe — Bedingung
und Zeugnis zugleich für einen ausgiebig betriebenen Weinhandel. Während Mautern infolge der Unsicherheit seines
Ufers, die auch das mit Severin in Verbindung gebrachte
Kloster St. Agapit vernichtete und zur Verschüttung älterer
Fahrrinnen führte, litt, war Stein bedeutend besser daran.
Wo der Förthof mit einem Kirchlein steht, war die alte Überfuhr nach Mautern. Stein mit seinem überaus günstigen Gelände erhielt im 15. Jahrhundert eine mit Krems die Verbindung herstellende Vorstadt, vor dem Steiner Tor gelegen, das
„ad undas" (bei den Wogen) genannt wird. Es ist der
Vorort Und. Wenn es heißt, daß der Kremser Herzogshof
„an der Stadtmauer zunächst der Donau" stand, so dürfte
darunter ein schiffbarer Seitenarm der Donau zu verstehen
sein. Am Flüßchen Krems entwickelte sich eine Vorstadt, wo
besonders das Gerbereigewerbe zu Hause war. Lederarbeiten
und Tucherzeugung, der Tradition nach sehr alt, waren her-
vorragend und ergaben einen schwunghaften Handel mit
den Ländern der böhmischen Krone und mit Polen. Als der
obengenannte Donauarm von Krems immer weiter sich verlegte und versandete, was seit dem 14. Jahrhundert der Fall
war, übertraf Stein bald den Kremser Donauhandel, ja es
wurde zum Hafen für Krems und erhielt die Inhaberschaft

des Großverschleißes, während sich die Kremser mit dem
Kleinhandel begnügen mußten. Daneben hatten die Steiner
auch die Mautstelle und die Zufuhr. Es ist übrigens auch
nachgewiesen, daß Krems im 14. Jahrhundert in Handelsbeziehungen zu Venedig stand und sich diesbezüglicher Privilegien rühmen konnte.

Eine gewaltige Einbuße mußten wie alle Donaustädte
auch unsere Wachaustädte durch die Entdeckung der großen
neuen Wasserstraßen und Handelswege an der Wende vom
15. zum 16. Jahrhundert erleiden. Wenn sie auch vorderhand
noch durch den Eisenhandel reiche Einnahmsquellen besaßen,
die ihnen ermöglichten, sich prächtige Wohnhäuser aufzurich-
ten, die heute zu den Sehenswürdigkeiten des Städtebildes
gehören, so war doch durch die schweren religiösen Kämpfe
und ihre Folgeerscheinungen der ehemals so ergiebige Handel
untergraben, und von 440 Häusern, die das reiche Krems
des Jahres 1616 zählte, sank es fast bis zur Verödung herab,
so daß in Stein gar nur mehr ein Händler übrigblieb, während Krems auf Grund der günstigeren Bodenverhältnisse
und des Transitverkehrs nach Norden sich erhalten konnte.
Eine interessante Zusammenstellung über die Leistungsfähig-
keit der niederösterreichischen Donaustädte im Jahre 1748 ergibt die noch immer bevorzugte Stellung der Stadt Krems:
sie konnte über 12 000 Gulden, Korneuburg rund 5400 Gulden, Klosterneuburg 4800 Gulden, Hainburg fast 4200 Gulden, Tulln 4100 Gulden, Stein 3400 Gulden, Ybbs 2350
Gulden leisten.

Wir sind in der glücklichen Lage, über ältere Darstellungen
der genannten Wachaustädte zu verfügen: Dürnstein wird
im Wappenbrief Kaiser Friedrichs III. vom Jahre 1476 ab-

inopie·nisi ut suaȝ diuiciaȝ, augmento
et possessione nõ modica extensione por
recta baptismales seu parrochiales ec
clesie penitus destruantur.

Uidã sacerdos sortilegus
esset diuinus conuincitur
apud epm correctus nolu
it cessare ab epo excõicar.
tandẽ agens in extremis
recõciliatur a quodã sacer
dote epo inconsulto indicitur sibi penitẽtia
sub quãtitate tpis canonibȝ pfixa. Primo
mũ queritur. qui sit sortilegi. Secundo
an sit pctm esse sortilegũ. Tertio a qui
bus genus diuinacõie sũpt...

Markgraf Leopold III. mit dem Kirchenmodell

gebildet, Klosterneuburg, Tulln, Krems und Hainburg sind
durch den Reysacher Holzschnitt zirka 1550 verewigt, im
Pallazzo Vecchio zu Florenz kann man ein Konterfei von
Stein sehen, das dort Stannium genannt wird. Und allbekannt sind ja die Darstellungen der Donaustädte von Matthäus Merian (1649). Besonders das Bild von Stein und
Mautern gibt uns eine treffliche Vorstellung der Topographie dieser beiden durch die Donaubrücke verbundenen
Orte. So manche Details lassen sich heute noch gut erkennen
und geben uns einen Begriff von dem wundervollen, archi-
tektonisch anziehenden Städtebild mit seinen Befestigungen,
seinen Türmen, seinen Kirchen, seinen Renaissancehäusern.
Man sieht auch an den Donaufrontgemäuern die Wirkungen
des Eisstoßes, von denen im Steiner Tore eine Inschrift aus
dem Jahre 1573 zu berichten weiß. Heute dehnt sich eine
schön bepflanzte Ringstraße und Parkanlage um jenen
Raum, wo einstmals Schiffe auf dem Donauarm befördert
wurden.

Bis in die Zeit der Eisenbahnen erhielten sich die Donaustädte auf einer immerhin günstigen Handels- und Verkehrslage, so daß man noch in den dreißiger Jahren Stein als
einen hervorragenden Stapelplatz für Holz, Obst und Wein
rühmen konnte, welche Artikel längs des Manharts auf der
Maissau—Eggenburg—Retzer Straße oder längs des alten
Kampweges verfrachtet wurden. In neuester Zeit hat die
Straßenführung der Wachaubahn mancherlei Vorteile gebracht, wozu bodenständige industrielle Betriebe, ferner
Tabakfabriken, Kreidegewinnung (Kremser Weiß), die Er-
zeugung des berühmten Kremser Senfs und mehrere Eisen-
und Maschinenfabriken beitragen, so daß Krems und Stein

tatsächlich einen städtischen Charakter mit starker Bevölke=
rungszunahme zu verzeichnen haben. Zwei Brücken führen
heute über den Strom: die Steiner Brücke von 1895 und
seit 1889 die der Bahnverbindung mit St. Pölten dienende.

Tulln

Während bei der Einmündung des Kamp am linken
und der Traisen am rechten Donauufer infolge Feh=
lens einer gesicherten Grundlage sich auch keine größere Sied=
lung bilden konnte[1]), ist es bei der Einmündung der großen
Tulln und dem in ihrer Nachbarschaft sich vorschiebenden
Niederterrassensporn, der festen Grund in das Alluvialland
hinaussendet, zur Existenz eines Ortes gekommen, der sich
beiläufig 5 m über dem normalen Donauniveau erhebt. Als
Zentrum des großen Tullner Beckens, in welches selbst wieder
von Norden her die Zufahrtsstraßen aus dem böhmischen
Massiv über den Wagram und vom südlichen Alpenvorland
zur Donaustromader einmünden, mußte Tulln zugleich ein
Reservoir für die Versorgung mit Getreide und Bodenfrucht
für seine ganze Umgebung werden, in Hinsicht auf den Ver=
kehr jedoch den Charakter einer Hauptstation erhalten, die als
Treffort König Etzels mit Kriemhild im „Tullne" der Ni=
belungensage rühmliche Erwähnung findet.

Die vorgeschichtliche Zeit hat für die Umgebung von
Tulln keine Spuren von Bedeutung hinterlassen, soweit sie

---

[1]) So mußte z. B. das im 12. Jahrhundert an der Traisenmündung
gegründete Stift St. Georgen weiter ins Land hinein verlegt werden
(das heutige Stift Herzogenburg).

die älteste Epoche betrifft, womit nicht geleugnet werden
kann, daß sich auch dort nomadisierende Jäger zeitweilig
aufgehalten haben. Als die Römer bis zur Donau vorstießen,
mußten sie damit rechnen, auch an diesem Punkt der Gefahr
zu begegnen, vom Wagram her durch das Dickicht der Auen,
die eine ausgezeichnete Deckung boten, von der Stromseite
aus überrumpelt zu werden. Auch hatten die Römer zur
Sicherung ihrer Donauflotte gewiß einen solchen Landsporn,
wie ihn die heutige Altstadt von Tulln vorstellt, mit ihrem
strategischen Blick als wohlgeeignet erkannt, eine Befesti=
gung, sei es in Form eines Kastells, sei es in der Form einer
bloßen Wachtstation, dort anzulegen. Wenn in der „Notitia
dignitatum" ein Präfectus classis Comaginensis genannt
wird, so ist dieses Comagena, wie aus Funden festgestellt
werden kann, nichts anderes als unser Tulln. Es war ost=
wärts verbunden mit Citium (Zeiselmauer), Astura (Kloster=
neuburg), Vindobona (Wien) und Carnuntum (Deutsch=
Altenburg), westwärts mit Trigisanum (Traismauer), Na=
mare (Melk) und Arlape (Pöchlarn). So bildete Comagena
ein nicht unwichtiges Glied des Donaulimes, ausgezeichnet
durch ein Heiligtum des Jupiter Dolichenus. Es ist nicht
ausgeschlossen, daß die Mutmaßung Hovorkas, der den Na=
men Tulln, welcher bisher auf das mittelalterliche Tulle
(Pallisade) oder auf das althochdeutsche Toulla (soviel wie
Vertiefungsgraben) bezogen wird, von Dolichenus ableitet,
auf Richtigkeit beruht. Ob die Kirche oder der uralte römische
Karner an der Stelle des ehemaligen Jupitertempels steht,
läßt sich nicht so leicht erweisen, könnte aber möglich sein.
In der „Vita Severini" spielt sie als Stadt der Rugier eine
Rolle, in der Karolingerzeit wird die zerstörte römische An=

6*

siedlung in den Lorscher Annalen und in Einhards „Vita Caroli magni" erwähnt, der auf dem Kriegszug gegen die Awaren die Festung passierte. Daß es als königliche Domäne weiterbesiedelt wurde, läßt sich aus der Geschichte der Nachfolger Karls des Großen, Ludwigs des Deutschen und Karls des Dicken erschließen.

Wie in Mautern und Wien, so wurde auch hier die von Passau aus gegründete Kirche dem heiligen Stephan geweiht. Auch residierte der Passauer Offizial behufs Verwaltung der Diözese während der schönen Jahreszeit in Tulln, das er als Pfründe besaß. Auf dem Wege von Melk nach Wien war Tulln vorübergehend babenbergische Residenz, und das Landgericht reichte über das Gebiet ostwärts der Traisen. Die fruchtbare Umgebung schuf einen vermögenden Bauernstand, dessen Üppigkeit sprichwörtlich und von Neidhart von Reuental gegeißelt wurde. Handelsgeschichtlich bedeutsam war das Privilegium der Regensburger, verschiedene Erzeugnisse ihrer Gewerbe zum Tullner Markt zu bringen. Doch verfügten die Bürger bald über eigene Tuchmacher, deren Tuchprodukte zur bäuerlichen Gewandung gerne verwendet wurden. Mautstelle war Tulln schon im 12. Jahrhundert und hatte sich der besonderen Gunst der Landesherren zu erfreuen, wie auch die Erinnerung an seine einstige Stellung als Residenz noch im 13. Jahrhundert rühmlich lebendig war, da der Wiener Jans Enenkel, ein Dichter dieser Zeit, lobpreist: „Tulln war des Landes Hauptstadt." Wie Ottokar, so war auch Rudolf von Habsburg der Stadt, wohin er die Hausstiftung zum „Heiligen Kreuz" verlegte, und der er das Recht des Straßenzwanges einräumte, sehr wohlgesinnt. Ebenso Albrecht I., der Tulln zwei Jahrmärkte sicherstellte, zu denen am Donauwege und vom Norden her die Kaufleute herbeiströmten.

Während die Donaustadt vor dem Wassertor infolge Knappheit des Baugrundes zu leiden hatte, gedieh das am jenseitigen Ufer liegende Trübensee vom 14. Jahrhundert an so mächtig, daß das Bannteiding vom Jahre 1570 von einer Stadt, von „Trebensee" sprechen konnte. Auch die Vorstadt Anger beim Südtore, mit einer eigenen Marienkirche, konnte sich nicht in ihrem Umfange erhalten, und erst die neuzeitliche Bahnhofsanlage gab diesem Platze wieder ein bewegteres Bild. Seit dem 15. Jahrhundert ging das Handels= und Erwerbsleben der Stadt gewaltig zurück, obzwar schon im 14. Jahrhundert die Tatsache, daß Passau und die Landesklöster „wüste Hofstätten" erwerben konnten, auf eine Stockung der wirtschaftlichen Verhältnisse schließen läßt. In der Zeit des ersten Türkenkrieges mußten aus Sicherheits= gründen mehrere Häuser abgebrochen werden, die Einkünfte der Stadt verringerten sich, die Verarmung und Bettelei nahm überhand, der Weinbau kam durch Mißwachs herab, die vielfachen Überschwemmungen durch die Donau vernichteten die hierdurch betroffene Bodenkultur, und mit den Zufuhren stand es auch schlecht. 1670 heißt es von der Stadt: „So traget denn kein Ort den Untergang so augenscheinlich auf dem Rücken als dieses Stadtl, das wegen seiner Lage immer den ärgsten Kriegsschwall ausstehen müsse." Damals vollzog sich auch ein starker Wechsel im Bürgertum. Die erbgesessenen Geschlechter gingen zugrunde, und neue Ansiedler oberdeutscher Abstammung traten an ihre Stelle. Daß die Donau viel Schaden anrichtete, bezeugt die Weisung der Regierung, die im Jahre 1660 zu einer Regulierung

mit Hilfe des bei den zusammengefallenen Häusern erhaltenen Materials anriet. Es trat nun auch eine Wendung im
Wirtschaftsleben ein. Mit dem Niedergang des Donauhandels suchte man sich wieder auf die Bodenkultur einzustellen. Der Weinhandel konnte natürlich niemals derartig
blühen wie in den „Weinstädten" Krems, Klosterneuburg
oder Wien.

Eine nicht zu unterschätzende Abschwenkung des Verkehrs
erlitt Tulln durch die Errichtung der Donaubrücke bei Wien
im Jahre 1439, wodurch er auf die Städte Korneuburg und
Stockerau überging und nur mehr Krems und Korneuburg
als Ein- und Ausladeplatz vor Wien im Privilegium vom
Jahre 1492 in Betracht kamen. Auch am Südufer der Donau
folgte eine Änderung zuungunsten Tullns, das man links
liegen ließ, um über Sieghartskirchen und Gablitz bzw.
Mauerbach das Wiental direkt zu erreichen. Ebenso trat
St. Pölten als Sitz eines Kreisamtes gegenüber Tulln in
den Vordergrund. Epidemien, Überschwemmungen, Feuersbrünste brachten den einstmals blühenden Ort noch mehr
herab, die Wasservorstadt wurde fast gänzlich hinweg-
genommen, die Stadtmauer unterwaschen und ihre Steine
zur notwendigen Regulierung und zum Schutze des ab-
bröckelnden Ufers verwendet. Dabei wuchs das linke Donauufer durch Anschwemmungen immer mehr und nahm Teile
des am rechten Ufer geschädigten Gebietes an sich, bis die
im 19. Jahrhundert durchgeführten Donau- und Tullnbach-
regulierungen die nötige Sicherheit gewährten. Tulln sank
zu einem Markt mit 225 Häusern herab (nach Schmidl im
Jahre 1835). Die Anlage der Bauerngehöfte zeigt vielfach
noch fränkische Form.

Seit den fünfziger Jahren begann Tulln langsam, aber stetig sich emporzuarbeiten. Ein verheerender Brand hatte neue Bauten veranlaßt, die leider auch die altertümlichen Stadttore aus dem heimeligen Stadtbild der dreißiger Jahre verdrängten. Mehrere Momente trugen zu einem Aufschwung im Sinne neuzeitlicher Entwicklung bei: die Anlage der Wiener Straße, die mit Umgehung des Donauweges eine Verringerung der Entfernung zur Hauptstadt über Königstetten und Dornbach=Neuwaldegg herbeiführte; dann die Errichtung der Franz=Josefs=Bahn mit Überbrückung des Stromes in der Richtung der uralten Verkehrswege (böhmische Straße über die Eggenburger Steige). Dazu kam eine Fahrbrücke, die als die einzige zwischen Wien und Krems für Tulln und sein Hinterland die größten Vorteile mit sich brachte. Ferner noch die Errichtung der Eisenbahnstrecke Tulln — Traismauer — Herzogenburg — St. Pölten unter Beibehaltung der Limesrichtung und des mittelalterlichen Kaufweges. Mit Errichtung der Bezirkshauptmannschaft, eines Lagerhauses und mit der Vornahme gewisser wirtschaftlicher und technischer Neuerungen gelangte Tulln von der Einwohnerziffer von 2100 Einwohnern im Jahre 1857 zu einer Einwohnerzahl von 4280 im Jahre 1923. Infolge fast vollständigen Fehlens von Industriebetrieben konnte sich Tulln nicht mehr weiter entwickeln, und für den Donau=Dampferverkehr, der noch am Beginn des Weltkrieges Tulln als Schiffahrtsstation berücksichtigte, kommt es heute nicht mehr in Betracht.

Und doch gibt es Gründe genug, dem kleinen Landstädtchen, das vielen Reisenden und Ausflüglern bedeutungslos erscheint, einen Besuch abzustatten. Eines der schönsten

Bauwerke aus romanischer Zeit führt hier abseits von dem
Hauptstrom der Globetrotter ein beschauliches Dasein: der
berühmte und kunstgeschichtlich ungemein wertvolle Karner.
Von diesem Wahrzeichen, das auch Dreikönigskapelle ge=
nannt wird, und ihrer Entstehungszeit, die mit der Blüte=
zeit Tullns zusammenfällt, sagt ebenso treffend als schön
Heinrich Güttenberger: „Diese" — gemeint ist die roma=
nische Glanzzeit — „ist wieder eine Parallelbewegung zur
Entfaltung der heimischen Literatur, die sich damals, als
Bauers= und Gewerksmann im Donaugebiete von der gro=
ßen Bewegung der Kreuzzüge Nutzen zogen und die Land=
schaften zu Wohlstand gelangt waren, des langen und müh=
seligen Weges entsann, den der deutsche Kolonist auf den
Fährten der Nibelungen durchwallen und durchkämpfen
mußte. Der Nibelungensänger schritt wohl durch „Tulne",
als hier die Steinmetzen an dem nördlichen Rundbogen=
portal der ehrwürdigen Stephanskirche meißelten, hier führte
ja die Straße der alten Heldenmären vorüber, die ihm so
bekannt war." Und wenn wir uns dann noch die Reihen=
folge der einzelnen Stadtbildgrundrisse betrachten, wie sie uns
in einigen Belegen erhalten sind, und hierbei bemerken müs=
sen, daß — ähnlich Regensburg und anderen aus der Römer=
zeit stammenden Ortsanlagen — auch die Tullner Stadt=
anlage mit der bezeichnenden Rechteckform sich an die
römische Bauweise anlehnt, so werden wir in dieser Konti=
nuität eine bewunderungswürdige Kraft und Stärke er=
blicken müssen, die nicht nur dem Kulturhistoriker etwas zu
sagen hat, sondern auch jedem Liebhaber der deutschen Hei=
mat das weltvergessene Städtchen in seiner Art wertvoll
erscheinen läßt.

Weit hinaus über das in zahlreiche Arme, Mulden und Gräben zerrissene Auenlabyrinth des Tullner Feldes erhebt sich fernhin sichtbar in der Stromenge zwischen dem Kreuzensteiner Sporn und dem Schliefberg am linken Ufer eine schlanke Turmnadel über Bäume und Dächer, die dem Donaufahrer schon Meilen vorher auffällt. Es ist das Wahrzeichen Stockeraus, das heute 4 km weit von der Hauptader der Donau entfernt am Rande einer Diluvialterrasse hingelagert ist. Wer von Tulln aus stromabwärts fährt, wird in der Höhe von Zeiselmauer durch das interessante Profil überrascht, das die Donau von beiden Seiten aus einengt und auf dem zum Gewässer abfallenden Gelände zwei Burgen trägt, rechts Greifenstein, links Kreuzenstein, welch letzteres die von Norden her in die Korneuburger Bucht mündenden Wege (Horner, Kremser und Znaimer Straße) bewacht. Stockerau gefällt sich im 16. Jahrhundert in der Rolle als Knotenpunkt, diese genannten drei Straßen zu vereinen. Mit dem benachbarten Michelberg, Unter-Zögersdorf und dem westlich gelegenen Schmieda besaß das Stockerauer Terrain bereits prähistorische Siedlungen und auf der Basis derselben und mit ihnen in Verbindung römische Wachtposten gegenüber Angriffsmöglichkeiten von seiten der benachbarten Germanen und besonders der mährischen Quaden. In der Babenberger Zeit liegt es als „Stocharove" (1012), ein die Grenze beherrschender Brückenpfeiler, unter dem Schutze Kreuzensteins, das wahrscheinlich gelegentlich der Schenkung dieses Kolonisationsgebietes durch Kaiser Heinrich II. an einen Formbacher gegründet

wurde. Der alte Name deutet auf Rodung und das Patronat
der Kirche (St. Stephan) auf die Herkunft von Passau, das
daselbst ein Kastenamt besaß. Der Ort, frühzeitig durch Ur=
fahrsprivilegien und 1465 mit dem Marktrechte begabt, ge=
riet bald in Rivalität mit Korneuburg, besonders wegen der
Märkte und später wegen der Ladstätte. Stockerau behielt
die Oberhand und blieb, da es erst seit dem Ende des
18. Jahrhunderts sich vom Strom weiter entfernte, mit
demselben in näherer Verbindung, was infolge des getreide=
reichen Hinterlandes und seiner gewerblichen Betriebe sowie
infolge seines Charakters als Frachten= und Raststation zu
seinem Aufschwung führte. Die am Beginn des 19. Jahr=
hunderts einsetzende Änderung der wirtschaftlichen Verhält=
nisse durch eine zeitgemäße Einstellung auf gewisse Indu=
strien brachte der Stadt bedeutende Entwicklungsmöglich=
keiten, auch für jenen Zeitabschnitt, da der Fuhrwerks= und
der Marktverkehr bereits stark zurückging. Neben der In=
dustrie war es die Eröffnung einer neuen Bahnverbindung
via Absdorf—Hippersdorf—Krems—Wachau—Struden=
gau, die dem Orte durch den Wiederanschluß an den alten
Donauweg eine Verstärkung seiner bisherigen wirtschaft=
lichen Position gab.

Einstmals mit dem am rechten Donauufer liegenden
Klosterneuburg vereinigt und deshalb auch als „Neuburg=
klosterhalben" bezeichnet, ist Korneuburg heute durch eine
über 4 km breite Aue und den Strom samt seinen Neben=
gewässern getrennt. Die Trennung erfolgte wahrscheinlich
durch katastrophale Überschwemmungen, wie eine solche für
das Jahr 1118 von den Melker Annalen berichtet wird,
und erhielt ihre Vollendung durch den gewaltigen Eisstoß

des Winters 1194 und eine neuerliche Überschwemmung im Jahre 1210. Dabei sind kleinere Siedlungen, wie z. B. Muckerau (Mugarove), Tuttendorf u. a. zugrunde gegangen, deren stetige Lageveränderung im wechselnden Alluvial auch zu einem Rückschluß auf einen ähnlichen Vorgang bei Korneuburg selbst berechtigt. Seit Albrecht I. ist die Teilung in Neuburgklosterhalben (Klosterneuburg) und Neuburgmarkthalben (Korneuburg) stationär. Die höchsten Wasserstandsdaten der letzten großen Überflutungen zwischen den beiden Schwesterstädten läßt die Lage Korneuburgs noch immer nicht als eine absolut stromsichere erscheinen. Korneuburg als Hauptort des gleichnamigen Alluvialbeckens, in welchem sich noch alte Stromarme nachweisen lassen, wurde im Laufe der Zeit zu einem wichtigen Schlüssel für die Stromenge zwischen Leopoldsberg und Bisamberg mit ihrem Profil, das dem obenerwähnten zwischen Greifenstein und Kreuzenstein stark ähnelt, also zu einem strategischen Verteidigungspunkt für Wien. Die Geschichte der feindlichen Invasionen, die an die Donaustraße branden, hat dies bestätigt. Auch lag es an einem im mittelalterlichen Verkehrsnetz bedeutsamen Verbindungsweg zwischen Donau—Mistelbach—Laa—Nikolsburg, bekannt auch literarisch aus Ulrich von Lichtensteins Venusfahrt.

Mit der Donauüberbrückung bei Wien im Jahre 1439 erlitt auch die Bedeutung Korneuburgs als Stromübergangsstelle eine große Einbuße und vollends durch das Emporkommen der Brückenstadt Floridsdorf, wohin die Hauptstraßen aus den Sudetenländern einmündeten. Es verblieb in ständiger Verbindung mit Klosterneuburg über die Donauarme und die dazwischenliegenden Inseln hinweg. Die Regel-

mäßigkeit des Stadtplanes geht auf den Babenberger Leo=
pold den Glorreichen zurück. Bezeichnenderweise besaß der
Ort zu Ehren des Schifferpatrons Nikolaus ein Kirchlein,
dessen Turmanlage beim Rathausbau mitwirkte. Die Lage
des Ortes an der Donaustraße rechtfertigte seine Stapel= und
Urfahrprivilegien. In der Silbe Kor des Stadtnamens will
man den Hinweis auf den Getreidehandel bemerken, der dem
Landesherrn zinsen mußte. Korneuburg war davon frei und
besaß besondere Privilegien für Wein= und Salzhandel
(siehe die heutige Salzstraße), der nach Mähren zu ging und
großen Wohlstand einbrachte. Außerordentlich wichtig war
die Urfahr über Tuttendorf nach Klosterneuburg, dem ein
eigenes Urfahrsrecht („Strombannteiding") diente, das vom
Stift Klosterneuburg im Jahre 1440 gegeben wurde. Ge=
schichtlich denkwürdig ist das Lager König Ottokars am
Gänserfeld vor Korneuburg im Jahre 1276, von wo aus
er über den Strom setzte, um mit Rudolf zusammenzutreffen.
Die Stadt war befestigt, seit der Hussitengefahr in besonders
starkem Maße. Leider blieb von dieser malerischen Festungs=
anlage nur wenig mehr erhalten, und die starken Tore und
Mauern sind fast gänzlich verschwunden.

Wie bei Stockerau erwähnt wurde, schwebte zwischen
diesen beiden Städten seit dem 14. Jahrhundert schon ein
recht heftiger Kampf um die Vorherrschaft. Daß Korneuburg
darin unterlag, hat außer den obengenannten noch andere
Ursachen. Vor allem war die Versandung des schiffbaren
Donauarmes in der Nachbarschaft der Stadt, wodurch die
ergiebige Salzflößerei eine schwere Einschränkung erleiden
mußte, schuld daran. Da konnte auch Bevorzugung durch
Privilegien und durch Erwählung der Stadt zum Sitz des

Kreisamtes nicht helfen, weil sie sich nicht wie ihre Neben-
buhlerin auf die Industrie einzustellen verstand. Erst mit Eröffnung der Donaudampfschiffahrtswerft im Jahre 1852
und durch die Einbeziehung der Stadt in den Umschlag-
verkehr vom Strom zur Nordwestbahnlinie, ferner durch
Errichtung offiziellen Zwecken dienender Gebäudeanlagen
(Gerichte, Strafanstalten, Kasernen) und vieler durch die
Nähe Wiens begünstigter Neusiedlungen sowie durch den
Anschluß an die Landesbahnstrecke Korneuburg—Mistelbach—Hohenau hat sich Korneuburg die Aussicht auf fort-
schreitende wirtschaftliche Entwicklung gesichert. Als echte
Landstadt und durch den starken Prozentsatz bäuerlicher Bevölkerung Tulln ähnlich, hat es doch wie jenes Sehenswürdigkeiten zu buchen, die allerdings nicht allgemein bekannt und gewürdigt sind. Es ist dies die gotische Pfarrkirche mit prächtigem Schiff, ferner die leider vernachlässigte
reizende Barockkirche des ehemaligen Augustinerklosters und
in jüngster Zeit der stilvoll angelegte Heldenfriedhof. Das
Stadtbild weist noch manche interessante alte Häuser auf,
wenn sie auch schon vielfach unstilgemäßen Restaurierungen
unterworfen worden sind. Mit Klosterneuburg steht es heute
durch die sogenannte „Fliegende Brücke" in Verbindung, die
bei Hochwasser nicht benützbar ist.

Klosterneuburg, heute durch die vorgelagerten Auen und
die Abrückung der Hauptstromrinne von der Donau getrennt, präsentiert sich als Doppelort, dessen Teile durch die
Einsenkung des Kierlingbachtales in eine „Obere" und „Untere Stadt" voneinander geschieden werden: der südliche Teil
mit der das Stadtbild beherrschenden Stiftsanlage und die
„Untere Stadt" mit der sich fast zu gleicher Höhe erhebenden

Martinskirche. Durch die Verlegung des Hauptſtromes hat
das imposante Ufergelände, mit welchem seinerzeit Stadt
und Strom sich berührten, viel von seinem landſchaftlichen
Reiz verloren, und zumal St. Martin und das Stift haben
die Schönheit der ursprünglichen Lage am Strom eingebüßt.
Es iſt aus der an Wien erinnernden Ecklage der durch den
Ort bedeckten Diluvialterraſſe erklärlich, daß sie für früh-
zeitliche Beſiedlung sich vorzüglich eignen mußte. Die prä-
hiſtoriſchen Funde haben ebenso wie die Römerfunde die Tatſache der Beſiedlung einwandfrei feſtgeſtellt.

Wenn es von der Venusfahrt des Lichtenſteiners betreffs
seiner Stromüberſetzung heißt: „Über die Tuonowe sur ich
da unt reit enhalp ze Niwenburg", dann wiſſen wir, daß er
den über die Inſelauen führenden Weg von Kloſterneuburg
nach Korneuburg genommen hat, der sich mit dem Endpunkte des sudetenländiſchen Handelsweges zur Donau deckte,
und deſſen beide Brückenköpfe die Schweſterſtädte Neuburg
links und rechts von der Donau waren.

Daß sie es auch in ſtrategiſcher Hinsicht waren, beweiſt
uns die Geſchichte der einzelnen an der Donau sich abſpielen-
den Kampfperioden. Erhöhtes Ansehen gewann das mittelalterliche Kloſterneuburg durch die nach dem Muſter der
Habsburg erbaute Burg Albrechts I., der ein beſonderer
Gönner der Stadt war, wie die von ihm privilegierte
Schützenvereinigung, die erſte in ganz Öſterreich, bezeugt.
Diese Gunſt führte auch zur Bezeichnung der Stadt als
„Herzogen-Neuburg". Trotzdem aber verfiel die Burg sehr
bald. Die Gründe hierfür dürften in perſönlichen Motiven
gelegen haben. Die Stellung des S t i f t e s , nach welchem
der Ort genannt wurde, zu den Anſiedlern war trotz man-

cher begreiflicher Gegensätze materieller Natur im allgemeinen
eine wohlwollende, wenn es auch nicht an Andeutungen
fehlt, daß sich zwischen Großgrundbesitz und Kleinbesitz gewisse Spannungen bemerkbar machen. So schon im 14. Jahrhundert, wenn der Schreiber der kleinen Klosterneuburger
Chronik über das Verhalten der Weinbauern gegen Probst
Stephan von Sierndorf die bissige Bemerkung macht: „Die
Hauer klafften in dem Pirg (Weingebirg), ... sam sie noch
immer klaffen." Daß der Handel hier blühte, beweisen die
vielen schwäbischen und italienischen Kaufleute, der starke
Weinhandel und das eigene Maß, das die Stadt wie einige
andere privilegierte Städte besaß. Auch hier besaßen die verschiedenen Stifte eigene „Lese-Höfe", zum Teil heute noch
vorhanden.

Neben den Bauern waren es Gewerbetreibende (z. B. flan-
drische Wollweber) und Fischer sowie Schiffersleute, die eigene
Zechen mit besonderen Gerechtsamen bildeten. Der Weinbau
blühte immer mehr auf, bis ein katastrophaler Rückschlag seit
dem vorigen Jahrhundert erfolgte und die 54% Weingärten
des anbaufähigen Bodens (vom Jahre 1788) im Jahre 1900
auf nur mehr 4,3% zurückgegangen waren. Das bedeutete
eine Vernichtung des Hauerstandes, die teilweise schon in
verschiedenen Eingaben der Weinbauern an die Regierung
seit langem vorausgeahnt wurde, dann mit der Verschlep-
pung der Phylloxera nähergekommen und schließlich durch
die wirtschaftlichen Krisen, die Verbauung der Gründe, die
Eröffnung der Industrien und nicht zuletzt durch die Ver-
änderung des gesamten Wirtschaftslebens sich vollzogen hat.
Das Bild der Bevölkerungsbewegung ist sehr interessant.
Vom Jahre 1870 (5300 Einwohner) bis zum Jahre 1910

(14800 Einwohner) ist ein bedeutendes, wohl mit der Er=
öffnung der Bahnlinie und mit der Großstadt in Beziehung
stehendes Wachstum. Von 1910 bis zum Jahre 1920 ein
Rückgang um 9%, seit 1920 wieder ein leichtes Aufsteigen
auf rund 14000, womit also die Ziffer der Vorkriegszeit
noch nicht erreicht wurde. Die ältesten uns erhaltenen Bilder
zeigen Klosterneuburg in demselben Zustande, wie es die
erste schwere Türkenbelagerung siegreich überstanden hatte:
mit hohen Mauern, Türmen, Zinnen, Wehrgängen und
starken Befestigungen, die uns an die Überlieferung erinnern,
daß sie Rudolf von Habsburg für uneinnehmbar gehalten
habe. Teile dieser Befestigung sind noch erhalten; wie dem
S t i f t e die erste Hälfte des 18. Jahrhunderts die große Ver=
änderung seines Aussehens brachte, so machte auch die S t a d t
um diese Zeit eine einschneidende Epoche mit: der bisherige
Hauptarm der Donau wurde gegen Korneuburg zu ab=
gedrängt, was für Klosterneuburg eine schwere Einbuße be=
deutete, ohne der Schwesterstadt, die durch die Verlegung
der nach Norden führenden Hauptverkehrswege großen
Schaden nahm, einen namhaften Vorteil zu bringen. Die
neueste Zeit hat das Stadtbild gewaltig verändert: Villen=
viertel an seiner Peripherie, große Schrebergärtenanlagen,
die die schöne Au fast zerstörten, ausgedehnte Strandbäder,
die die großstädtische Bevölkerung herbeiziehen, haben der
altertümlichen Idylle von einst für immer ein Ende bereitet,
und es ist erst die Frage, ob sie etwas Besseres an die Stelle
des Früheren gebracht haben. Schöneres gewiß nicht. —

Venus von Willendorf

Florianstatue mit Römerturm in Traismauer

Hainburg

Im Nibelungenliede wird Hainburg bereits „das alte" genannt, woraus wir schließen können, daß es schon lange vorher bestanden haben muß. Doch wissen wir nichts Näheres über seine Entstehung. In der Sage heißt es, daß es die Gründung eines gewissen Heimo gewesen sein soll, doch ist darüber nichts bekannt. Diese an der Ostgrenze Österreichs gelegene Stadt war das Bollwerk gegen die räuberischen Magyaren, die häufig Einfälle in die Ostmark unternahmen. Im Jahre 1043 wird Hainburg als Grenzfeste der „neuen Mark" erwähnt, das ist der Landstreifen zwischen der Mündung der Fischa und der Leitha und March. Die frühere Schreibweise des Namens erfuhr im Laufe der Zeit viele Veränderungen. So wird sie bei einigen Heimenburc, bei Zeiller-Merian und Vischer Haimburg genannt. Im Nibelungenliede erscheint sie als „Heunenburg", die Burg der Hunnen. Dort übernachten Etzel und seine junge Gemahlin, bevor sie die Weiterreise in des Hunnenkönigs Reich antreten. Diese „Heunenburg" selbst ist heute zerfallen, doch sind noch einige Reste der Mauern und Umwallungen erhalten geblieben und machen das Stadtbild Hainburgs zu einem malerischen und für den Geschichtsforscher anziehenden. Die Anlage dieser Burg läßt uns auf den ersten Blick ihren Charakter als Trutzfeste erkennen, die den ganzen Donaustrom beherrscht und ihn nach allen Seiten überblicken kann.

Die Befestigung der Stadt stammt aus der Zeit der Babenberger, und zwar hat Leopold der Tugendhafte durch italienische Baumeister, die auch Wiener Neustadt befestigten, die Hainburger Mauern und Türme herstellen lassen. Sein

Nachfolger Leopold der Glorreiche ließ den Bau vollenden
und berief dazu auch französische Meister ins Land, die das
noch erhaltene Wiener Tor schufen, das den Einfluß der
italienischen Schule aufweist. Alle Stürme des Mittelalters
und der beginnenden Neuzeit brandeten an Hainburg vorbei.
Von hier aus unternahm Rudolf von Habsburg mit seinen
Scharen den Übergang über die Donau, um mit dem Heere
des Böhmenkönigs zusammenzutreffen. Hier auch war es,
wo Matthias Corvinus seinen Vorstoß gegen das Wiener
Becken unternahm und Hainburg belagerte. Als die Türken
das zweite Mal die Stadt Wien einschlossen, kamen sie auf
ihrem Wege auch über diese Grenzfeste, wo viele Tausende
Schutz suchten und in der Stadt von den Sarazenen nieder=
gemetzelt wurden. Die „Blutgasse" in Hainburg erinnert
noch an diese grausige Tat.

Ähnlich wie bei anderen Donaustädten finden wir auch
hier, daß Hainburg noch vor Wien eine bedeutende Rolle
als Handelsstadt spielte. Als jedoch Wien im Jahre 1221
das Stadtrecht erhielt und nun zum Stapelplatz für die aus
Ungarn reisenden Kaufleute wurde, verlor Hainburg erheb=
lich an Ansehen und Wichtigkeit. Doch war es im 13. und
14. Jahrhundert noch ein verhältnismäßig hervorragender
Ort, denn es bildete den Mittelpunkt der Gerichtsbarkeit und
Verwaltung für die schon erwähnte „Neumark". Aus dem
Straßenplan der Stadt sehen wir die strategische Anlage des
Ortes, da alle Wege zu einem einzigen Mittelpunkte, der
Burg, streben. Auch an der Donaulände läßt sich eine Ver=
kehrsstraße verfolgen, die für den Handel längs des Wasser=
weges unerläßlich war. Dort bildete sich auch eine von
Fischern und Schiffsleuten bewohnte Vorstadt, die unter der

Regierung Maria Theresias besondere Rechte erlangte. Für
Hainburg gab es außer dem rege betriebenen Fischhandel
noch eine andere reiche Einnahmsquelle, den Weinbau, der
im 14. Jahrhundert in der Umgebung der Stadt zu großer
Blüte gelangte. Diese im Lande selbst erzeugten Weine durf=
ten durch ein eigenes Privilegium (1318) die Donau strom=
aufwärts geführt werden, doch schmuggelten die Hainburger
auch ungarische Weine ein, um gegenüber weinreicheren
Städten, denen es ja eine ganze Menge im Lande gab, nicht
zurückstehen zu müssen. Nachdem vorübergehend der Landes=
fürst die Einfuhr fremden Weines gestattet hatte, ging die=
ses Recht durch ein neuerliches Edikt verloren, wodurch sich
Hainburg in die unangenehme Lage versetzt sah, mit anderen
Weinorten nicht mehr konkurrieren zu können. Überhaupt
wurde der Ungarwein bald zu einem großen Schaden für
den ganzen Weinhandel. Bezeichnend ist, daß nach Ungarn
Holz ausgeführt werden durfte, jedoch keine Weinstecken und
Faßdauben, wodurch man hoffte, den immer mehr zu Be=
deutung gekommenen ungarischen Weinen den Ausfuhr=
handel zu erschweren.

Zu neuer Blüte gedieh die Stadt unter Kaiser Friedrich III.,
der Hainburg zum Salzhandelsplatz für Ungarn erhob und
ihm viele andere Begünstigungen einräumte, so vor allem
das Recht der Niederlage aller Waren, die auf der Wasser=
straße oder von den Sudetenländern her verfrachtet wurden.
Doch die geographische Lage Hainburgs gestattete nicht, diese
Privilegien in vollem Umfange zu genießen. Daher und aus
der im 16. Jahrhundert sich bemerkbar machenden Agrar=
krisis läßt sich auch der Verfall Hainburgs erklären. So
mehrten sich in der Umgebung der Stadt die „öden Höfe",

die Bewirtschaftung des Bodens ging gewaltig zurück, und
Hainburg erwarb solche verödete Anwesen zu ganz niedrigen
Preisen. Auch waren die Bürger darauf bedacht, durch An=
kauf neuen Reblandes ihren Weinhandel zu heben. Im Jahre
1550 wurde das ertragreiche Weingebiet um den Neusiedler=
see angekauft, zu gleicher Zeit auch ein Brauhaus gegründet.
Doch alle diese Neuerungen verhalfen dem Orte zu keiner
zweiten Blüte mehr. Die unruhigen Zeiten, die ständige
Türkengefahr ließen Handel und Gewerbe nicht aufkommen.
Nach dem Abzuge der Türken waren große Strecken Landes
um Hainburg verlassen, die Einwohner teils geflüchtet oder
erschlagen, Stadt und Umgebung in grauenhafter Ver=
wüstung, die Wege unsicher durch umherziehende Bettler
und Mordbrenner. Die sich in der Stadt ansiedelnden Leute
waren Angehörige verschiedenster Völker, vor allem Kroaten,
wie dies aus dem Namen der Ortschaft Kroatisch=Haslau
noch zu erkennen ist. Im Jahre 1710 zählte Hainburg nur
1007 Einwohner, es war zum Dorfe herabgesunken.

Die Donau, vorher eine lebenswichtige Verkehrsstraße,
war nun zum Tyrannen geworden. Ihre Wasser unter=
gruben die Stadtmauer, der Eisstoß des Jahres 1717 brachte
sie vollends zum Einsturz.

Doch der Beginn des 18. Jahrhunderts brachte für Hain=
burg eine Wende. Es wurde die heute noch bestehende Tabak=
fabrik gegründet, die teilweise in alten Klostergebäuden unter=
gebracht und gegenwärtig die größte Europas ist. Im Laufe
der letzten zwei Jahrhunderte hat sich die Stadt gewaltig
verändert, der Vorort „Landstraße", hauptsächlich von Ar=
beitern bewohnt, hat sich entwickelt, die Häuser innerhalb
der Stadt wurden nach dem Brande von 1827 neu auf=

gebaut und mehrere Fabriken (Tuch= und Nadelfabrik) er=
richtet, die wohl keine lange Dauer hatten, jedoch dem Orte
Erwerbsquellen brachten und sein Ansehen auch in den be=
nachbarten Ländern begründen halfen. Doch erfuhr der Ort
eine Zurücksetzung gegenüber Bruck a. d. Leitha, als die Bah=
nen gebaut wurden und Hainburg nur eine kleine Sackbahn
erhielt. Als Donaustadt hat Hainburg wenig, ja fast gar
keine Bedeutung, Preßburg hat es in dieser Hinsicht über=
flügelt. Gegenwärtig ist die Bevölkerung der Stadt auf die
Industrie angewiesen (Kisten= und Furnierfabrik, Tabak=
fabrik). Die Einverleibung des Burgenlandes hat dem Orte
seine Grenzstellung genommen. — Noch sei in diesem Ge=
biete auf das uralte Petronell hingewiesen, das nebst der —
angeblich von Karl dem Großen gegründeten — Kirche mit
romanischem Chor und ebensolcher Rundkapelle eine Haupt=
sehenswürdigkeit in seinem Traunschen Schlosse besitzt,
das sich als frühbarocker Palastbau mit prächtiger Architek=
tur, Freitreppe, Loggia und Turm darstellt. Im Schlosse
besteht ein mit interessanten römischen Sakralaltertümern
versehenes Museum.

Stifte und Klöster an der Nibelungenstraße

Im Landschaftsbilde der Nibelungenstraße nehmen die Stifts- und Klosterbauten einen besondern Platz ein. Gleich den Ruinen, Burgen und Schlössern ragen die meisten von ihnen aus ihrer Umgebung mächtig empor, mögen es gewaltige Barockpaläste sein, die auch heute noch, der von ihren Stiftern zugewiesenen Bestimmung getreu, ihrem ursprünglichen Zwecke dienen, oder mögen es interessante Baulichkeiten sein, die ihres Charakters als geistliche Häuser im Sturme der Zeiten ledig geworden und deren geistliche Insassen infolge Aufhebung ihrer Kulturarbeiten verlustig gegangen sind. Einige hiervon liegen hart am Strom und erscheinen uns als Wahrzeichen des Landes, das man einmal nicht mit Unrecht „Klösterreich" genannt hat. Andere befinden sich in der Nachbarschaft des Donauufers, noch im Bannkreis des alten Nibelungenweges und sind mit der Geschichte der Donaustraße innig verknüpft.

Zu ersteren gehören: Das in josefinischer Zeit aufgehobene, im Sommer des Jahres 1925 aufs neue besiedelte Zisterzienserkloster Engelszell, gegründet 1293 vom Passauer Bischof Wernhard, bei Engelhardtszell am rechten Donauufer gelegen; am Fuße des Kürnberg das Zisterzienserstift Wilhering, gegründet im 12. Jahrhundert von dem Edelmanne Ulrich II. und dessen Bruder Kolo von Wilhering; südlich von Linz das Augustiner-Chorherrenstift

St. Florian, gegründet mutmaßlich vom heiligen Severin um das Jahr 477; gegenüber Grein das Kollegiatstift Ardagger am rechten Donauufer, um die Mitte des 11. Jahrhunderts gegründet; südlich hiervon das Benediktinerstift Seitenstetten, gegründet 1112 von Udeschalk von Stille und Hest; am Eingange in die Wachau das berühmte Benediktinerstift Melk, gegründet 985 von Leopold I.; in der Nähe stromabwärts das romantische Klösterlein Schönbühel, gegründet 1668 von Konrad Balthasar Grafen von Starhemberg; nicht weit davon die Karthause Aggsbach, gegründet 1380, aufgehoben 1782; am Ausgange der Wachau das malerische Chorherrenstift Dürnstein, gegründet im 15. Jahrhundert, 1776 aufgelassen; am rechten Ufer gegenüber Krems das gleich einer Gralsburg thronende Benediktinerstift Göttweig, gegründet 1083 von Bischof Altmann von Passau; eine Stunde hiervon entfernt das Augustiner-Chorherrenstift Herzogenburg, gegründet 1122 von Bischof Ulrich von Passau; sodann am Fuße des Leopoldsberges die Lieblingsgründung Markgraf Leopolds III. (1114), das Augustiner-Chorherrenstift Klosterneuburg, und zu Wien das Benediktinerstift Schotten, 1158 von Herzog Heinrich Jasomirgott gegründet. Die weitere Donaustrecke entbehrt ähnlicher Häuser.

Alle diese genannten geistlichen Siedlungen, die für die Kolonisation und Zivilisation der Bevölkerung an der Donau im Mittelalter von wichtiger und zuweilen ausschlaggebender Bedeutung wurden, wecken heute in dem Wanderer auf der Nibelungenstraße nicht nur geschichtliche Reminiszenzen, sondern bieten vielfach so viel des Sehenswerten und zumal kunsthistorisch Bedeutsamen, daß man

sie in dem wundervollen Bilderbuche der Donaugegend nicht
mehr missen möchte. Wie sie von der Historie des Landes
nicht mehr zu trennen sind, so können sie aus der Reihe der
anziehendsten landschaftlichen und kulturellen Szenerien nicht
getilgt werden, ohne eine empfindliche Lücke zu lassen. Sie
werden deshalb auch mit Vorliebe aufgesucht und bilden
das Ziel der Gelehrten und Kunstbeflissenen des In= und
Auslandes. Haben sie in der neuesten Zeit ihre ehemalige,
mitunter überragende kirchenpolitische und wirtschaftliche
Stellung eingebüßt, so ersetzt ihnen das Verlorene ihr in un=
unterbrochener Tradition wohlbehüteter Bestand an Kunst=
denkmälern allerersten Ranges. Das Kapitel „Kunst der
Donaulandschaft" hat darüber näheren Aufschluß zu geben.
Hier sei Raum geboten für eine kurze zusammenfassende
Würdigung in wirtschaftlicher und wissenschaftlicher Hin=
sicht.

Die Gründung der meisten dieser Häuser reicht in eine
Zeit zurück, da nach Zurückweisung der Magyaren in der be=
reits befreiten Ostmark ungehindert von äußerer Bedräng=
nis ihre Kolonisten die Urbarmachung des Landes und die
geregelte Bewirtschaftung desselben vornehmen konnten.
Unter Leitung von geistlichen oder weltlichen, im Dienste
dieser Stifte und Klöster stehenden Verwaltungsorganen
sollten sie gegen eine mäßige Naturalienabgabe oder auch
gegen Geld das sogenannte „Salland", das in einzelne
Ämter geteilt war, bebauen. Wir können die auffallende
Tatsache, daß sich auch Freie als Grundholden unter die
Schutzobrigkeit dieser geistlichen Häuser begaben, als ein Zei=
chen betrachten, daß diese Kolonen gut behandelt und in
ersprießlicher Arbeit gefördert wurden, die ihnen und ihren

Familien alles zum Leben Nötige verschaffte. Es ist eine großzügige Pionierarbeit, die hier schon seit frühester Zeit geleistet wurde, und deren Anfänge in der Gegend der Enns, der Wachau, des Kamp und im Tullner Felde bis in die karolingische Zeit zurückreicht. In der Umgebung St. Pöltens, im Gebiete des Jauerlings in der Wachau, wie an der Leitha hatten Göttweig, im Marchfeld Melk und Klosterneuburg, längs der Ybbs Seitenstetten — abgesehen von den entfernteren Klöstern — erfolggekrönte Agrikultur betrieben.

Die uralten Leshöfe sind Zeugen für den von den Klöstern lebhaft betriebenen Weinbau, besonders in der Wachau und in den klimatisch günstigen angrenzenden Donaugebieten. In den Städten Linz, Stein, Klosterneuburg und Wien haben sich solche Stiftshöfe bis auf den heutigen Tag erhalten. Die einzelnen Stifte besaßen ausgedehnten Streubesitz mit gut geführten Meierhöfen. Von diesen Häusern wurden auch Industrien fleißig betrieben und gaben zusammen mit der Forstwirtschaft und der Viehwirtschaft, sowie mit der Jagd und Fischerei vielen Bewohnern Erwerb und Unterhalt. An der Verbesserung der Wege und der Kommunikationsmittel hatten diese Siedlungen ein ebenso großes Interesse wie die aufblühenden Städte und Märkte. Daß man dieses Betätigungsfeld im Laufe der Zeit immer mehr einschränkte und auch den ehemals stark betriebenen Handel (hauptsächlich mit Wein) bedeutend verringerte, führte bei manchen Häusern zu einer Erlahmung und Verminderung der wirtschaftlichen Kraft. So wurden diese Stätten, die auch die Donaustraße für ihre Zufuhr- und Handelsbedürfnisse stark benützten, zu fördernden Faktoren auf dem Strom.

Die Bezeichnung „tote Hand", die man in betreff ihrer seit
der Aufhebungsperiode gerne anwandte, ist eine, wie die
Geschichte beweist, in den meisten Fällen weitaus irrige und
aus einer mangelhaften Einschätzung der durch Jahrhun=
derte gepflogenen verdienstvollen Kulturarbeit sich ergebende.
Die Donaustifte nehmen auch in der Geschichte des Unter=
richts und der Erziehung bedeutsamen Rang in der Ver=
gangenheit ein, den manche von ihnen bis in die jüngste
Gegenwart herein auch bewahrt haben. Hat Bischof Alt=
mann von Passau die Klosterschulen in seiner Diözese zur
Entfaltung gebracht, so haben die aufgehobenen Chorherren=
stifte St. Andrä und St. Pölten, ferner Göttweig, wo Hein=
richs V. Sohn studierte, Wilten, Seitenstetten, Melk, Alten=
burg, Schotten, St. Florian und Klosterneuburg in der Ge=
schichte des Schulwesens einen ehrenvollen Platz eingenom=
men, den Melk, Seitenstetten und Schotten bis heute in
einer vorbildlichen Weise behaupten. Es ist dem Geschichts=
kundigen nicht unbekannt, daß zahlreiche Pfarreien, die den
Stiften zugehörten, Volksschulen unterhielten. Ein eigener
Typus im höheren Schulwesen der Stifte waren seit dem
16. Jahrhundert die adligen Konvikte, Lateinschulen (Gym=
nasien) und Musikschulen. Theologische Lehranstalten sind zu
St. Florian und Klosterneuburg seit dem 17. Jahrhundert
in Tätigkeit.

Die Pflege der Wissenschaft ist ein besonderes Verdienst
der überlieferten Gelehrsamkeit und des Bienenfleißes, zu=
mal benediktinischer Vorliebe zu derselben. Aber auch ander=
wärts pflegte man das Vorbild der Söhne St. Benedikts,
ja viele und nicht unberühmte Namen an den Universitäten
stammen aus diesen Kreisen. Wie der Propst Gerho von

Reichersberg zum Orakel seiner Zeit wurde, so setzten manche der Kapitularen der Donaustifte eine besondere Ehre darein, ihre ganze Kraft in den Dienst der zeitgenössischen Wissenschaftspflege zu stellen.

Göttweig zeichnet das Leben des Bischofs Altmann von Passau, Melk die Biographie des Märtyrers Koloman auf, die Melker Annalen vom Jahr 1132 wurden zum Muster der Historiographie. Die Autorennamen grundlegender Arbeiten auf dem Gebiete der Philosophie, der Geschichte, der Kunstgeschichte, der Naturwissenschaft, der einzelnen Zweige der Theologie, der Heimatkunde im weitesten Umfang, der Geographie, des Urkundenwesens, der Musikgeschichte, der Jurisprudenz, der Mathematik, der Astronomie, der Musik würden viele Blätter dieses Buches füllen können, ebenso die Namen jener Angehörigen, die als Professoren an den großen Universitäten tätig waren. Vielfach wurden diese Klöster zu Anregern wissenschaftlicher Werke. Um nur ein Beispiel zu erwähnen, hat Propst Georg Hausmannstetter den Wiener Gelehrten Cuspinian zur Niederschrift seines großen Werkes „Austria" veranlaßt. Ein vollgültiger Beweis für den hohen Bildungsstand wissenschaftsfreundlicher Epochen in diesen Häusern sind die prachtvollen, mit kostbaren Handschriften und Wiegendrucken gefüllten Stiftsbibliotheken, die heute einen besonderen Anziehungspunkt der Besucher bilden. In prächtigen Büchersälen, von der Kunst aufs üppigste geschmückt, befinden sich Prachtexemplare der Handschriftenmalerei und der Buchdruckerkunst, so z. B. in St. Florian, Melk, Göttweig, Herzogenburg, Seitenstetten, Klosterneuburg und Schotten. Wo die Materialmittel vorhanden waren, suchte man das Bestehende zu erweitern und;

wenn auch nicht immer großzügig in der gegenständlichen
Auswahl, die Bibliotheken zu Rüstkammern des intellektu-
ellen Lebens zu machen. Welche Unsummen an Bienenfleiß
hier am Werke waren, kann nur derjenige beurteilen, der
die Bücherinventare und die oft mit minutiöser Genauigkeit
angelegten Bücherkataloge kennt, die von den Bibliothekaren
geführt wurden[1]).

Es läßt sich in der Pflege spezieller Wissenschaftszweige in
einzelnen Häusern eine eigene Tradition verfolgen, so die
historiographische Tradition im Stifte St. Florian, aus welchem, zumal im 19. Jahrhundert, bedeutende Gelehrte hervorgegangen sind, die als Mitglieder der Akademie der Wissenschaft und Koryphäen österreichischer Geschichtswissenschaft
sich internationalen Ruf erworben haben. Gewisse abgeson-
derte Zweige künstlerischer Betätigung zeigen die Stifte Göttweig, dessen Abt Korner als verdienstvoller Sammler der
deutschen Kirchenlieder bekannt ist, oder das Stift Schotten, wo die bedeutendsten Vertreter des Humanismus zu
Hause waren, der auch im Stifte Klosterneuburg im 15. Jahr-

---

[1]) Es dürfte erwünscht sein, einige Daten über die Büchereien unserer
Donaustifte kennenzulernen. In der Wilheringer Bibliothek ein Teuer-
dank und die Augsburger Bibel, zu St. Florian 885 Handschriften
und 857 Wiegendrucke, in Melk 1850 Handschriften und 880 Wiegendrucke, in Göttweig 1111 Handschriften und 1409 Wiegendrucke, in
Herzogenburg 425 Handschriften und 217 Wiegendrucke, in Klosterneuburg Psaltertum und Bibel Leopolds III., Synonymenlexikon aus
dem 9. Jahrhundert, Virgils „Aneide" aus dem 12., eine prächtige Hand-
schrift mit den zartesten Miniaturen in einem Bande des 15. Jahrhunderts, ein reichgeschmücktes Urkundenwerk vom Jahre 1467, ein Bücher-
verzeichnis aus dem Jahre 1320, die großen Antiphonarien von Friedrich
Braun, mit leuchtenden Initialen geschmückt, von zirka 1510, zahlreiche
reichverzierte Wiegendrucke und die gewaltigen Urbarien vom Jahre
1513.

hundert zu einer Zeit schon vorbildliche Pflege gefunden hatte, als er in unseren Landen um seine Vorherrschaft noch zu ringen hatte. Die Kunstgeschichte hat in manchen dieser Häuser in neuester Zeit besondere Pflege gefunden, so z. B. im Stift Seitenstetten, das in Martin Riesenhuber heute wohl den vorzüglichsten Kenner der österreichischen Barocke birgt; auch zu Klosterneuburg und im Schottenstifte sind ihr Jünger und Wegbereiter erstanden, die seit den neunziger Jahren des 19. Jahrhunderts um die Erschließung heimatlichen Kunstbesitzes sich bemühen. Die Musikpflege bewegt sich vornehmlich im Dienste des Gottesdienstes; sie führte in St. Florian zur schönsten Auswirkung in der Persönlichkeit seines großen Meisterorganisten Anton Bruckner, in Klosterneuburg — leider nur vorübergehend — zur Etablierung der kirchenmusikalischen Abteilung der Staatsakademie der bildenden Künste. — Die Botanik hatte in Franz Sales von Schreiber zu Klosterneuburg einen wegbereitenden Forscher aufzuweisen, dessen Name mit einigen Pflanzen verknüpft erscheint. Dies nur einige Beispiele von vielen. Daß die Entwicklungslinie der Wissenschaft in manchen Häusern plötzlich abgerissen ist oder der Hochflug der Gelehrsamkeit aufgehalten wurde, dazu trugen weniger innere, sondern vielmehr die das wissenschaftliche Leben überhaupt hemmenden und in vielfacher Beziehung verdrängenden Zeitverhältnisse bei, die manchenorts eine Einstellung auf praktische Seelsorgsarbeit erwünscht erscheinen ließen oder die vorhandenen Kräfte für Vereinsarbeit zu stark banden.

Denkmäler der Kunst im Bereiche der Nibelungenstraße

Eine Darstellung der bedeutsameren Denkmäler kunstgeschichtlicher Art im Bereiche der Nibelungenstraße kann als wichtige stilbezeichnende Zeugen eine unübersehbare Reihe von Objekten zur Besprechung herbeiziehen. Von der vorgeschichtlichen Zeit über die römische und über die Völkerwanderungszeit führt die Kunstentwicklung durch die romanische, gotische, Renaissance= und Barock=epoche in das Zeitalter der Kunst des 19. Jahrhunderts.

Die reiche vorgeschichtliche Vergangenheit der Donauländer lieferte viele Funde, an deren Hand die ältere Steinzeit mit ihrem primitiven Naturalismus neben der jüngeren Steinzeit mit ihrem Geometrismus gut studiert werden kann, wobei man den Stil= und Geschmackswandlungen ebenso zu folgen wie den Beziehungen dieser Gebiete zu den bedeutenden Kulturzentren des Südens und Ostens nachzu=forschen in der Lage ist. Als Durchzugsgebiet gewinnt das Donautal ein diesem Charakter eignendes bestimmtes Ge=präge primitiver Kunstbetätigung jener Völker, die es — an günstigen Plätzen längere Zeit — besiedelt hatten. Solche Punkte müssen zumal dort gesucht werden, wo ein geschütz=tes Ufergelände, fischreiche Gewässer und wildbergende Wälder den Aufenthalt besonders ratsam erscheinen ließen, z. B. im Kamptal, das in der Nähe von Krems sich mit dem Donautal trifft. Oder auf Plateaus vom Charakter der

prähistorischen sogenannten Heidenstadt in der Nähe von
Eggenburg, die dem hochverdienten Sammler und Forscher
Krahuletz die schönsten und ausgiebigsten Funde für sein zu
Eggenburg errichtetes Museum lieferten. Seit den gründ=
lichen Forschungen Muchs und Hörnes', denen sich Kenner
wie Menghin, Kastner, Luschin, Bayer u. a. anreihen, sind
wir über das vorgeschichtliche Menschenvorkommen in unse=
rem Donaulande besser unterrichtet, manche undurchdring=
lich erschienenen Probleme sind gelöst. Die Aufdeckung einer
Reihe sehr wichtiger Fundstätten beim Donaudurchbruch am
Südrande des böhmischen Massivs mit Spuren aus der
Mammutperiode ließ es klar werden, daß die frühesten Be=
siedlungen in den geschützten Tälern, an Seen, besonders an
Zuflüssen der Donau und auf den günstige Möglichkeiten
bietenden Ausläufern des Mittelgebirges sich befanden, wo
der einstige Nordwald von der Ilz bis über den Kamp und
Wagram und vom Donauufer bis hoch nach Norden reicht[1]).

---

[1]) Neuestens hat Erwin Theuer eine Urgeschichte Oberösterreichs ver=
faßt, die sich mit den Urzeitkulturen auf Grund aller Fundorte nach topo=
graphischen Gesichtspunkten ausführlich beschäftigt. Für das nieder=
österreichische Donaugebiet hat Vancsa brauchbare Zusammenfassungen
gegeben und neuestens Menghin die urgeschichtlichen Stufen aufgezeigt.
Früher bereits hat Hörnes in dem grundlegenden Werke über die Ur=
geschichte der bildenden Kunst in Europa für die österreichischen Donau=
länder eine Unterscheidung festgestellt: Zwei Kulturzonen fallen in dieses
Gesamtgebiet, die eine südliche (adriatische) von Mittelsteiermark bis an
die Seeküste, eine Zone illyrischer Stämme, stammverwandt und benach=
bart den im Norden der Balkan= und Apenninenhalbinsel wohnhaften
illyrischen Völkern, und eine nördliche (donauländische), von Mittel=
steiermark bis nach Böhmen und Mähren reichend und sich donau=
aufwärts nach Westen fortsetzend, wo keltische Stämme bereits vor der
gallischen Invasion als seßhaft angenommen werden müssen. Die Hall=
stätter Epoche ist hier am besten vertreten, frühere Perioden schwächer,

Als Rest eiszeitlicher Kultur, und zwar des Acheuléen und Moustérien gilt die Fundstelle der Gudenushöhle im Tale der niederösterreichischen Krems; stärker vertreten ist die Aurignacienkultur nomadisierender Jägervölker im Löß, besonders des Kamptales, im unteren Marchfeld (Stillfried) und vor allem in der Wachau. Hier wurde der berühmteste Fund im Jahre 1909, als man die Donauuferbahn baute, gemacht: die Venus von Willendorf, die heute im naturhistorischen Museum zu Wien ihre „Schönheit" schauen läßt, nachdem sie viele tausende Jahre in einer neumschichtigen Lößablagerung vergessen und versunken geschlafen hatte. Es ist ein Rätsel, ob der Verfertiger dieses kleinen, nur elf Zentimeter messenden Figürchens, der in seiner Art ein Meister der Plastik war, hiermit eine Karikatur schaffen wollte, oder ob wir es bei dieser fettleibigen, dickschenkeligen Dame mit der „Gretelfrisur" mit einer Göttergestalt der Urbevölkerung zu tun haben. Im Jahre 1926 fand dieser Fund seine Ergänzung in einer zweiten „Venus". Die eiszeitlichen Tierknochen- und Klopfsteinfunde sind zahlreich, man hat solche auch in der Wiener Gegend gemacht. In der Gudenushöhle dagegen fand man über 1200 Stück Artefakten, bei denen hochwertiges Material wie Topas, Achat, Carneol, Mergeljaspis usw., ferner Feuerstein-, Bein- und Horngegenstände, Knochen mit Renntierabbildung zutage gefördert wurde, das man teils als in das Altpaläolithikum, teils in das Magdalenien (Jungpaläolithikum) zugehörig erkannte.

---

doch immerhin so, daß man von einem donauländischen oder bandkeramischen Kulturkreise in der jüngeren Steinzeit (Neolithikum), von zirka 4000 bis 3000 reichend und vorindogermanische Bevölkerung aufweisend, sprechen kann.

Taffilo=Becher

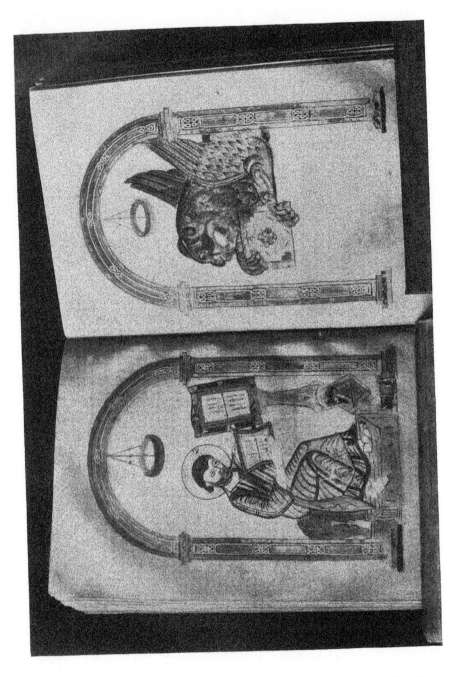

Codex millenarius

Tulln, Kirchenportal

21

Klosterneuburg: Detail vom Verduner Altar

Über den wichtigsten Kreuzungspunkt uralter Wanderungsrichtung — das Wiener Becken und darin wieder die Stelle des Austrittes des Wientales aus dem Wiener Wald, wo heute die Westbahn ihren Ausgang nimmt, um bei der Pielachmündung im Melker Gebiete wieder an die Donau heranzutreten, hat die Forschung auf Grund jungneolithischer Fundstellen Verkehrslage und Verkehrsstraßen mit absoluter Sicherheit feststellen können. Ein vorzügliches Kärtchen in Menghin-Wanschuras „Urgeschichte Wiens" belehrt uns darüber mit geradezu plastischer Deutlichkeit: Vom heutigen Wiener Boden gehen vier jungneolithische Straßen aus, die sich mit den heutigen Hauptlinien der Eisenbahn überraschend decken und die Lage Wiens als Knotenpunkt des Donautals erscheinen lassen. Die eine nordsüdliche (entsprechend der sogenannten „Bernsteinstraße") folgt der Nord- und Südbahn, die andere folgt der West- und Ostbahn. Ein großzügiges Wehr- und Verkehrssystem kann man als sicher gegeben annehmen. Dabei spielt der Leopoldsberg, der den rechten Pfeiler des Donautores zwischen Marchfeld und Korneuburger Becken darstellt, eine hervorstechende Rolle, die ihn sowie den gegenüberliegenden Bisamberg als einen von der Urzeit bis in die Zeit der Türkenbelagerung immer wieder als Wachberg und Höhenfestung, in jungneolithischer Zeit aber als „ein Glied in der Kette damaliger Höhenfestungen im Umkreise des inneralpinen Wiener Beckens erweist". Diese Rolle spielten nun merkwürdigerweise die beiden beim Austritt der Donau aus dem Wiener Becken als Tore stehenden Höhen — Braunsberg bei Hainburg und der Thebner Kogel — nicht, trotzdem im Norden des Leithagebirges bedeutende neolithische Siedlungen waren, die diesen Bergen aber fehlen. Daraus zieht der Paläohistoriker den berechtigten Schluß, daß — wahrscheinlich infolge der unwegsamen Undurchdringlichkeit des kolossalen Donau= auenwirrsals — hier nicht mehr die Donaustraße entlang, sondern ganz entsprechend dem heutigen Verkehre auf Eisen= bahn und Straße, der prähistorische Mensch durch die Senke von Bruck an der Leitha gezogen ist.

In der jüngeren Steinzeit begegnet uns im Donaulande eine Kultur, die mit der früheren gründlichst aufgeräumt hat und die Formen des nordischen Jungneolithikums auf= weist, sowohl bei den Waffenformen als auch in der Kera= mik (sogenannter „Rahmenstil" im Gegensatze zum band= keramischen „Umlaufstil"). Auch die Schnurkeramik, deren Provenienz auf Gebiete des heutigen Sachsen und Thürin= gen zurückgeführt wird, tritt auf. Eine gewisse Unruhe scheint diese ziemlich rasche Aufeinanderfolge der Kunstfor= men anzudeuten, die sich mit Annahme einer aus dem Nor= den her vor sich gehenden Völkerwanderung erklären und uns die Verdrängung der Bandkeramik begreifen läßt. Diese aus dem Norden zur Donau vorstoßenden Völker waren Indogermanen, die im 3. Jahrtausend die Nord= und Ost= seegegenden verließen, das Donaugebiet besiedelten und sich von hier aus in fast ganz Europa und dann nach Asien hin= über ausbreiteten. So eröffnet sich uns schon in jener grauen Vorzeit am Ufer des Nibelungenstromes eine Perspektive von überraschender welthistorischer Bedeutung.

Die Bronzezeit, die unsere Donaugegenden mit dem von den Italikern vortrefflich geübten Bronzegewerbe bekannt machte und durch das Kupfervorkommen beim Mitterberg, Götschenberg und Kitzbüchel Material erhielt, ist durch Funde

hierorts ebenfalls sichergestellt, z. B. bei Aspern, bei Stockerau, Bisamberg (bronzezeitliche Keramik), wogegen Wien
wenig aufweist, z. B. im Botanischen Garten im III. Ge-
meindebezirke, wo später die römische Zivilstadt lag (im
Winkel zwischen dem alten Donausteilufer und der Wien-
mündung, „just an dem Platze" — wie Menghin betont —
„wo die uralte Donaustraße den Wienfluß übersetzen mußte
und nach Osten weiterführte". Dann ist die erste und dritte
Hallstattstufe vertreten. Der Leopoldsberg an der Donau ist
jetzt zum wichtigsten und beherrschenden Punkte in der ganzen prähistorischen Siedlung auf Wiener Boden geworden.
Der Name „Akropolis des vorgeschichtlichen Wien" hat also
seine volle Berechtigung[1]).

Vom Süden herauf grenzten die Taurisker an die vom
Norden der Donau hereinreichenden bojischen Kelten, im
Osten die von Cäsar genannten Volkertektosagen. Neben
der Hauptmasse der Einzelgehöfte erstand die Städtearchi-
tektur, auf der die Römer dann weiterbauten, z. B. Carnuntum, Vindobona (auch Vindomina genannt), Lauriacum,
die auch den Namen der Berge und Flüsse übernahmen, jedoch größtenteils die Städtenamen neu gaben, die Kelten
unterwarfen und die Donau als wichtigste Verteidigungs-
und Operationsbasis fest besetzt hielten. Daß sie über dieselbe

[1]) Neben ihm waren die Rennwegstraße im 3. Bezirk und Aspern
bedeutungsvolle Siedlungsstätten und blieben es wenigstens teilweise
noch in der La-Tène-Periode, in der die Besetzung des Leopoldsberges
durch die Kelten erfolgte, die auch dem Stromufer (siehe Braunsberg
bei Hainburg und Pfaffenberg bei Deutsch-Altenburg) der Donau größere
Aufmerksamkeit zuwendeten als der vorhin erwähnten Brucker Straße.
Damals blühte der Handelsweg, der von der Adria über Laibach—
Judenburg—Leoben, Bruck a. d. Leitha—Hainburg, über die Donau
nordwärts längs der March führte.

8*

hinausgingen und die nördlichen Gegenden zu Brückenkopfzwecken sichern wollten, ist durch neueste Funde für die Zeit
des Kaisers Commodus gegenüber den Markomannen und
Quaden zu Stillfried durch Klementberg und durch Hischer
Falkenhof wahrscheinlich gemacht worden, für Oberösterreich versuchte es Johann Sigl nachzuweisen. Im Auftrage
der Direktion der niederösterreichischen Landessammlungen
wurden am Oberleiser Berg bei Ernstbrunn im Norddonaugebiete erfolgreiche Grabungen vorgenommen, die neben
Zeugen aus der Stein, Bronze und hallstädtischen Epoche
auch ein großes römisches Militärlager aus der Zeit Mark
Aurels, der bekanntlich in Wien weilte, gefunden wurde.
Dasselbe bedeckt das fast fünf Hektar große Bergplateau
und läßt das ziegelgedeckte Kommandantenhaus sowie die
Lagerbaracken deutlich erkennen.

Als die römischen Legionen ihre siegreichen Feldzeichen
gegen das südliche Donauufer vortrugen, fanden sie dort
stellenweise die vorgeschrittene Kultur keltischer Ansiedler
vor, die sie keineswegs immer mit Erobererhand zerstörten, sondern vielfach benützten, um ihre eigenen Einrichtungen zweckmäßig darauf zu pflanzen und in ihrer Weise zu
verwerten und zu vervollkommnen. Man erinnere sich nur
beispielsweise der im heutigen Bayern noch zu sehenden keltischen Abschnittsbefestigungen, die der geübte strategische
Blick des Römers für die eigenen Pläne häufig sehr brauchbar fand. Wie am Rhein so erstanden auch an der wohlbefestigten Donaugrenzlinie umfangreiche Lagerstädte. Gleich
dem Alcimoenium (Ulm), Abusina (heute Ruinenfeld bei
Hienheim) und Castra Regina (Regensburg) sind die Römerstädte Castra Batava (Passau), ad pontem Ises (Ybbs),

Lauriacum (Lorch bei Enns), Comagena (Tulln), Astura (Klosterneuburg), Vindobona (Wien) und Carnuntum (bei Petronell) die Keimzellen historisch wichtiger Stadtanlagen geworden, die zum größten Teil heute noch Brennpunkte des Donauverkehrs geblieben sind. Nördlich der Donau=straße und des Limes haben die Römer nur sehr wenig festen Fuß fassen können; im Marchfelde tobte ein furchtbarer Kampf mit den Markomannen und Quaden. So nimmt es uns nicht wunder, wenn wir in den meisten dieser Römer=siedlungen am südlichen Donauufer einer großen Fülle von baulichen Resten und unterschiedlichen Fundobjekten, dar=unter auch vielen kunstgewerblicher Art, begegnen. Zahlreiche kleinere Sammlungen und reichhaltigere Museen konnten hiermit gefüllt werden, vom St.=Ulrichs=Museum in Re=gensburg angefangen bis zur römischen Sammlung von Petronell und Deutsch=Altenburg.

Wie uns hinsichtlich der prähistorischen Kulturzeugen und Kunstobjekte von der primitivsten bis zu höherentwickelten Stufen die Sammlungen und Lokalmuseen in Passau, Linz, Enns, Krems, Göttweig, Klosterneuburg, Deutsch=Alten=burg nebst den großen Wiener Sammlungen vielerlei Auf=schluß geben können, so in noch bedeutenderem Maße über die römische Zeit neben diesen die Ausgrabungsfelder an den ehemaligen römischen Hauptstützpunkten, z. B. in Carnun=tum. Freilich ist die Arbeit hierin noch keineswegs abge=schlossen, und es werden, wie die Erfahrung jüngster Zeit erst wieder gelehrt hat, neue Objekte gefunden und Schlüsse ermöglicht. Da Carnuntum seit dem 1. Jahrhunderte Resi=denz des Statthalters von Pannonien und wichtigstes stra=tegisches Zentrum der Donaubefestigung war, mußte es früh=

zeitig eine bauliche Ausgestaltung erhalten, die über das
Ausmaß anderer Römerplätze weit hinausging. Die Aus=
grabungsresultate (West= und Osttor der Via principalis,
das Prätorium, das Forum, Quästorium, die Amphitheater,
der Dianatempel Nemeseum, der Tierzwinger und das eine
Viertelstunde entfernte „Heidentor“, vermutlich Rest eines
Prunkgrabdenkmals) bestätigen dies. Zeugen derselben Zeit
sind im Museum zu Deutsch=Altenburg der sogenannte Hain=
burger Altar, Torso einer Kaiserstatue, eine Frauenstatue,
Herkulesstatue, Reliefs, eine tanzende Mänade, Gemmen,
Bronzen, Terra sigillata, Grabsteine, Mithräumskopie des
zu Petronell entdeckten Heiligtums und andere Fundobjekte,
die in dem geschmackvollen, von Ohmann und Kierstein er=
bauten Carnuntum=Museum der Besichtigung freistehen.

Ein sehenswertes kulturhistorisches Dokument ist die
Bronzetafel, die man bei dem Bau des neuen Traktes im
Stifte Klosterneuburg ans Licht brachte, und die ein Privi=
legium des Kaisers Titus aus dem Jahre 80 enthält, durch
das er den zu Astura (Klosterneuburg) garnisonierenden Le=
gionären das römische Bürgerrecht verleiht. In den Anti=
quitätenkabinetten der einzelnen Donaustifte haben sich
hauptsächlich aus lokalen Funden manche Stücke erhalten,
die aber — wie die Klosterneuburger Münzen — nicht über
das bekannte Bild römischen Kunstkönnens hinausgehen,
infolgedessen sich eine besondere Würdigung erübrigt. Ein
interessanter Mithras=Schild, von Abt Dungel von Göttweig
in Traismauer gefunden, ist eine der bedeutungsvollen Be=
lege für die Ausdehnung dieses orientalischen Kultes in un=
seren Donaugegenden; Traismauer bietet überhaupt noch
immer ein schönes Forschungsfeld, wie sich in ihm die Syn=

these von Altertum, Mittelalter und Neuzeit in deutlichster
Weise bemerkbar macht. Manches nette künstlerische Bild
entspringt dieser glücklichen Vermählung von Altem und
Neuem im Ortsbilde, z. B. die Barockstatue des heiligen
Florian, die sich gegen den altersgrauen Turm wirkungsvoll abhebt. Leider hat man die alten historischen Denkmäler nicht immer so wohl behütet; ein Tor mußte als
„baufällig" gesprengt werden, weil es nicht „fallen"
wollte!

Aus den Wellen der Völkerwanderungszeit, die zwar vielen Zeugen der vorangegangenen Epochen den Untergang
bereitete, erhob sich ein neu verjüngtes Kulturleben. Die ka-
rolingisch-ottonische Epoche gibt diesen Jahrhunderten Antlitz und Rhythmus. Seit Karls des Großen Kulturarbeit,
die sich auch hier in nachhaltiger Weise bemerkbar machte
und in der Schenkung dieses gewaltigen Trägers höherer
Gesittung und Bildung an das uralte Donaukloster Nieder-
Altaich die Grundlage zu neuer, blühender Entwicklung
legte, tritt das Gebiet unserer Wachau (Wachove) in den
Kreis einer sich immer stärker auswirkenden Kolonisation.
Es sei hier besonders betont, daß die Wachau (Wachove)
damals nur jenen Raum umfaßte, der auch heute noch als
Kern dieses so benannten Donaugebietes gilt, der sich zwischen den Orten Weißenkirchen und Spitz befindet, während
die heute allgemein gebräuchliche Bezeichnung eine weitere
Begrenzung ins Auge faßt, deren Endpunkte westwärts
Melk und ostwärts Krems bilden. Was die Karolinger begonnen hatten, setzten erfolgreich die mit der Ostmark be-
lehnten Babenberger fort, unter deren Zepter eine neue mächtige Kunstepoche die Herrschaft antritt: der Romanismus.

An der Schwelle der bayrischen Kolonisation des Ost=
markgebietes in der Karolingerzeit steht in Nachbarschaft
der Donaustraße die Agilolfingergründung Kremsmünster,
durch das Tal der oberösterreichischen Krems und der Traun
mit dem Strome verbunden. Es kann mit Recht zusammen
mit Mondsee und Innichen den Anspruch erheben, die erste
Etappe christlich=germanischer Kulturarbeit auf dem Boden
der österreichischen Stammlande zu sein. Wie Symbole er=
heben sich am Beginne dieser Frühkultur zwei hervorragende
Kunstschätze aus dem Dunkel jener Übergangszeit: Der
Tassilo=Becher und der Codex millenarius zu Krems=
münster — ein Kelch und ein Evangeliar, die Initialen des
gewaltigen Wunderbuches mit seinem tausendfältigen Bild=
schmuck, genannt „Deutsche Kunst der Donauostmark"!

Auf den Stifter Herzog Tassilo selbst wird der Becher
zurückgeführt und deshalb auch der „Stifterkelch" genannt.
Seine Entstehungszeit ist das 8. Jahrhundert, das Material
Kupfer mit ausnehmend reicher Ornamentierung durch ein=
gravierte Tier= und Pflanzenornamente; außerdem trägt er
figurale Darstellungen auf eingelassenen Silberblechplatten,
in die in Niello=Manier die Konturen der Gesichtszüge, der
Hände, Haare und Faltungen der Gewänder Christi und der
vier Evangelisten eingearbeitet erscheinen. Am Fußrand ist
in Majuskeln die Inschrift zu lesen: Tassilo dux fortis
Liutpirg virga regalis (Tassilo, der tapfere Herzog, Liut=
pirga, königlicher Sproß — sie war die Tochter des letzten
Langobardenkönigs Desiderius!). Oberhalb dieser Inschrift
sind vier Rundmedaillons mit den Brustbildern Mariens,
Johannes des Täufers, der Märtyrer Tiburtius und Panta=
leon zu sehen.

Wie der Taſſilo-Becher, ſo ſtellt auch der tauſendjäh-
rige Koder den erſten Samen bayriſcher Kunſt auf öſter-
reichiſchem Boden dar, der ſegensreiche Frucht getragen hat
und die innige Verbindung dieſer Länder und ſeiner Bewohner ſinnbildlich zum Ausdruck bringt. Aus dem 8. Jahrhundert, längſtens dem Beginne des 9. herſtammend, von Mön-
chen Salzburgs geſchrieben, wo Biſchof Virgilius, der Geburt nach ein Ire, umfaſſende Tätigkeit auf den Trümmern
ehemals römiſchen Lebens entfaltete, ſtellt er das erſte Denkmal bayriſch-öſterreichiſcher Buchmalerei dar, das auf fein-
ſtem Pergament in Majuskelſchrift die vier Evangelien mit
den Miniaturen und Symbolen der Evangeliſten enthält.
Daß die Mönche ihn frühzeitig als ihr Heiligtum einzu-
ſchätzen wußten, dafür iſt nicht nur der in einem Inventar
des Jahres 1040 erwähnte reiche Gold- und Edelſteinſchmuck,
womit er verziert worden, ein Zeugnis, ſondern auch die
Tatſache, daß man auf ſeine Rettung bei Gefahren in erſter
Linie bedacht war und (wie es in vielen Klöſtern Gepflogenheit geweſen, ſo auch hier) wertvolle Urkundenabſchriften
auf ſeine leeren Blätter eintrug.

Noch ein anderes Stift längs der Donauſtraße beſitzt aus
dieſer frühen Epoche ein ſchönes Werk: Göttweig in ſeinem
Pſalterium aus dem 10. Jahrhundert, wo Initialſchmuck
und Goldrankenumrahmung auf Purpurgrund, Vögel- und
Drachengeſtalten in farbenprächtiger Weiſe verwendet erſcheinen. Der romaniſche große Leuchter in der Leopolds-
krypta zu Kloſterneuburg entſtammt dem 11. Jahrhundert,
iſt aber erſt durch Erzherzog Maximilian III., den Hoch-
und Deutſchmeiſter, am Beginn des 17. Jahrhunderts aus
dem Schloſſe Ambras in das Stift gekommen.

Mit dem Einbruche des der mongolischen Raffe ange=
hörenden Magyarenvolkes, das dem großmährischen Reiche
den Todesstoß versetzte und den bayrischen Herzog Luitpold
bei einem unbekannten Orte „im Ostlande" vernichtend
schlug, so daß der Weg nach dem kultivierten Westen völlig
offen stand, gingen die Errungenschaften dieser ersten baju=
varischen Kolonisationsepoche in Trümmer; jede Nachricht
über die Verhältnisse der Ostmark jener Tage (bis zum Jahre
967, dem bald darauf — 976 — die Übergabe an die Baben=
berger folgte) fehlt. Verwüstung und Entvölkerung herrschte
in den Gauen der Nibelungenstraße. So kam es, daß sich
auch nichts von irgendwelcher künstlerischen Bedeutung er=
halten konnte — mit alleiniger Ausnahme der ganz wenigen
glücklich in eine bessere Zeit hinüber geretteten Zeugen —
und in dem kampfdurchtosten Lande alle Musen schwiegen,
soweit sie nicht irgendwo unter eines verborgenen Klöster=
leins schützendes Dach flüchten konnten. Und dies währte
noch lange nach: Fast nur diese geistlichen Häuser konnten
bauen und konnten künstlerischer Betätigung sich widmen,
zumal in Form der frühen Buchmalerei, Glasmalerei und
kunstgewerblicher Arbeiten im Dienste ihrer Gotteshäuser.
Wenn nun auch die majestätischen prunkvollen und geräu=
migen Anlagen kirchlicher und profaner Bauwerke des We=
stens, zumal der Rheingegend, hierorts noch nicht sofort
mit monumentaler Großzügigkeit nachgeahmt werden konn=
ten und überhaupt die künstlerische Wirksamkeit noch auf
die Klöster beschränkt blieb, die unter sächsischen, Hirsauer,
Regensburger und schottischen, weniger unter italienischen
Einflüssen sich entwickelten, so konnte doch das Aufblühen
eines kraftvollen neuen Stils, des romanischen, mannig=

faltige Auswirkung in den einzelnen Kunstzweigen zur Folge haben. Man hat sich neuerdings mit vieler Mühe an die Aufhellung dieser für die Kenntnis des Werdeganges romanischer Kunst in den Donauländern wichtigen Epoche herangemacht, wie es die heimatkundlichen Publikationen vielfach bestätigen können.

Bewahrt die Behausung des fränkischen und bajuvarischen Ansiedlers im allgemeinen dieselbe Physiognomie wie sie das fränkische und bayrische Gehöft seit der Babenberger Zeit aufweist, so erfolgt in den Donaulanden seit dem 11. Jahrhundert ein durch das Eindringen des romanischen Stiles bedingter gewaltiger Umschwung der Kunstformen. Es war die Zeit der Errichtung jener Zentralstellen umfassender kultivierender Tätigkeit, die als Stützpunkte der Christianisierung und zugleich der materiellen Kultur in den das Reich gegen Osten abgrenzenden Marken angesehen werden müssen, nämlich der Klöster und Stifte. Benediktiner, Zisterzienser, Augustiner Chorherren und Prämonstratenser teilen sich in die Aufgaben, die ihnen ihre Gründer, geistliche und weltliche Machtfaktoren, Grundbesitzer und Feudalherren zugewiesen hatten. Daneben erstehen zahlreiche befestigte Plätze, Burgen und Schlösser, die in gleicher Weise wie jene sich mit den charakteristischen Kennzeichen romanischer Kunst schmücken. Haben auch die meisten von ihnen dieses Erstlingskleid ihres Existenzfrühlings, sei es durch friedlichen Umbau, sei es durch gewaltsame Veränderungen und Zerstörungen endgültig verloren, so erinnern doch noch mancherlei glücklich erhaltene Reste des ehemaligen Kunstbesitzes an die romanische Epoche.

Es darf uns dabei nicht wundernehmen, daß spätere Formen diese Reste vielfältig überkleidet oder gar verunstaltet haben, so daß es oft nur dem kunsthistorisch bewanderten Auge möglich wird, die ursprüngliche Stilart herauszufinden und aus der Hülle zu schälen. Die einzelnen schulmäßig voneinander zu trennenden und typologisch zu unterscheidenden Schemas romanischer Architektur mit ihren kennzeichnenden Merkmalen hier anzuführen, hieße dieses Wanderbuch zu einem Lehrbuch machen. Es kann uns hier nur obliegen, das Besondere herauszuheben und die berühmteren Objekte, die sich längs des Donauweges befinden, aufzuzählen und nach Möglichkeit kurz zu würdigen. Das bestätigt sich vor allem bei den Kirchenbauten, möge es sich um Umbauten aus ehemaligen Holzkirchen oder um Neuanlagen handeln. Hatte man es bei den primitiven Bauten mit ganz einfachen Formen, Grundriß im Quadrat, schlichteste Säulenformen, keine Wölbung, zu tun, so ersteht in der Donaulandschaft ein reicherer Typus nach sächsischem Vorbilde mit Säulen und Pfeilerwechsel, drei östlichen Absiden, Vorhalle und Türmen an der Westseite, hier und da Gruftkirchen als Unterbau, wo nicht vielleicht die Hirsauer Form richtunggebend war. Mit der Zeit werden die Formen lebhafter und reicher, es mutet fast so an, als dürfte die größere durch tatkräftige Verdrängung der Feinde erworbene Sicherheit, wie sie zum Beispiel durch Errichtung der Grenzfeste zu Hainburg und durch die Vorschiebung der babenbergischen Residenz gegen Osten zum Ausdruck gelangt, befruchtend auf Phantasie, Schönheitssinn und Freude an der Kunst und Bereicherung des Lebensinhaltes gewirkt haben. Ein Parallelismus zu der Epoche nach der Überwindung der Türkengefahr, da ebenfalls eine frohbewegte Strömung nach Form-

Schönheit und Pracht, nach Monumentalität und Größe den Barockstil zur Auslösung brachte.

Waren die Alpenländer sehr reich an romanischen Bau=werken, so haben sich auch die Donaugebiete derselben zu er=freuen gehabt. Aber dort wie hier sind sehr viele teils gänz=lich zugrunde gegangen und für immer dem menschlichen Auge entschwunden, teils haben sie solche architektonische Veränderungen erlitten, daß ihr Außenkleid sich in einem jüngeren Stile präsentiert. Einige wichtige Zeitdaten möge man festhalten, um die Chronologie dieser romanischen Bau=ten zu verstehen: die von der Donau abseits liegenden Kloster=ansiedlungen, wie Lambach, Mondsee, Baumgartenberg, Kremsmünster, Gleink, das unterhalb des Böhmer Waldes gelegene Prämonstratenserstift Schlägl und das Chorherrn=stift St. Florian bergen Reste romanischer Bauwerke, ab=gesehen von einigen Burgen des Landes. Für Niederöster=reich kommt dann die Zeit des Passauer Bischofs Altmann, des Gründers von Göttweig und Restaurators anderer Häuser, wie z. B. Melks, in Betracht (Ende des 11. Jahr=hunderts), ferner die erste Hälfte des 12. Jahrhunderts seit der Regierung des Babenbergers Leopold III., des Heiligen, des Stifters von Klosterneuburg (1114) und Heiligenkreuz am Sattelbache (1135).

Baumgartenberg (1141 gegründetes Zisterzienserstift), des=sen romanisches Langhaus und Querschiff noch erhalten ist, jedoch ebenso wie die ursprüngliche romanische Klosterneu=burger Basilika einen barocken Innenschmuck erhielt und des=sen romanisches Portal deutlich auf bayrischen Einfluß hin=weist, war ein Juwel des Romanismus; gewiß auch die Kirche des Stiftes Wilhering an der Donau, von dem noch

das einfache, aber eindrucksvolle romanische Portal erhalten
ist. Aus dieser Epoche haben sich auch noch Reste in Lorch
(Laurenzkirche), in Seitenstetten, in St. Pölten (gegründet
1150), an der Tullner Pfarrkirche (Portal), in Klosterneu=
burg und Deutsch=Altenburg (Langhausarchitektur), an der
Pfarrkirche von Petronell, der Kollegiatkirche zu Ardagger,
an der Michaeler und vor allem St.=Stephans=Kirche zu
Wien erhalten. Die Westfassade und das Portal der letzt=
genannten Domkirche gehören jedoch bereits jener Zeit an,
da der sogenannte Übergangsstil (aus dem Romanischen in
das Gotische) einige herrliche Denkmäler höchsten Kunst=
empfindens auch dem Gebiete der Nibelungenstraße geschenkt
hat. Sind schon die an die italienischen Baptisterien gemah=
nenden Rundkapellenbauten, die als Karner ihre spezielle
Bestimmung erhielten, hervorragende Zeugen dieses Kunst=
sinns, so sind besonders die herrlichen Kreuzganganlagen
mit ihren Kapitelsälen und Brunnenstuben wahre Juwele
der romanischen und Übergangszeit.

Der Karner in Tulln gehört zu den besten Beispielen sei=
ner Art und wird als der prächtigste und besterhaltene in den
österreichischen Stammländern gepriesen, der sich weit über
die Karner zu Petronell, Deutsch=Altenburg, Hainburg und
andere emporhebt. An das ein wenig ältere Rundbogen=
portal der Pfarrkirche, das durch antikisierende Elemente auf=
fällt, schließt er sich auch zeitlich als Werk des Übergangs=
stiles aus der Mitte des 13. Jahrhunderts an. Der roma=
nische Portalbau des Karners zerfällt in zwei übereinander=
gelegene Abteilungen, einen Altarraum und einen Gruft=
raum zur Aufbewahrung der Totengebeine. In den oberen
führt über eine Freitreppe (späterer Zeit) das unvergleichlich

schöne vielbewunderte Portal mit glatten Säulen, darauf
Knospenkapitäle, schöne Bogenarchitektur, normannische und
lombardische Stilelemente in glückliche Verbindung gebracht
sind. Polychromie des Portals ist nachweisbar. Im Tym=
panon ist ein Marien=Fresko, im runden Innenraum, mit
Ecksäulen, Blendarkaden, Rippen und schöner Freskenaus=
stattung ist Christus in der Mandorla dargestellt, oberhalb
des Triumphbogens ist der Erzengel Michael mit dem Teu=
fel zu sehen. Die Außenwände tragen Blendarkaden und Klee=
blattbogen, Rundbogenfries mit Zahnschnitt, Ecksäulen mit
Spitzbogenblenden und neben dem Portal eine Stifterfigur.

Der Petronellsche Rundbau, möglicherweise ein Bap=
tisterium vom Beginn des 13. Jahrhunderts, hat ebenfalls
ein Säulenportal mit lombardischen Kapitälen, Rundbogen=
fries und weist im Tympanon die Taufe Christi auf. Der
Karner zu Deutsch=Altenburg aus derselben Zeit besitzt einen
reizenden, auf bayrisch=österreichische Vorbilder zurückgehen=
den Portalbau mit interessanten Kapitälmustern und nor=
mannischen Zickzackornamenten; dagegen ist der Hainburger
Karner einfacher, das Portal sehr schlicht, ohne Kämpfer,
das Dach neu.

Die hervorragendsten Beispiele des Kreuzgangbaues sind
in den Stiften fernab von der Donau (in den österreichischen
Zisterzienserstiften Lilienfeld, Heiligenkreuz und Zwettl) zu
sehen. Aber ein mit diesen in gewisser Beziehung stehender
Kreuzgang, dessen Kapitelraum freilich stark barockisiert
worden ist, ist der im Übergangsstile erbaute, heute nach der
Restaurierung in den siebziger Jahren des 19. Jahrhunderts
etwas zu sehr „erneut" anmutende Klosterneuburger Kreuz=
gang, der — im letzten Viertel des 13. Jahrhunderts voll=

endet — schöne Gliederung und bei Vorwiegen des gotischen
Elements üppige Ornamentik zeigt. Zehn Fenster an jeder
Seite gegen den „Kreuzgartel=Hof" zu tragen heute leider
moderne, wirkungslose, gemalte Glasfenster an Stelle jener
wundervollen, nur in geringer Anzahl im Kapitelsaale und
im Museum erhaltenen Resten der ursprünglichen Meister=
werke mittelalterlicher Glasmalerei, die Ende des 13. Jahr=
hunderts geschaffen wurden und 14 an der Zahl waren.

Künstlerisch äußerst wertvolle und seltene Stücke aus ro=
manischer Epoche sind natürlich nicht viele erhalten. Unter
ihnen nehmen die Wandmalereien im Passauer Hof zu
Krems, die im Arkadenhofe sich befinden und Tierfabeln
zum Gegenstande haben, in der Gruppe Malerei den ersten
Platz ein. Im Kunstgewerbe jener Zeit — ohne Konkurrenz
fürchten zu müssen — spielt das „Wunder von Verdun",
das hochberühmte Antipendium zu Klosterneuburg, auch
Verduner Altar genannt, die bedeutsamste Rolle. Von ihm
behauptet schon Lübke mit vollem Rechte, er sei den berühm=
testen Werken dieser Art überhaupt beizuzählen. Gewiß gibt
es im ganzen Mittelalter nichts, was ihm als gleichwertig
an die Seite gesetzt werden könnte. Eine dem Gegenstande
halbwegs gerecht werdende Würdigung müßte ein ganzes
Buch füllen und dürfte von einer guten bildlichen Wieder=
gabe der einzelnen Details nicht absehen. Was das kostbare
Emailwerk, aus der Werkstätte des Meisters Nikolaus von
Verdun laut Inschrift hervorgegangen und 1181 an das
Stift Klosterneuburg geliefert, für die Kunstgeschichte be=
deutet, ist heute allen Fachleuten klar; was es an Ideen=
gehalt und überraschenden Zusammenhängen mit der Antike
in sich birgt, noch viel zu wenig erforscht und ergründet,

Klosterneuburger Madonna   23

24   Klosterneuburg: Spätromanisches Pedum

was es in seiner Technik an Vollendung und Können bietet,
noch nicht genügend zum Bewußtsein gekommen. Haupt=
sächlich deshalb, weil es bisher an einer allgemein zugäng=
lichen guten Publikation darüber mangelt, die auch weiteren
Kreisen als nur den beruflich sich mit derlei Kunstwerken
Beschäftigenden das Antipendium zum Studium nahebringt.

Als Vorläufer dieses immensen Kunsterzeugnisses, das
vielfach befruchtend auf die mittelalterlichen Fresko= und
Miniaturenmaler gewirkt hat, wie sich an Einzelheiten gut
nachweisen läßt, erscheinen die Emailreliquiare aus Limo=
siner Werkstätten, die der Sohn des Stifters Klosterneu=
burgs, Otto, aus Frankreich hierhergebracht hatte und die
heute noch samt dem romanischen Pedum, den herrlichen
Elfenarbeiten und dem aus den Hochzeitsgewändern des
Stifterpaares gefertigten Meßornat sizilianischer Herkunft
zu dem romanischen Inventarteil des Klosterneuburger
Schatzes gehören. Solche kunstgewerbliche Arbeiten finden
sich noch verstreut in mancherlei Sammlungen der Donau=
stifte und Donaustädte vor, sind wohl auch noch hier und da
im Privatbesitz als bestgeschätzte Antiquitäten vorfindlich.
Von den bekannteren seien hier angeführt: die Portalplastik
am Riesentor zu St. Stephan in Wien, Florianstatuen zu
St. Florian, Tragaltäre im Stift Melk aus dem 11. und 12.
Jahrhundert, Elfenbeinschnitzereien in Seitenstetten, das
angeblich Bischof Altmann gehörige Pastorale aus dem
11. Jahrhundert zu Göttweig, das mit dem Altenburger
verwandt erscheint, verschiedene Reliquiare in Stifts= und
Domkirchen (z. B. Wien, St. Stephan), die eucharistische
Taube zu Göttweig aus dem 12. Jahrhundert, der bereits
erwähnte siebenarmige Bronzeleuchter zu Klosterneuburg,

den die Phantasie — ohne jede Berechtigung — zur Hülle des sagenhaften Holunderbaumes gestempelt hat, dann in den Bibliotheken der Stifte und öffentlichen Studienanstalten geborgene Handschriften mit oft bedeutsamen Buchmalereien.

Zu letzteren gehören hervorragende Unika, wie z. B. das Leopoldi-Psalterium und Leopoldi-Bibel (ersteres für die Geschichte der Instrumente wichtig), ein Higynus „de signis coelistibus" Missale, ein Virgil, Bibelhandschriften und Kirchenväterabschriften (zu Klosterneuburg), ein Boethius (zu Melk), ein Evangeliar (zu Seitenstetten), eine Biblia pauperum Speculum salvationis zu St. Florian (zu Kremsmünster), dann die vielen mit der Geschichte der Stiftungen aufs innigste verknüpften Traditions- oder Saalbücher, die Wohltäter-Dyptichen, die Nekrologien, die Verbrüderungsbücher, die Annalen und Chroniken, Niederschriften der großen nationalen und geistlichen Dichtungen, wie des Melker Marienliedes — des ältesten niederösterreichischen deutschen Literaturdenkmals — und des auf Heinrich von Melk zurückgehenden Buches über den Tod und die verschiedenen hauptsächlich aus den klösterlichen Schreibstuben hervorgegangenen Werke literarischen Fleißes und künstlerischer Handfertigkeit. Die Wiener Nationalbibliothek und die Bibliothek des Fürsten Liechtenstein bewahren so manche köstliche Zeugen dieser kulturellen Bestrebungen, die neben den Schreib- und Malstuben der Männerklöster gewiß auch manchem ehemaligen Nonnenkloster Förderung verdanken, z. B. dem zu St. Blasius in Göttweig und dem Magdalenen-Chorfrauenstift zu Klosterneuburg.

Wenn wir in Passau nur karge Reste aus der romanischen Zeit in baulicher Hinsicht aufzählen können, die fälschlich

sogenannte „Römerwehr", die Krypta von St. Nikola, den
Kapitelsaal der Domherren und Teile der älteren Residenz,
so sind wir auch hinsichtlich der romanischen Plastik daselbst
nicht viel besser daran. Die Kreuzkirche und die Marienkirche
des Klosters Niedernburg bieten solche; in den Löwen des
Domportals, im Grabstein der Königin Gisela, im Relief
des Bischofs Wolfger in der Herrenkapelle und in dem holz-
geschnitzten Christusbild der Salvatorkirche bemerken wir
noch einige wenige. Dazu kämen höchstens noch ein kugel-
förmiges Weihrauchfaß, ein byzantinischer Seidenbrokat mit
Löwenmustern, zwei Reliquienhüllen aus sizilischem Seiden-
damast mit einem ähnlichen Muster, wie es der Klosterneuburger Leopoldsornat aufzuweisen hat, eine Reliquienpyxis
sizilianischer Herkunft, Dalmatikenstoffe, die Schmidt in seiner Monographie einer Regensburger Weberei zuspricht,
schließlich im städtischen Museum eine italienische Truhe mit
Lederschnitt.

Ein neuerdings viel besprochenes Kunstwerk der Übergangszeit birgt seit kurzer Zeit das Klosterneuburger Stiftsmuseum: es ist die bisher wenig beachtete Klosterneuburger
Madonna, auf welche sich neuestens die Aufmerksamkeit der
Kunsthistoriker in besonderem Maße lenkt. Das Verdienst,
dieses erhabene Kunstwerk, das seinerzeit schon vom Kustos
Ivo Sebald und Direktor Ilg im Lapidarium pietätvoll
verwahrt wurde, gewürdigt und ans Licht gezogen zu haben,
gebührt dem Wiener Kunstgelehrten Richard Ernst[1]). Ein

---

[1]) Er veröffentlichte im „Belvedere" (1924, 2). Heft) eine epoche-
machende Studie darüber. In dieser Madonna — einer lebensgroßen
Kalksteinplastik, die die sitzende Gottesmutter mit ihrem am Schoße
stehenden Kinde darstellt — sieht er eine wundervolle Vereinigung des

geradezu antiker Geschmack, verbunden mit höchster Anmut und zugleich erhabener Würde, prägt sich in dieser leider stark verstümmelten Plastik aus[1]). Als Entstehungszeit des merkwürdigen Kunstwerkes, das als ein Markstein in der Entwicklung der monumentalen Freiplastik anzusehen ist, dürfte der Beginn des 14. Jahrhunderts angenommen werden können.

Ein spätromanisches Pedum (Bischofs- oder Abtstab) befindet sich in der Klosterneuburger Schatzkammer als Zeuge des Geschmacks in der Elfenbeinschnitzerei-Technik des 13. Jahrhunderts.

Im 13. Jahrhundert beginnt — zunächst vereinzelt und fast schüchtern — in Form eines Übergangsstils eine neue künstlerische Idee auch in unseren Donaulanden sich auszuwirken. Es ist die Gotik. Die großen Vorbilder des vorauseilenden Westens und Südens machen Schule. Die himmelanstrebende Kraft des mittelalterlichen Glaubensbewußtseins bleibt nicht mehr bei der gedrungenen Intensität des religiös eingestellten Seelenlebens, sondern sucht sich in üppiger Fülle und staunenswertem Formenreichtum nach außen hin zu ergießen und alle Innigkeit des deutschen Gemüts auszuströmen. Es dauert nicht lange, und die Gotik tritt im kirchlichen wie im profanen Leben ihren Siegeszug an, der ungehindert und unaufhaltsam wie der sprossende Frühling immer neue und schönere Blüten zeitigt. Wer die Geschichte der österreichischen Gotik schreiben wollte, müßte sich

---

frühmittelalterlichen Majestätstypus mit dem milderen abendländischen Madonnentypus.

[1]) Ohne auf die Einzelheiten hier eingehen zu können, will der Verfasser auf seine Ausführungen in der amtlichen „Wiener Zeitung" vom 5. Mai 1925 verwiesen haben.

jedenfalls längere Zeit im Donaugebiete aufhalten, um hier starke und lehrreiche Eindrücke über dieselbe empfangen zu können.

Ist die Zahl gotischer Kirchen in Österreich an sich keine unbedeutende, so ist seine Hauptstadt und zugleich kirchliche Metropole der Sitz höchster gotischer Stilentwicklung in der Gestalt des Wiener Stephansdoms. Aus romanischen Anfängen nach mehreren Bränden im Chorteil erneut (1340), hatte sich der Feuergeist eines Herzogs Rudolf IV. die Aufrichtung eines Münsters zum Ziele gesetzt, das alle anderen Kirchenbauten seiner Länder in Schatten stellen sollte. 1359 war der Neubau des Langhauses begonnen worden, aber ganz langsam schritt das ungeheure Werk fort, und nur ein gewaltiger Turm ward schließlich 1433 vollendet — das erhabene Wahrzeichen der Jahrhunderte, zu dem die Geschlechter, einander ablösend, im Zeitenwechsel stetig voll Ehrfurcht emporblicken. Bald rankte sich die Sage um das wunderbare Werk und um die Schicksale seiner Meister. Neben ihm mußte die andere gotische Meisterkirche — Maria am Gestade — trotz ihrer eigenartigen, mehr intimeren Schönheit und der Absonderlichkeit ihres in eine Kuppelform auslaufenden Turmes weit zurücktreten. Aus früherer Zeit ragen zwei Kirchen in diese Epoche herein, die noch schüchtern erst sich zur Gotik bekennen wollen: das im Jahre 1264 geweihte Minoritenkirchlein zu Stein und die aus dem Ende des 13. Jahrhunderts stammende Pfarrkirche zu Phyra bei St. Pölten, an der das erste bewußte Loslösen von den Gesetzen des Romanismus und Hinwendung zu denen der Gotik studiert werden kann. Dies ist ebenso der Fall bei der Katharinenkapelle in Imbach bei Krems.

Zahlreich sind die kleinen gotischen Gotteshäuser längs der Donau, in Nieder= und Oberösterreich scheint sie zu einer Volkstümlichkeit gelangt zu sein, die auch in dem Burgen= und Städtebau und bis hinein in die Bürgerhäuser und Familienstuben heimisch wird. Die tatkräftigen Bauhütten, die damals zum Segen der Kunst als selbständige Künstler= und Handwerkergenossenschaften erstanden und vom Westen Europas bis zum fernen Osten eine geschlossene Organisation bildeten, teilten sich in vier Hüttengaue: Straßburg und Köln, Bern und Wien, zu welch letzterem Gau Lambach, Steier, Werckhausen und Ungarn gezählt wurde, während es dann wieder heißt: zur Wiener Bauhütte gehöre: „Ober= und Niederbayerland, auch das Land ob der Ennsz, Böheimb, Mähren, Steyermarkt, Kärndten und Krain und ganz nach der Donau obhin." Den Vorzug gab man in Österreich den Hallenkirchen, die in der Blütezeit des Stils zu herrlichen Denkmälern edelster Kunst gediehen. Die Piaristenkirche in Krems, die Othmarkirche in Mödling bei Wien, die Pfarrkirche zu Perchtoldsdorf, die in der Türken= zeit zum Schauplatz furchtbarster Greuel wurde, der Chor der Stiftskirche zu Göttweig, heute mit barockem Kleide angetan, und der zu Deutsch=Altenburg, die Pfarrkirche der Stadt Eferding (von Krummauer?) bei Linz und von Wald= hausen bei Grein, die Türme der Stiftskirche von Kloster= neuburg (leider durch Restaurierung stark verändert), der wundervolle gotische Hallenchor der Baumgartenberger Stiftskirche (unter dem Einfluß Parlers). Letztere ist wie der nördliche Klosterneuburger Turm erst im 17. Jahrhun= dert gotisch gebaut worden — gewiß ein Zeichen der dauern= den Lebenskraft dieses Stils.

Die gotische Epoche ist in der Donaustadt Passau, das in jener Zeit noch die Stifte Herzogenburg an der Traisen und Engelszell zur Verpflegung der donauabwärts Reisenden gründete, in mehrfacher Weise vertreten. Die Einzelheiten hier aufzuzählen, mangelt der Platz. Es sei nur der 1407 begonnene Domchor erwähnt, der an die Stelle eines frühgotischen, aber wahrscheinlich zu engen und dunklen, treten sollte. Dekorative Bauplastik ist nicht erhalten geblieben. Ebenso erging es mit den monumentalen Gräbern, nur unbedeutendere Grabsteine in schlechtem Zustande, z. B. im Klosterneuburger Kreuzgange, sind auf uns gekommen. Einige Steinplastik, zumal Marienfiguren, sind besonders in niederbayrischen und oberösterreichischen Kirchen, Wandmalereien in der Kreuzkirche zu Niedernburg, von Glasgemälden eine Scheibe und von Goldschmiedearbeiten ein schönes silbervergoldetes Kreuz und Stadtsiegelstöcke auf die Gegenwart gekommen. Näheres berichtet mit gutem Illustrationsmaterial a. a. O. Schmid in seinem Seemannschen Kunststättenbuche.

Von den vielen profanen Schöpfungen gotischer Richtung, die eine baufreudige kunstfrohe Zeit, wie besonders die des 15. Jahrhunderts, zeitigte und die uns in manchem bezaubernden Städtebilde Deutschlands (ich nenne nur Rothenburg!) entgegentritt, hat sich auch längs der Donaustraße eine Reihe von Objekten erhalten, wenn auch sehr vieles durch das Überwiegen des Barockgeschmacks und die oft brutale Art, wie eine Stilart die andere ablöste, vernichtet worden ist, wo nicht äußere Gründe schließlich zu einer köstlichen Synthese führten, wie sie beispielsweise Klosterneuburg mit seinem Alt= und Neustift aufweisen kann. Letztgenanntes Stift ist auch in der Profanarchitektur mit gotischen Resten

noch gesegnet: die Thomasprälatur im stimmungsvollen so=
genannten „Kuchelhof", wo sich nebst einem Fenster in gro=
ßem Format der herrliche spätgotische Erker in seiner ganzen
Schönheitsfülle noch erhalten konnte, neben Gebäudeteilen
solcher Stilart mit reichen Netzgewölben und gotischer Or=
namentik, die rings um den Stiftsplatz gelegen sind; ferner
die ewige Lichtsäule (auch Christoph=Tutz=Säule genannt),
eines der besten Beispiele dieser zierlichen Arbeiten, an das
sich würdig die Lichtsäulen von Lorch und Mauer, wie „Die
Spinnerin am Kreuz" (Wien) und die zahlreichen Sakra=
mentshäuschen, anreihen können. Letzteren hat das Dekret
von Trient und neuerlich der Ritenkongregation vom Jahre
1863 ein frühes Ende bereitet.

Zahllos sind gotische Burgen= und Hausbauten vor=
handen: der Donauweg ist links und rechts — zumal im
Wachaugebiete — umsäumt davon, und es ließe sich ein
reichhaltiges Bilderbuch damit füllen. Wem sind sie nicht
wohlvertraut, der dort wandert, alle die aus dem Grün und
Blütenrausch des Frühlings so poetisch sich heraushebenden
steilen Giebel mit Krüppelwalm, die Erkerlein, die Höfe
mit den Arkaden, wo sich mitunter irgendein barockes Mo=
tiv später dazugesetzt hat, mitunter auch noch ein romani=
sches aus früherer Zeit hineinragt? Wie beim Kremser
Kanzelhof oder beim Predigerkirchl in Spitz? Und wer
kennt nicht die rauchgeschwärzten trichterähnlichen Küchen=
rauchfänge, die noch recht primitiv anmuten und an die ein=
fache Einrichtung mittelalterlicher Burgküchen mit pyra=
midenförmiger Überdeckung des offenen Herdes erinnern?

Die Plastik und Malerei treibt wundervolle Blüten im-
Donaulande, ja es kommt im weiteren Verlaufe zu jener

künstlerischen Konzentration einer bestimmten Ausdrucks=
richtung, die, von Regensburg und Paffau vornehmlich
ausgehend und daselbst in hervorragendster Weise vertreten,
sich längs des ganzen Donautales bis herunter nach Wien
mit seitenästigen Ausstrahlungen weiterverpflanzt und hier=
von auch ihren Namen bekommen hat: „Donau=Stil.“
Wenn man heute von einer durch wirtschaftliche, politische
und andere Momente begründeten Anschluß= und Zusam=
menschlußidee sprechen kann, die auf Vereinigung der deutsch=
österreichischen Gebietsteile mit dem Deutschen Reiche hin=
zielt und — wie jeder Geschichtskundige weiß — ihre tiefste
Begründung in der innigen historischen Verbindung der in
Betracht kommenden Länder und Volksstämme hat, dann
darf man mit Fug darauf hinweisen, wie starke Bande zwi=
schen diesen schon die mittelalterliche Kunst in dem Bereiche
der Nibelungenstraße geknüpft hat.

In den Plastikwerken sind die unvergleichlichen Flügel=
altäre auch hier vertreten, und zwar vor allem in einem
Exemplar, das man dem St. Wolfganger Pacher=Altar ruhig
zur Seite stellen kann: im Kefermarkter Altarwerk. Eine
ganze Literatur hat sich mit diesem nicht weit von Linz be=
findlichen Juwel bereits beschäftigt, doch hat das Interesse
für den erstgenannten Altar das Kefermarkter Werk bisher
stark verdunkelt. Das dürfte nun anders werden. Kürzlich
scheint das Rätsel gelöst worden zu sein, das bisher um die
Herkunft und den Namen des Meisters schwebte, und der
Löser dieses Problems hat uns selbst über seine Entdeckung
informiert: kein Geringerer als Michael Pacher von Bruneck,
der Meister des Wolfgang=Altars, der große Maler und Bild=
schnitzer ist auch der Verfertiger des Kefermarkter Werkes!

Eine ausführliche Begründung und Erklärung des durch
August von Scheindler enträtselten Anagramms sowie die
daraus sich ergebenden kunsthistorischen Folgerungen zu ziehen, verbietet der Raummangel. Aber es sei gleich hier erstmals festgestellt, daß dieses Anagramm, das der Meister selbst
verfaßte und in Form einer im Ornament des Kleidsaumes
verwendeten Majuskelinschrift klug zu verbergen wußte, be-
sagt: „Wolfgango Vito Christophoro Tabulam Exstruxit
Vinimontanis M. Pacher" (das ist: Wolfgang, Vitus und
Christophorus [den bekannten Heiligen dieses Namens] hat
dieses Tafelwerk den Herren von Weinberg [das waren die
Stifter des Altars] errichtet M. Pacher). Es freut uns, jetzt
darauf hinweisen zu können, wie richtig Georg Lill, der Verfasser des im Volksverband der Bücherfreunde kürzlich erschienenen prächtigen Buches „Deutsche Plastik", den Refer-
markter Altar einzugliedern gewußt hat, wenn er sagt:
„Von Pacher gehen die Fäden nur zum Teil zu dem stil-
leren Schüler Wolfgang Aßlinger zu Bozen, der auch die
Freude an Festlichkeit, goldenen Gewändern und Volkstümlichkeit erbt, vielmehr geht diese Linie zum Meister
des Kefermarkter Altars...", und später, gelegentlich
der Besprechung des „Gotischen Barocks": „Von noch größerer Bedeutung scheint mir aber die festlich rauschende Pracht
Michael Pachers für das Voralpenland geworden zu sein...
die Welle, die Bayern erfaßt hat, scheint nicht ohne Pacher
verständlich... Die Bewegung greift in einer heute noch
schwer zu übersehenden Weise in das ganze Donauland bis
nach Wien und Steiermark hinein[1]."

---

[1] Loßnitzer und auch Othmar von Leixner hatten hierfür eine sichere
Witterung, wenn sie annahmen, daß das Werk dem Kreise der „Pacher-

Im Flügelaltar der spätgotischen Hallenkirche von Maria-
Laach am Fuße des Jauerling (bei Aggsbach in der Wachau),
wo die spätgotische Orgelbrüstung, ebensolche Kanzel und
das prächtige, 1607 aufgestellte, mit reichem Renaissance-
Ornamentschmuck und einer knienden Ritterstatue gezierte
Kuefsteinsche Grabdenkmal, dann ein Spätrenaissance-Wand-
grab und ein Marienbild mit sechs Fingern unsere Aufmerksamkeit auf sich zieht, schätzen wir eine süddeutsche Arbeit
des ausgehenden 15. Jahrhunderts, soweit es die Schnitzerei
betrifft. Die Doppelflügelbilder sind in Tempera ausgeführt
und werden als österreichische Arbeit angesprochen. In der
gotischen Kirche des Mauertals bei Melk befindet sich noch
ein bemerkenswertes Flügelaltarwerk, das aber bereits der
vorgeschrittenen Spätgotik mit Vermischung von Renais-
sance-Elementen angehört. (In Mauer ist auch eine spätgotische, durch Figuralplastik ausgezeichnete Lichtsäule bemerkenswert.)

Eines ganz hervorragenden Plastikwerkes dürfen wir
nicht vergessen, das zu den besten seiner Zeit (Anfang 16. Jahrhundert) gehört, dessen Schöpfer jedoch unbekannt ist: es ist
der im Klosterneuburger Stiftsmuseum befindliche über-
lebensgroße, in Lindenholz geschnitzte „Erlöser in der Grabes-
ruhe". Diese Arbeit, die einen vorzüglichen Kenner der Ana-
tomie verrät und in der vollkommen getreuen Wiedergabe
eines im Tode erstarrten Menschenkörpers mit schärfster und
genauester Beobachtung aller hierbei in Betracht kommenden
Momente (Muskulatur, Adern und Venen, Wundenwülste

Richtung" angehöre, gegenüber Lübbeke und Franz Heege (in den
„Christlichen Kunstblättern" von Linz), die sich auf Veit Stoß versteifen
und gegen andere, die sich für Riemenschneider entscheiden wollen.

an Händen und Füßen, erschütternder Ausdruck im Antlitz)
kaum mehr seinesgleichen finden kann, verläßt die Wege der
früheren Bildhauerkunst und scheint noch am ehesten von
Dürerschem Geiste inspiriert zu sein. Was hierbei zugleich
ergreifend und geradezu mystisch erscheint, ist die Tatsache,
daß bei aller Realität der zum Ausdruck gebrachten Todes-
starre doch unverkennbar ein Hauch unzerstörbaren Lebens
den Toten umweht — ganz im Sinne der christlichen Auf-
erstehungs- und Verklärungsidee. Es würde sich wahrhaft
lohnen, die Spuren dieses wundervollen Werkes weiter zu
verfolgen, die der Nachwelt verlorengegangen sind. Man
weiß nur, daß diese Statue früher in der Agneskapelle des
Kreuzganges sich befand und bei der sogenannten Grab-
legungszeremonie am Karfreitag in Verwendung kam. Es
dürfte dann die Befürchtung, das Kunstwerk könnte bei den
brennenden Kerzen und Fackeln in Gefahr geraten, dazu geführt haben, von der Verwendung desselben lieber abzusehen.
So kam es dann in die Sammlungen.

Im Stephansdom zu Wien sind als ehrwürdige Zeugen
der hohen Vollendung gotischen Könnens mehrere Werke
rühmlichst bekannt: die Sandsteinkanzel mit zierlichen Säul-
chen und baldachinüberdeckten Statuetten und auf der Brü-
stung mit lebensgroßen Brustbildern der vier Kirchenlehrer,
während der achteckige Deckel ein Konglomerat von Fialen,
Strebepfeilern und Knorren darstellt — ein Werk des Brün-
ner Meisters Anton Pilgram, von dem auch die herrliche
Empore herstammt, an der sich der Meister mit seinem Por-
trät verewigt hat; ferner die Grabtumba Friedrichs III. von
Niklas Lerch aus Leyden, die nur leider infolge der dort herrschenden Dunkelheit in ihrer ganzen Schönheit nicht erfaßt

werden kann. Aus etwas früherer Zeit datiert die außen be=
findliche Capistrankanzel; die ornamental und figural reichen
Chorgestühle hat Rollinger Ende des 15. Jahrhunderts ge=
arbeitet. Veit Stoß wird die Portalfigur an der St.=Annen=
Kirche zugeschrieben. Ölberganlagen sind hier und noch an
anderen Donauorten, z. B. in Ybbs, im Klosterneuburger
Museum, aus der Gotik vorhanden, ebenso Portalbauten
(Minoriten und anderwärts), Taufbecken, Feldkanzeln (z. B.
in Spitz), eine große Menge Grabdenkmäler, bei deren Schöp=
fung der Passauer Meister Jörg Gartner und Stephan Rot=
taler häufig tätig waren und die mitunter, wie die Kloster=
neuburger Tumba des Freisinger Bischofs Berthold von
Wähingen, von ausgezeichneter künstlerischer Qualität sind,
ähnlich den Marmorgrabtumben der Schaunburger zu Wil=
hering.

Die Gotik ließ zwar dem Wandfresko keinen Raum zur
Entfaltung — die Wände wurden zu schmal — immerhin
sind Beispiele hiervon, wenn auch selten, im Donaugebiete
erhalten, die der Donauschule zur Zierde gereichen können,
z. B. in Wachauer Kirchen, wo wir dann mitunter auch
— freilich sehr mitgenommen — an der Kirchenaußenseite
Fresken wahrnehmen. Sie stellen hauptsächlich bezeichnender=
weise den heiligen Nikolaus oder Christophorus, die beiden
Schiffer= und Fährmännerpatrone, vor. In der kleinen St.=
Gertrud=Kirche zu Klosterneuburg sind solche Engelfresken
in dürftigem Reste zu sehen. Leider sind die gewiß hin und
wieder auf Burgen befindlich gewesenen Fresken samt den
Burgen ein Raub der Vergänglichkeit geworden. — Natur=
gemäß hat sich viel besser die Tafelmalerei erhalten. Bei=
spiele hiervon birgt die Klosterneuburger Kunstsammlung

in Gestalt der Zyklen Wolfgang Rueland Frueaufs, der zu
Wien im 15. Jahrhundert fleißig geschaffen hat und in dessen Werken, wie auch in den Schöpfungen seiner Schüler,
der Charakter des Landschaftsbildes, wie er besonders dem
Wiener Wald und seinen Ausläufern in der Gegend Klosterneuburgs eigen ist, hervortritt. Solche Zyklen sind die Pas-
sion oder Leidensgeschichte in vier Bildern, das Johannes-
leben (Johannes der Täufer!), ebenfalls in vier Bildern, und
eine lokalgeschichtlich bedeutsame Schöpfung, die mit der
Gründung Klosterneuburgs inhaltlich zusammenhängt,
nämlich die in vier Bildern dargestellte Klosterneuburger
Schleierlegende. Es ist nicht ausgeschlossen, daß diese Bilder
zunächst für einen Flügelaltar bestimmt waren bzw. für drei
solche Werke, doch sind sie als selbständige Stücke bis heute
überliefert. Die Kanonisation des Stifters hat den einzelnen
Künsten reichliche Beschäftigung gewährt. Sie müssen nun
in den Dienst der Verherrlichung des babenbergischen Heiligen treten, und es entsteht eine lange Reihe von Kunst-
denkmälern, die St. Leopold und seine Stiftung zum Gegenstande hat. Unter den Gemälden ist das in der Klosterneuburger Prälatur befindliche Altarblatt eines der schönsten,
ferner der Stammbaum der Babenberger eines der inter-
essantesten jener Epoche.

Ein hervorragendes Werk ist ein Kreuzigungsbild, auf
dem an einem Felsstücke im Bilde die Zahl 1446 vermerkt
erscheint und eine große Gruppendarstellung von Personen
unter dem Kreuze zum Vorwurfe nimmt, die meisterhaft in
den verschiedenen Gemütsäußerungen und seelischen Affek-
ten je nach ihrer Stellungnahme zum Gekreuzigten ausgeführt sind. Die Gruppe der vor dem Kreuze ohnmächtig

niedersinkenden Madonna, des Johannes und der Maria
Magdalena ist überaus schön und ausdrucksvoll. Die An=
schauung einiger, die das Bild für einen Rueland halten
wollen, dürfte sich nicht halten lassen. Es ist aber jedenfalls
österreichische Arbeit mit starkem niederländischen Einschlag.
Neben dem neuerdings stärker gewürdigten Albrechts=Altar=
Werk ist ein köstlicher Zyklus der Engelchöre, die mit Maria
als ihrer Königin in Verbindung gebracht werden, ebenfalls
der Wiener Malerschule angehörig zu betrachten. Eine sehr
seltene Darstellung in dieser Reihe ist die Mariens als Krie=
gerin mit Harnisch und Waffen, wie eine Jeanne d'Arc auf=
gefaßt.

Die Werke des Donaustiles, und zwar sowohl der großen
Meister als auch ihrer Schüler sind in den Kunstsammlun=
gen der Donaustifte gut vertreten. Albrecht Altdorfer,
diesem echten deutschen und gemütstiefen Künstler, ist — wie
Riehl in seinem Buche „Bayerns Donautal" sagt — „das
Donautal mit seinen prächtigen weiten Ausblicken, mit dem
breiten Strom, den malerisch verfallenen Gebäuden, an
denen der naive Romantiker seine ganz besondere Freude hat,
die schönste Landschaft, in die er deshalb auch die heilige Fa=
milie setzt. Das Stift St. Florian könnte aus seiner Altdorfer
Kollektion allein eine Ausstellung veranstalten, die an Reich=
haltigkeit und Vollständigkeit ihresgleichen suchen würde.
Die Passionsbilder, das wundervolle Sebastiansbild u. a.
sind Kostbarkeiten allererften Ranges. Altdorfer hat im
Stifte St. Florian unter dem Propfte Peter Maurer ge=
arbeitet, daraus erklärt sich die große Anzahl der in der
Sammlung vorhandenen Werke des Meisters. Auch Wolf
Huber, der andere große Meister des Donaustiles, der be=

Proteſtantiſche Predigtkapelle zu Spitz

kanntlich gleich Altdorfer durch eine Donaureise zur Ände=
rung seiner bisherigen Malweise bewogen wurde, und der
ebenfalls mit vollster Hingebung sich dem Landschaftlichen
widmet, ist in den Donaustiften vertreten.

Die Fäden, welche sich von hier zu den niederländischen
Künstlern spinnen, sind zwar bereits festgestellt, aber doch
bleiben noch manche Fragen offen, zu deren Lösung viel=
leicht ein genaues Studium der längs der Donaustraße vor=
findlichen Schöpfungen jener Epoche beitragen könnte. Daß
die Malerei sich an den verschiedenen Flügelaltärchen hin=
sichtlich ihrer Provenienz verfolgen läßt, dafür ist der schon
erwähnte Flügelaltar von Maria=Laach ein Beweis. Man
vergleiche hierzu die österreichische Kunsttopographie!

Die Buchmalerei ist in den zahlreichen Handschriften und
Inkunabeln des 15. und beginnenden 16. Jahrhunderts be=
reits in einer unfaßbaren Fülle vertreten. Die Zimeliensamm=
lungen der Stifts=, Landes= und Privatbibliotheken geben
dafür so reichlichen Aufschluß, daß wir eine eigene Mono=
graphie allein über diese Seite der Kunstbetätigung schreiben
müßten, wenn wir nur den hervorstechendsten Exemplaren an
solchen Büchern und Handschriften gerecht werden wollten.

Im Stile machen sich Beeinflussungen verschiedener Art
geltend, es sind die Illuminatoren Frankreichs, Italiens,
Böhmens, der Rheingegenden, Niederländer mit ihrer wun=
dervollen Tiefenperspektive, deutsche Meister, die sich am
Rankenwerk und am Marginalschmuck der „Drolerien" be=
mächtigen, die so großen Anklang fanden, daß man sie auch
in liturgischen und Gebetbüchern zur Anwendung brachte.
Klosterneuburg hat in seiner Bibliothek eine bedeutende An=
zahl vorzüglichster Objekte zu verzeichnen.

Proteſtantiſche Predigtkapelle zu Spitz

Spätgotischer Altar zu Kefermarkt

Ein vorgeschrittenes Werk sind die sogenannten Sunt=
heimer Tafeln, die das Stift zur Erhebung Markgraf Leo=
polds anfertigen ließ, die nur leider sehr stark unter Nässe
und Licht gelitten haben, aber ganz entzückende Arbeiten vor=
stellen. Das Gebetbuch Albrechts II. in der Wiener Natio=
nalbibliothek sowie das berühmte Melker sind Marksteine
in der Entwicklung der Buchkunsttechnik.

Zu ihr gehören in gewissem Sinne auch die Bucheinbände:
Herrliche Werke in Form von Lederblindpressungen und ge=
schmackvollen Beschlägen sind entstanden. Klosterneuburg
besaß sogar eine eigene Buchbinderwerkstätte hierfür, die
erstklassige Werke zustande brachte, die heute noch das Auge
erfreuen und gelegentlich der Leipziger Buchkunstausstellung
im Jahre 1914 viel Aufmerksamkeit gefunden haben. Leider
sind durch Unverstand manche schöne Einbände durch „neue"
seinerzeit ersetzt worden!

Eine fast endlose Reihe kunstgewerblicher Arbeiten dieser
Epoche weist die Donaustraße auf: unübersehbar ist die Serie
der liturgischen Gefäße, der Reliquienschreine, der Osten=
sorien, der Goldschmiedearbeiten, der schmiedeeisernen Ob=
jekte, der Glasmalereien (von diesen leider oft nur Bruch=
stücke größerer Werke und Anlagen), der Stickereien zu kirch=
lichen und profanen Zwecken.

Die Gotik hatte noch lange nicht ausgelebt. Sie besaß noch
immer Kraft und Leben genug, jener vom Süden her gegen
den Norden flutenden Ideenwelt Widerstand zu leisten, die,
aus dem wiedererwachten Geiste der Antike geboren, vom
Humanismus ins Leben geführt und begleitet, sich eine Posi=
tion um die andere eroberte. Nur ganz langsam und allmäh=
lich dringt die Renaissance vorwärts. So erklärt es sich,

wenn, wie bei der Überwindung des Romanismus durch die Gotik, jetzt in gleicher Weise zunächst ein Mischstil auftritt, der sich zuerst an den Werken der Kleinplastik und am Ornament versucht, bevor es ihm gelingt, durch größere architektonische Schöpfungen sich in den Vordergrund zu stellen und vorbildlich zu werden. Aber ein größerer Zeitraum muß verfließen, bevor die Renaissance zur herrschenden Kunstform wird. Freilich, eine längere Lebensdauer war ihr damals in unseren Ländern schon aus dem Grunde nicht beschieden, weil die Hauptepoche künstlerischen Schaffens im Bereiche unserer Donaustraße schon in jene Jahrzehnte fällt, wo der reine Renaissancegedanke durch das Frühbarock eine bemerkenswerte und empfindliche Umbiegung erfahren mußte. Immerhin gibt es einige schöne und typische Zeugen der echten Renaissance auch hier.

Monumentalwerke dieses Stiles sind: der Renaissancearkadenhof des Schlosses Hartheim bei Alkoven in Oberösterreich (freilich schon etwas seitab der Donaustraße), der Arkadenhof und das Portal des Landhauses in Linz, der zweigeschossige Arkadenhof der Schallaburg und die Pfarrkirche von Losdorf, beide in der Nähe von Melk, die Stadtpfarrkirche in Krems, der Langhausbau der Göttweiger Stiftskirche, vereinzelte Wohnhausbauten in Aschach, Linz, Mauthausen, Enns, Melk und besonders schöne Vertreter dieser Richtung in Krems. Letztere Stadt zeichnet sich durch mehrere hierhergehörige Renaissanceerker aus, wie auch durch die damals mit Vorliebe geübte Sgraffitotechnik (das Haus Nr. 2 der Althangasse mit Bildern aus dem Alten Testamente). Längs des Donauweges finden wir noch zahlreiche Renaissanceanklänge in Form von Chorstühlen

(Kremser Piaristenkirche), Hallen (Kremser Rathaus), Gie=
belbauten und farbigen Fresken. In der Renaissanceplastik
ragt das bei der Besprechung der Maria=Laacher=Kirche er=
wähnte Kuefstein=Grabmal von Alexander Colin hervor,
ferner Altarbauten, Kanzeln, Grabsteine, z. B. die Kanzel in
Säusenstein mit dem deutscher Spätrenaissance angehörigen
Säulen= und Kartuschenschmuck. Eine solche Kanzel findet
sich auch im Schlosse Persenbeug. Die Losdorfer Kirche
glänzt durch prachtvolle Reliefs in einheimischer Renaissance
und das Losensteinsche Grabdenkmal. Auch der schöne Bal=
thasar=Polzmann=Altar in der Afrakapelle der Klosterneu=
burger Stiftskirche gehört hierher, ebenso der dort befindliche
Grabstein des Propstes Thomas Ruef[1]).
Wenn man von einem österreichischen Stil als solchem
sprechen darf, der das dieser Landschaft Höchsteigene und sich
dem fremden Besucher als wesentlich in die Augen Spring=
gende aufdrängt, so darf man die Barocke d i e österreichische
Kunst nennen. Es wäre zwar irrig, würde man annehmen,

---

[1]) Es sei noch betreffs der sich an Wien knüpfenden kunstgeschicht=
lichen Fragen, denen wir in unserm Buche nicht ausführlich nähertreten
wollen, weil Wien auch dem fremden Besucher vielfach aus weit=
verbreiteten Reisehandbüchern und der immensen Fachliteratur ohnedies
besser bekannt sein dürfte als die andern Orte der Donaustraße, auf die
ausgezeichnete Publikation: „Wien, sein Boden und seine Geschichte"
hingewiesen. Die hier bemerkenswerten Aufschlüsse sind in den Artikeln
von Hans Voltelini „Die Entwicklung des Stadtbildes Wiens im
Mittelalter", Josef Neuwirths „Der Stephansdom" (eine erschöpfende
Beschreibung der gotischen Denkmäler!), Eduard Leischings „Wiens
Stellung in der Geschichte des Kunsthandwerkes" (überaus reichhaltig!),
Josef Strzygowskis „Die Barockbauten Wiens" (mit interessanten neuen
Gesichtspunkten) zu finden. Wer Wien besuchen will, um mit Ver=
ständnis genießen zu können, möge sich in das Studium dieser vorbild=
lichen Erklärungen und Deutungen vertiefen.

es hätte sich diese Architektur mit Übergehung aller bestehen=
den bodenständigen Formelemente früherer Zeit usurpato=
risch der schaffenden Kräfte bemächtigt, um Neues auf den
Trümmern des Alten aufzutürmen. Denn in Wirklichkeit be=
nützte man z. B. den einschiffigen Monumentalbau, der vor=
handen war. Aber in ihrer Art waren die großen Barock=
architekten ebenso verdienstvolle und großzügige Neuschöp=
fer erhabenster Wunder der Baukunst, wie es jemals einer
am Rhein oder sonstwo in den Kulturländern gewesen. Da=
zu kommt noch eines: Die Überwindung der das ganze deut=
sche Volk niederbeugenden Wehen des Dreißigjährigen Krie=
ges und seiner Folgeerscheinungen, die siegreiche Zurückdrän=
gung der türkischen Großmacht und der mit solchen Ereig=
nissen in Verbindung stehende Aufschwung in geistiger und
materieller Hinsicht mußte eine ungeahnte Lebens= und
Schaffensfreude zeitigen. Im „rauschenden Barock" hat es
seinen prächtigen monumentalen und dabei plastischen Aus=
druck gefunden, wenn es auch erst unserer Zeit wieder ver=
gönnt ist, nach der abweisenden Haltung früherer Jahr=
zehnte zu dieser Erkenntnis zu gelangen.

Allen jenen, die in der Barocke nichts anderes sehen wol=
len, als ein in der Ermattung des künstlerischen Form=
gefühles begründetes und veranlaßtes Symptom des Nie=
derganges und Verfalles der Renaissance, muß man den
Rat geben, ins österreichische Donauland zu kommen, um
hier durch den Anblick und das Studium der hervorragenden
Denkmäler dieser Barocke von ihrem Vorurteil geheilt zu
werden. Sie werden gleich vom ersten Eindruck, den sie hier=
von empfangen, überrascht, ja geradezu betroffen sein. Ein
tieferes Eingehen in das Studium der barocken Großbauten

wird ihnen eine neue Welt voll Formenschönheit und For=
menreichtum erschließen. Es ist nicht zu kühn, zu behaupten,
die Barocke habe ihre schöpferische Kraft hier so stark be=
tätigt, daß man Donau=Österreich ihre zweite Heimat nen=
nen darf.

Hat die Renaissance größere Raumverhältnisse durch Aus=
einanderrückung der bisherigen Stützen zu erreichen gesucht,
so hat die Barocke sie in dieser Tendenz noch gewaltig über=
troffen, indem sie die Seitenräume (Schiffe) im Interesse
eines hohen gewaltigen Hauptraumes, den beispielsweise in
den Kirchen jetzt ein Kranz von seichten Kapellenräumen
umschließt, einfach opferte. Damit wird aber zugleich die
lichte Heiterkeit und frohe Festlichkeit erreicht, die im Gegen=
satze zu den romanischen und gotischen Bauten den Barock=
raum auszeichnet, der in den meisten Fällen durch ein kühn
geschwungenes Kuppelgewölbe seine erhabene Krönung
empfängt. Die zur Seite gerückten Pfeiler ermöglichen den
freien Ausblick auf Altar und Kanzel, die tonnenförmig ge=
wölbten Decken drücken nicht mehr auf den Beschauer, sie
wirken eher befreiend und geben dem Licht Raum, das durch
halbkreisbogenförmige Fenster in verschwenderischer Fülle
hereinströmen kann. Durch die Stellung der Kuppel über
der Langhaus=Querschiff=Kreuzung erhält der darunterlie=
gende Raum jene majestätische triumphierende Erhabenheit,
wie sie der Opferstätte des Allerhöchsten geziemt. Dazu
kommt noch die große Linie in allen uns begegnenden Maß=
verhältnissen. Es ist, als ob man der Kardinaltugend der
Stärke auch in der Kunst den Vorzug einräumen wollte:
An Stelle gotischer Gemütstiefe und zartester Steinblüten
herrscht Wucht, Masse und Wirkung. Weitausladende ver=

kröpfte Gesimse, üppige Fassadendekoration, bei aller Ge=
schwungenheit und Phantasie der Gliederung ästhetisch
schöne, wirkungsvolle Turmformen, abgesehen von viel=
fachen verschiedenartig modellierten Details mit lebhafter
Profilierung, mit Konsolen, mit Blumendekoration und vor
allem der bezaubernde abwechslungsreiche und formenfreu=
dige Stukkoschmuck, dem sich häufig durch Meisterwerke der
perspektivischen Architektur= und Figurenmalerei erhöhte
Prunkentfaltung vermählt. Das sind einige der wichtigsten,
pulsierendes Leben zum Ausdruck bringenden Kräftfelder des
Barockstils, von denen sieghafte Energien in die Seele des
Beschauers strömen und ihn gefangennehmen.

Freilich nur dort, wo die bildenden Hände echte Künstler=
schaft geführt hat und nicht vielleicht irgendein nachbetender
Stümper am Werke gewesen ist. Und auf unserer Nibelun=
genstraße waren solche Meister zu Hause. Ihren epochalen
Leistungen gegenüber tritt das weniger Gelungene und
Schwache, das sich hier und da vorfindet, ebenso in den
Hintergrund, als architektonische Entgleisungen und deko=
rative oder ornamentale Fehlgeburten dagegen nicht ins Ge=
wicht fallen. Die Sünden des Barockstils, von denen seine
Gegner so gerne sprechen, und die man an falscher Stoff=
anwendung, Überladenheit, Pomp, unzeitgemäßer Anwen=
dung des Malerischen aufzeigt, fallen ihm nicht zur Last.
Bei solcher Gelegenheit spreche man doch lieber von den
Sünden am Barock. Es ist eine von der Kunstgeschichte oft
betonte Tatsache, daß die Spätgotik in Österreich nicht durch
die Renaissance, sondern gleich durch das Barock abgelöst
wurde (man vergleiche hierzu den Nordturm der Kloster=
neuburger Stiftskirche!). Das erklärt sich aus den bekannten

Zeitverhältnissen. Dies begründet auch die zum kunsthistorischen Axiom gewordene Beobachtung, daß die österreichische Barocke von der italienischen genau zu unterscheiden ist.

Selbstverständlich hat auch der Barockstil hier eine Entwicklung durchgemacht, und wir müssen gewaltige Distan-
zen zwischen Werken des mittleren 17. Jahrhunderts und
solchen des beginnenden 18. Jahrhunderts feststellen. Es
würde uns viel zu weit führen, die einzelnen auch nur wichtigsten Objekte in den Rahmen dieser Entwicklung einzugliedern. Abgesehen davon, daß sich öfter, ja in den meisten
Fällen sogar, jüngere neben älteren Formen vorfinden. So
z. B. bemerken wir in der Göttweiger Stiftskirche ein früh-
barockes Langhaus, andere Formen darin gehören einer weiter vorgeschrittenen Stilepoche an. Es sei uns gestattet, den
hervorragendsten Vertretern der österreichischen Barocke in
der Donaulandschaft unser Augenmerk zuzuwenden. Wir
wollen hierbei dem Lauf des Stromes folgen. Doch möchten wir noch einer grundsätzlichen Erwägung Raum geben,
die sich nicht nur auf landläufige Vorstellungen und häufig
gehörte Werturteile der Laienschaft, sondern auch auf solche
zumal der älteren Schule angehöriger Fachmänner bezieht,
die in der Barocke mit ihrem üppigen Formenreichtum, ihrer
Buntheit und Ideenwelt nicht viel anderes sehen wollten
als theatralische Effekte oder als ein Virtuosentum, das die
Basis gesunder und klarer Kunstauffassung verlassen habe.
Wir behaupten, ohne heute mehr die Widerrede eines Groß-
teiles der Kunstkritik fürchten zu müssen, daß die Barock-
epoche zu den großen, ja größten Ereignissen der Kultur-
geschichte im weitesten Sinne gehört, und daß ihre Schöpfungen — selbstverständlich die der Meister und nicht die der

schwächeren Schüler oder noch schwächeren Nachahmer —
zu den Glanzleistungen der Kunstgeschichte gehören. Diese
wahrhaft großen Meister bemühten sich, und meistens mit
bestem Erfolge, die ungeheure Tiefe christlich eingestellter
Mystik in ihrer Phantasie mit der Größe antiker Vorstel=
lungsreihen zu vereinigen, die erstere durch letztere auszu=
deuten und das Unaussprechliche und Unbegreifliche durch
das Medium ihrer fabelhaften Gestaltungskraft zur plastisch
wirksamen Erscheinung zu bringen. Das wurde ihnen frei=
lich mitunter übel ausgelegt. Aber wie Mozart und Haydn
und Beethoven in anderen Tönen zu Gott ihre Seele er=
heben, als es der mittelalterliche Mönch mit seinem grego=
rianischen Choral getan hat und doch niemand zu behaupten
wagen darf, es sei nur die eine oder die andere Gebetsweise
der wahrhafte und echte Ausdruck des inneren religiösen Er=
lebnisses, so wäre es auch vollkommen unrichtig und unge=
recht, wollten wir dem Architekten, Bildhauer oder Maler
es verdenken, wenn er dem Fluge seiner Phantasie keinen
anderen Hemmschuh anlegt, als den ihm sein künstlerisches
Gewissen vorschreibt.

In dem epochalen und für die Kenntnis des Barocks maß=
gebenden Werke des gelehrten Benediktiners Martin Riesen=
huber lernen wir eine bedeutungsvolle Tatsache kennen: In
Österreich und Süddeutschland sind mit denselben künstle=
rischen Anschauungen sowohl Auftraggeber als Ausführende
am Werke, aber auch in vielen Fällen sogar dieselben Mei=
ster. Das ergibt ein erfreuliches Bild und einen unleugbaren
Beweis für die nationale Gemeinsamkeit. Sie reicht vom
Ursprung der Donau längs der Nibelungenstraße bis zu
den Ausgangstoren deutschen Landes. Innerhalb dieses Ge=

bietes sehen wir gegenseitige Anregung und Befruchtung, ein großzügiges Arbeiten, das nicht nur bei monumentalen Schöpfungen stehenbleibt, sondern sich bis zu dem kleinsten herabneigt und es zu verklären sucht. Städte und Dörfer, Dome und Kapellen, Paläste und Bürgerhäuser nehmen teil an diesem Kunstfrühling, der hunderterlei Keime weckt und eine ungeahnte Blütenfülle über das Land ausgießt.

Zwei Momente sind jedoch zu unterscheiden: das eine ist die Vertretung der neuen Kunstrichtung durch Männer und ganze Künstlerfamilien, die vom Süden her kamen oder doch von dort ihre Stilrichtung mitbrachten; das andere Moment ist die Fortsetzung der gotischen Tradition in einer Weise, daß sie an den Schöpfungen des neuen Stils noch wohl erkannt werden können. Dies letztere ist zumal bei der Bildhauerkunst und der Malerei zu beobachten. Passau steht unter starker Einwirkung jener Meister, die in Österreich sich vornehmlich betätigt haben. Ein Carlo Lurago, die Carlone, ein d'Allio, ein Tenkala, ein Bussi, ein Rottmayer sind die schaffenden Meister beim herrlichen Dom. Wir haben bei der Besprechung Passaus dies bereits gewürdigt. Es sind die Schöpfungen des frühen Barocks, mit denen uns die Carlone beschenken: das Stift St. Florian mit seiner unvergleichlich prächtigen Kirche, die imstande war, einen Meister wie Bruckner zu seinen himmelragenden Messen zu entflammen, die Stiftskirchen von Waldhausen und Baumgartenberg, die auf ihre Schule zurückgehen, die Stiftskirche von Göttweig, die anfangs mit der Gotik im Bunde, später sich zu Carlone bekennt, wie es auch die Klosterneuburger Stiftskirche im Innenraum zu schauen bietet, Kremsmünster, Maria-Taferl, wo Lurago tätig war; Seitenstetten,

Krems sind weitere Marksteine auf dem Wege der Barocke.
Unerreicht in ihrer Großartigkeit und in ihrem Prunke, der
sich Größtes und Höchstes zum Ziele setzt, sind die gewal=
tigen Stiftsbauten von Melk des Jakob Prandauer, von
Göttweig des Lukas von Hildebrand, dem auch das Schloß
in Eckartsau zugehört, von Klosterneuburg des Donato
d'Allio, Dürnstein des A. Beduzzi, Herzogenburg des Jakob
Prandauer, von St. Andrä a. d. Traisen, ferner von den vor=
geschritteneren, dem Rokoko angehörigen Stiftskirchen von
Wilhering und Engelszell.

Die Zauberwerke einer unvergleichlichen, durch die Ideen=
welt des Barocks geweckten Stukkaturkunst werden erschlos=
sen durch Bartolomeo und Diego Carlone, durch ihren Ge=
hilfen Pietro Carmuzzi, durch Colomba (Waldhausen),
durch Barbarino (Kremsmünster), durch Piazol (St. Flori=
an) und durch ihre deutschen, ihrer würdigen Schüler und
Nachfolger, wie Holzinger (St. Florian, Gastzimmer), Vier=
taler, Modler und manche andere.

Auch die Bildhauerei und die Malerei stellt einen an Wer=
ken der Meisterschaft vielgestaltigen Reigen, an dem unver=
geßliche Namen haften! Der Stern erster Größe unter allen
ist Raffael Donner, der — außer Wien — in Aschach, Linz,
Melk, Göttweig und Klosterneuburg vertreten ist[1].

Während in der Frühzeit des Barocks das Stuckornament

---

[1] Neben ihm Leopold Sattler (Linz, St. Florian), Johann Schmid,
der Vater des Kremser Schmidt (Göttweig und Dürnstein), Lorenzo
Matielli (Melk und Klosterneuburg), Peter Widrin (Melk und Maria=
Taferl), von dem die Barockkanzel stammt, und J. Götz (Hochaltar und
Innenausstattung von Maria=Taferl), dort auch J. G. Dorfmeister
(mit Altarplastik), J. Reßler (St. Florian), A. Franz (Chorgestühle
St. Florian).

die Fläche so stark beherrscht, daß das Fresko sich auf klei=
nere Flächen beschränken muß, gewinnt es im Hochbarock
an Ausdehnungsmöglichkeit über weite Wandflächen. Dabei
gefällt man sich in einer die Wirklichkeit vortäuschenden
Architekturmalerei, die im Sinne des römischen Perspektiv=
künstlers Andrea Pozzo die Decken des Kircheninnern oder
der Prunksäle förmlich aufzureißen scheint, um den Blick in
Himmelsfernen freizugeben. Die Meister der Freskomalerei,
die an der Donaustraße mit farbenfrohem Pinsel Werke ins
Leben gerufen haben, die heute das Ziel der Kunstwanderun=
gen sind, brauchen wir nur flüchtig zu erwähnen, um uns
an ihre allbekannten Schöpfungen zu erinnern. Neben den
Frühbarockkünstlern Bock und Spielberger, Halbax und
Gump treten in die vorderste Reihe die beiden Altomonte
(Vater und Sohn), die in Wilhering, Linz, St. Florian und
Herzogenburg (Deckfresko im Festsaal von Bartol. Alto=
monte) Vorzügliches gegeben haben, Tenkala und Bussi
haben wir bereits in Passau kennengelernt. Daniel Gran ist
in Stein, Herzogenburg, Klosterneuburg und Eckartsau
tätig, der Kremser Schmidt (Johann Martin Schmidt),
dessen Hauptdomäne Altarblätter waren, hat auch im Fresko
Großes geleistet (Kremser Pfarrkirche). Johann Rottmayer
ist unvergänglich in den Fresken von Melk und Klosterneu=
burg. Antonio Beduzzi arbeitet in Maria=Taferl und Melk
neben Architektur auch Wandmalerei, Johann Rudolf Byß
und J. B. Byß sind in Göttweig, Gaetano Fanti in Melk
und Klosterneuburg, der vielseitige und unermüdliche Paul
Troger in Göttweig (Stiegenhaus) und Melk (Bibliothek),
der phantasievolle Johann Bergl in Säusenstein (Pfarr=
kirche) und Melk (Gartenhaus), in Donaudorf und Pielach

und St. Veit (bischöfliches Schloß) tätig. An die genannten
schließen sich noch als Freskomaler an: Josef von Mölk
(Maria Langegg und Arnsdorf), Anton Mayer (Wösendorf),
mit Leopold Mitterhofer ein begabter Schmidt-Schüler; Johann Martin Schmidt, der den Ehrennamen eines österreichischen Rembrandt sich verdient hat, ist mit zahllosen
Bildern, hauptsächlich in Niederösterreich, aber auch sonst
in Kirchen und Galerien vertreten. Seine Altarblätter, wie
sie z. B. zu Melk, zu Göttweig und zu Dürnstein sich vorfinden, gehören heute zu den meistgeschätzten der Barocke.
Manche der unter seinem Namen verbreiteten Arbeiten sind
von seinen Schülern oder guten Nachahmern. Altomonte,
Rottmayer, Paul Troger sind auch im Gemälde vielfach
führend geblieben, und die meisten Stifte rühmen sich des
Besitzes ihrer Arbeiten. In Peter von Strudel und Belucci
besitzt die Barocke noch zwei tüchtige Künstler, die z. B. in
der Klosterneuburger Stiftskirche mit guten Werken vertreten sind.

Besitzen wir an den Kirchen von Göttweig (Front),
Dürnstein (Turm von Matthias Steinl), Klosterneuburg
(Chor von Donato d'Allio) wertvolle Beispiele des Hoch-
barocks, ja in Göttweig bereits des klassizistischen Barocks,
in der Stiftskirche von Wilhering das Rokoko der Wesso-
brunner-Schule, so meldet sich der Empirestil schon frühzeitig in einigen Objekten, die zum Teil noch in jene Epoche
der unumstrittenen Hochbarocke hineinfallen. Zu solchen gehören die alte Post in Melk vom Jahre 1790, die auf ihrem
Mittelrisalit Reliefs aufweist, welche mit dem postalischen
Leben im Zusammenhang stehen; ferner das der zweiten
Hälfte des 18. Jahrhunderts angehörige Steiner Rathaus,

ehedem vom Kremser Schmidt mit Freskenschmuck versehen, der aber leider schweren Schaden genommen hat. Spät= barock ist auch das in der Nähe von Melk befindliche Schloß Luberegg. Ein anderes Profangebäude mit Schloßcharakter an der Donaustraße ist das in der Nähe von Kirchberg am Wagram donauseitig gelegene Grafenegg, das den Ein= tritt dieser Gegend in eine neue Stilepoche — schon des 19. Jahrhunderts — kennzeichnet. Es ist in neugotischer Art vom Dombaumeister Ernst angelegt und beweist, wie schnell man den Klassizismus zu überwinden wußte.

Wir sind mit der Anführung dieser Schöpfungen, denen sich noch manche andere als Zeugen eines neuen Geschmacks anreihen lassen, z. B. das Linzer Museum (von B. Schmitz), der Linzer Maria=Empfängnis=Dom (von V. Statz) und selbstverständlich die vielen auf Architekten wie G. Müller, Hansen, Rösner, Ferstel, Schäfer, Dombaumeister Schmidt, van der Nüll, Siccardsburg, Hasenauer, König, Förster, Schachner und Wagner zurückgehenden Wiener Neubauten in die neuesten Kunstepochen gelangt. Der Weltkrieg mit seinen katastrophalen Folgen hat der Kunstbetätigung auch auf dem Gebiete des Donauweges Einhalt geboten. Wo vielleicht schöne Ansätze vorhanden waren, hat sie die Not der Zeit roh zerstört oder mindestens ihre Weiterentwicklung aufgehalten. Als ein erfreuliches Zeichen in dem traurigen Zeitbilde müssen die Anregungen betrachtet werden, wie sie von seiten des österreichischen Bundesdenkmalamtes im Hin= blick auf Restaurierungen, Erhaltung des Überkommenen und Wahrung des künstlerischen Bildes gegeben werden.

Es muß auch anerkannt werden, daß manchenorts diese Weisungen auf günstigen Boden fallen und gute Früchte

zeitigen, so z. B. sucht man neuestens im Landhausbau der
Eigenart des Landschaftlichen Rechnung zu tragen, wie die
Architekten Leixner, Kraus, Seidel, Jaksch u. a. beweisen.
Bedauerlich dagegen ist die mitunter wahllose und kitschige
Form der zahlreichen Kriegerdenkmäler, die vielfach Ge=
schmacklosigkeit und Dürftigkeit zur Schau tragen. Hier
könnte man das Wort anwenden: Weniger wäre mehr!

Eine Angelegenheit für sich ist das Problem der Bahn=
straße ab Krems bis Mauthausen. Die Meinungen darüber,
ob das landschaftliche Bild nicht doch sehr stark, wenigstens
stellenweise, durch die Anlage dieser Bahnstrecke gelitten hat,
sind geteilt. Der Nützlichkeitsstandpunkt scheint freilich ein
ausschlaggebendes Wort im Interesse des gesteigerten Frem=
denverkehrs zu haben, aber es läßt sich nicht leugnen, daß
die Idylle und Poesie einstmals jungfräulicher Donauschön=
heiten nicht unberührt und unversehrt geblieben ist.

Burgen und Schlösser an der Nibelungenstraße

Krämpelstein

Die Stammgeschichte des Schlößchens ist in Dunkel gehüllt. Jedenfalls war es schon im 14. Jahrhundert im Besitze des Passauer Hochstiftes. Eine Sage berichtet, es sei ein Passauer Weihbischof längere Zeit daselbst in Haft gewesen und im Gefängnis daselbst gestorben. Es dürfte dies wahrscheinlich, wie Pillwein mutmaßt, der Domdechant Ruppert von Moßheim gewesen sein.

1549 erhält Bayern die Landeshoheit, Passau die Hofmarksgerechtigkeit über Krämpelstein, das seit dem Jahre 1690 auch unter die völlige Gerichtsbarkeit des Hochstiftes Passau kommt.

Allbekannt ist die Sage von dem armen Schneider, der von diesem Schlößchen herab mit seiner Ziege in die Donau stürzte, weswegen es auch bei den Schiffern das Schneiderschlößchen genannt wurde!

Viechtenstein

Diese herrlich am rechten Donauufer gelegene Burg hat eine interessante Geschichte. Als erster Besitzer ist Gebhart von Vormbach bekannt (1072). Noch im selben Jahrhundert erscheint Bernhard von Aschach als Vasall der Gra=

fen von Viechtenstein. Der zweite Besitzer, namens Dietrich, befand sich im Jahre 1135 mit dem Bischof Reginmar von Passau und mit den Söhnen des Markgrafen Leopold des Heiligen im Schlosse Greifenstein. Er erscheint auch bei der Einweihung der Klosterneuburger Stiftskirche mit sehr vielen Edlen des Landes als Graf von Greifenstein (1136).

Die Geschichte des Grafen Konrad von Wasserburg als Besitzer der Herrschaft Viechtenstein, der 1218 in das Heilige Land gepilgert war und nach seiner Rückkehr wegen eines früheren Vermächtnisses seiner Burg Viechtenstein mit den Passauer Bischöfen in heftige und langwierige Fehden geriet, liest sich wie ein Roman.

Konrad scheint übrigens öfter die Rolle eines Donaupiraten gespielt zu haben; denn er ward vom Bischof Gebhart und Herzog Leopold von Österreich gezwungen, Viechtenstein um tausend Mark Silber zu verpfänden, damit künftig von diesem Schlosse aus kein Reisender zu Lande und auf der Donau beschädigt werde.

1787 verkaufte das Hochstift Passau einen großen. Teil des Schlosses an einen Privaten. Viechtenstein, das auch die Vogtei über Engelszell ausübte (zur Zeit der Prälaturvakanz), kam schließlich durch den Reichs = Deputations = Hauptschluß zu Österreich.

Haus

Die Ursprünge des Schlosses Haus sind nicht mehr aufzuklären. Im 15. Jahrhundert werden die Sinzendorfer als Besitzer genannt. Nach verschiedenen Herren kam

Christus im Grabe (Klosterneuburg) 27

28   Meiſter des 15. Jahrhunderts: Kreuzigung Chriſti

es an die Grafen Cavriani, deren Herrschaft über ein gewaltiges Gebiet an der Donau bei Marbach bis zur Linzer Brücke, von Kefermarkt bis Zwettl reichte. Im Jahre 1708 ließ der damalige Besitzer Graf Borromäus von Starhemberg das alte Schloß niederreißen und an dessen Stelle ein unförmliches hohes Bauwerk ohne Kunstwert errichten.

Luftenberg

Der Luftenberg, in prähistorischer Zeit schon Träger einer die Bergkuppe schützenden Umwallung, durch seinen steilen Abfall zur Donauebene wohl gesichert, kommt im 12. Jahrhundert urkundlich vor als Luffinberc. 1282 wird die Feste Luftenberg vom Grafen Albrecht von Habsburg zur Hälfte dem Kunrad Rech verliehen, die andere Hälfte erhielt er 1285. Nach Wechsel der Besitzer kommt sie im 15. Jahrhundert an die Herren von Schallenberg; damals erfuhren die auf der Donau fahrenden Schiffe mancherlei Unbill von den Besitzern der Feste. Sie mußten Abgaben an Wein liefern, wie es auch beispielsweise von den Wallseern erzwungen wurde. Die Donaustädte erhoben deshalb mancherlei Beschwerde. Seit Ende des 17. Jahrhunderts ist Luftenberg im Besitze der Weißenwolf bis heute.

Rannariedl

Die Inhaber der Feste Falkenstein an der Ranna hatten auch auf einem zwischen der Donau und der Rannamündung liegenden Bergriegel eine Burg, die Rannarigl

hieß, später Ränäridl (Rannaridl) genannt. Ende des
13. Jahrhunderts gibt die Burg ihrem Besitzer, Pilgrim,
bereits auch den Beinamen. Dieser Pilgrim war ein berüch=
tigter Raubritter und übte sein Geschäft auf Donau= und
Landweg mit solcher Meisterschaft, daß die Landesfürsten
von Bayern, Passau und Österreich eine gemeinsame Ver=
einbarung zur Wiedergutmachung der schweren Schäden
und zur Sicherheit der Reisenden trafen. Später besoldeten
die Falkensteiner auf ihrer Burg Rannariedl eigene Burg=
grafen. Im 14. Jahrhundert erwarb der Passauer Bischof
die Burg, mußte sie aber bald mit der Feste Viechtenstein,
Haichenbach, Wesen, Neufelden und Riedegg an die Schaun=
burger verpfänden. Doch stellte ihm Herzog Albrecht nach
Besiegung der Schaunburger die Burgen wieder zurück
gegen die Verpflichtung der Dienstbarkeit derselben gegen=
über den österreichischen Herzögen.

Beim Hussiteneinfall besetzte Reinprecht von Polham als
Hauptmann ob der Enns die Burg, die ihm auf Lebenszeit
übergeben wurde, jedoch alsbald wieder an das Hochstift
zurückkam. Gegen die Annektionsversuche des Herzogs Georg
von Niederbayern verteidigte sich zwar die Burg mit Hilfe
der Falkensteiner, sie kam jedoch durch neuerliche Verpfän=
dung an den Herzog, der Rannariedl an die Prueschenks
weitergab. Diese wieder verkauften sie 1497 um 24 000 Gul=
den an Kaiser Maximilian, der die Burg wieder an den frü=
heren Besitzer, Herzog Georg, um den Preis von 32 000
Gulden verkaufte, im Jahre 1506 aber wieder zurückerhielt.
Sie wechselt nun unaufhörlich den Besitzer. Erst die Gra=
fen von Salburg und nach ihnen die Grafen von Klam,
schließlich Bischof Firmian von Passau behielten sie längere

Zeit. Mit der Säkularisation Passaus kam Rannariedl mit
Neuhaus, Marsbach, Tannberg und Partenstein an das
Hofkammeramt (Friede von Luneville 1802). Seit 1824 ist
sie in privatem Besitz, seit 1912 in dem Mathildens von
Urban.

Falkenstein

Am linken Ufer der Ranna auf einem über dem Fluß steil
aufsteigenden Fels erhebt sich die Burg Falkenstein, ge-
sichert und geschützt durch die Natur und durch mächtige
Türme und Mauern. Ihre Erbauer sind wahrscheinlich die
Falkensteiner, deren einer, Chalkoch, das Stift Schlägl ge-
gründet hat. Doch ist die älteste Geschichte der Burg in
Dunkelheit gehüllt. Im 13. Jahrhundert spielt ein Zawis
von Falkenstein als Beauftragter des Königs Ottokar eine
Rolle in dem Streit zwischen letzterem und dem Passauer
Bischof. Nicht geklärt ist, wie dieser Zawis, der doch ein
Rosenberger war, in den Besitz Falkensteins gekommen ist.
Doch schon unter Herzog Albrecht bemächtigten sich die
Bayern der Burg und wurden darin vom Herzog belagert,
bis Hunger und Durst die Feste bezwangen. Mit der Erobe-
rung Falkensteins erwarb Albrecht die Landesherrlichkeit jenseits des wichtigen Grenzflusses, der kleinen Mühl. Als
Lehensträger finden wir die Falkensteiner nachmals auf der
Burg, Eigentümer blieben die österreichischen Herzöge. Später gelangte sie an die Wallseer, durch Überrumpelung nahm
der Rosenberger Ritter Leutwin Usel Besitz davon, dann
der Graf von Hals. Nach verschiedenen Verpfändungen kam

sie an die Salburger als Eigenbesitz (1605), die sie heute noch innehaben.

Wie herrlich das Schloß einst gewesen, läßt sich aus seinen Trümmern noch ermessen, die in einer entzückenden Landschaft eingebettet sind. An dem zur Ranna herabstreichenden Hang steht ein massiver Rundturm, der Schießscharten, Auslug und Pechnasen aufweist, dessen Zinnen aber als Geröll zu Füßen des Turmes herumliegen. Es war einst der Wasserturm der Burg und zugleich eine Art Leuchtturm, in fast undurchdringlichem Walddickicht die Orientierung zu ermöglichen. Weiter der Ranna zu, in tiefstem Waldesschatten, ragen die Burgruinen auf: Verwittertes Gemäuer, gotische Prachtportale, vergitterte Fenster und Türme. In dem einst tiefen Burggraben stehen Wassertümpel; wo die Ketten der Zugbrücke spielten, dort klaffen große Mauerlöcher. Der Gründungssage gedenkt J. Hartberg (Linzer Tagespost 1911, Unterhaltungsbeilage Nr. 2): Weiter rannaaufwärts soll ein Schloß Peilstein gestanden sein, auf dem ein Graf gleichen Namens lebte. Eines Tages geschah es, daß der Lieblingsfalke des Grafen aus seinem Käfig entfloh. Der Edelknabe, dessen Obhut der Falke anvertraut war, wurde von dem erzürnten Grafen zum Tode verurteilt, und das Urteil sollte am nächsten Tage schon vollzogen werden, wenn es bis dahin nicht gelänge, den Falken aufzufinden und einzufangen. Alle Knappen suchten nach dem Flüchtling. Schon brach der Abend herein und man gab allgemein die Hoffnung auf, den Knaben zu retten, da sah plötzlich der Edelknabe Ralph, ein Freund und Altersgenosse des Verurteilten, das vermißte Tier auf einem Felsen sitzen. Es gelang ihm auch wirklich, den Vogel einzufangen, und unter stürmischem Jubel brachte er ihn in die Burg zurück. Der Graf ließ sich am nächsten Tag an den Ort führen, wo Ralph den Falken gefunden hatte, und da ihm die Gegend außerordentlich gefiel, ließ er auf dem Felsen eine Burg er= bauen, nannte sie Falkenstein und nahm in sein Wappen einen Falken auf. — Valentin Prevenhuber nennt die Burg in dem Katalog der „Lands=Haubtleuth" des Erzherzog= tums Österreich ob der Enns: „Castrum fortissimum et quasi inexpugnabile."

Ende des vorigen Jahrhunderts wurden auch die letzten noch benützbar gebliebenen Burgteile unbewohnbar. Die In= sassen, denen die Salburger dort ein Obdach eingeräumt hatten, mußten ständig Steinschlag und Mauereinsturz be= fürchten. Und so verließen sie denn als die letzten „Burg= leute" das einst so herrliche und wehrhafte Schloß, von dem nun eine unkündbare Mietspartei für immer Besitz ergriffen hat: die Romantik!

Marsbach

Wenn wir von fehdelustigen Raubrittern lesen, die mit ihren Nachbarn in Hader und Zwietracht leb= ten und nach fremdem Gute skrupellos ihre Hand ausstreck= ten, dann dürfen wir getrost an das Geschlecht der Mars= bacher denken, die im 13. Jahrhundert als passauerische Mi= nisteriale genannt werden. Diese ihre Stellung hinderte sie nicht, auch gegen das Hochstift Passau ihren fehdelustigen Sinn zu betätigen, und das bis zu einem solchen Ausmaß, daß die hierdurch dem Hochstifte zugefügten Unbillen König

Heinrich VI. bestimmten, die Marsbacher in Acht zu erklären. Dies veranlaßte auch den kriegerischen Bischof Rüdiger, die Auslieferung der Burg Marsbach behufs Wiedergutmachung der angerichteten Schäden zu erzwingen.

Im Jahre 1269 verkaufte dann der Marsbacher die Burg an den Passauer Bischof, um sie seinem eigenen Sohne zu entziehen, mit dem er in Streit lag. Der Sohn aber bemächtigte sich der Burg und übte dann zugleich mit dem Ritter Pilgrim von Falkenstein und Konrad von Tannberg wüste Räubereien auf der Donau und den Straßen zwischen Eferding und Passau aus. Gegen dieses Stegreifrittertum suchten die Landesfürsten die Reisenden zu schützen, während der Passauer Bischof Wernhard von Schaunburg, dem er die Marsbachburg übergab, mit der Obsorge um den Straßenfrieden betraute. Gegen diese Belehnung konnte auch die Maßnahme König Rudolfs nichts ausrichten, der das Schloß als an das Reich gefallenes Lehen dem Herzog Albrecht übergab. Marsbach blieb trotz bewegter Kämpfe um das Besitzrecht und nach wechselvollen Schicksalen im Passauer Besitz. In dieser Zeit (um die Wende des 15. Jahrhunderts) begegnet uns in Othmar Oberheimer, dem die Pfandschaft von Marsbach eignete, wieder ein gefährlicher Raubritter, der trotz des maximilianischen Landfriedens sein Plünderungsgeschäft fortsetzte, bis der Bayernherzog Ernst die Burg im Jahre 1520 eroberte und Passauer Bürger den Raubritter gefesselt in ihre Stadt brachten. In der Folgezeit wurde das alte Schloß umgebaut, jedoch der Turm blieb bestehen. Mit der Bistumssäkularisation wurde es österreichisches Kammergut (1805) und gelangte bald darauf zur Versteigerung und hierdurch in Privatbesitz.

Neuhaus

Wernhard von Schaunburg hatte sich an der Mündung der Mühl in die Donau, mit Bewilligung des Passauer Bischofs Weikhard als Lehensherrn, eine Feste erbaut, die den Namen Neuhaus erhielt. Die Verpflichtung, die in dem Streite Friedrichs des Schönen mit Ludwig dem Bayer Heinrich von Schaunburg mit den österreichischen Herzögen einging, stellte nebst den übrigen Burgen auch Neuhaus in den Dienst Österreichs (1319). Zwanzig Jahre später stellten sich die Schaunburger auf die bayrische Seite, zu welcher auch während der späteren Fehden mit Herzog Albrecht die feste Burg hielt, die den Verkehr auf der oberen Donau beherrschte und nur den Regensburgern und Kölnern gegen Maut freie Durchfuhr erlaubte. Im Jahre 1386 begann neuerlich der Kampf gegen Neuhaus, und die Passauer Bürger hielten sie kurze Zeit besetzt, bis König Wenzel 1388 ihre Rückgabe an Graf Heinrich von Schaunburg anbefahl. 1506 erwirbt Kaiser Maximilian Neuhaus samt der Burg Rannariedl, später kam sie an Hieronymus von Sprinzenstein. Ein furchtbarer Brand beschädigt sie 1583, doch wird sie wiederhergestellt, und auch die Belagerung durch die Bauern übersteht sie und ist heute teils Ritterburg, teils Wohnhaus, seit 1868 im Besitze der Familie von Plank.

Partenstein

Einstmals gehörte die Burg, von der nur kümmerliche Reste in der Nähe der Mündung der großen Mühl in die Donau erhalten sind, den Bischöfen von Passau, spä-

ter der Familie Harrach, um nach der Vertreibung des Oth=
mar Oberheimer mit den Passauer Herrschaften Tannberg
und Neufelden durch den bischöflichen Pfleger von Mars=
bach verwaltet zu werden. Bereits im 17. Jahrhundert Ruine
geworden, bot sie gastlichen Unterschlupf den Holzflößern
auf der Mühl, heute knüpft sich das große Wasserkraftwerk
Partenstein an ihren Namen.

Stauf

Diese Burg, im Tale der Aschach gelegen, bestand bereits
im 12. Jahrhundert als Lehen der Passauer Bischöfe,
auf dem schaunburgische Burggrafen saßen. Seit Unter=
werfung der Schaunburger unter Herzog Albrecht gelangt
Stauf an die österreichischen Herzöge und über diese wieder
an die Schaunburger durch Belehnung, bis es nach dem Aus=
sterben der letzteren an die Liechtensteiner und 1668 — frei=
lich bereits zur Ruine geworden — an den Grafen Harrach
gelangte, der bis heute Inhaber derselben ist.

Schaunburg

Die mächtigste, stolzeste und wehrhafteste Burg des Lan=
des Oberösterreich war die auf einem Bergvorsprung
gelegene, das Eferdinger Flachland bis zur Donau beherr=
schende Schaunburg. Obzwar längst zerfallen und verödet,
bieten die traurigen Reste dieser einstmals herrlichen Feste

doch noch einen vorzüglichen Einblick in ihre ausgedehnte
Anlage. Eine Befestigung, in der ehemals eine Schloßtaverne
untergebracht war, und die nur mittels einer Zugbrücke be=
treten werden konnte, schützte den Zugang über eine zweite
Brücke zu dem Zwinger, der einen geräumigen Burghof
umschloß. Drei Türme standen über den gewaltigen Mauern
dieser Vorburg Wache. Einer derselben ist heute noch teil=
weise erhalten, wenn auch schwer beschädigt. Die Hauptburg
mit einem fünfeckigen, leider ebenfalls dem Untergange ge=
weihten Bergfried und mit dem Pallas ist von der Vor=
burg durch einen natürlichen Grabeneinschnitt geschieden.
Wohlbefestigte Mauerwerke sperrten den östlichen Ausgang
desselben. Zahlreiche Wohnräume und Gelasse, die Burg=
kapelle mit schönem gotischen Eingangsportal, reizende,
leider in Einsturzgefahr befindliche Fensterfüllungen u. ä.
kann man heute noch sehen. Leider ist nicht unbegründet,
daß eine Warnungstafel das Betreten der Burg nur auf
eigene Gefahr gestattet. — Menschlicher Wahnsinn hat hier
Kostbarstes zerstört, und menschliche Trägheit hat es unter=
lassen, die romantischen Überbleibsel einer einzigartigen Burg=
anlage vor dem Untergange zu schützen. Nicht lange mehr,
und selbst diese spärlichen Zeugen einer schwer vorstellbaren
Pracht und Kühnheit und einer Meisterschaft der Burg=
architektur sind für immer dahin.

Willst du, lieber Wanderer, die Schaunburg in der Stim=
mung sehen, die ihr einzig zukommt und zu ihr passend er=
scheint, dann wähle dir einen der letzten Tage deines Reise=
urlaubs, wenn die sorgenlose Genießerzeit ferienfroher Va=
kanzen zu Ende geht und ein leiser Schatten der kommenden
bürdenreichen Tage auf deine Sommerfreude fällt. Wähle

einen solchen Tag, wo auch der beginnende Herbst mit dieser
Gemütsstimmung in Einklang steht: wenn goldiges Licht
auf rötlich verfärbten Blättern spielt, die des baldigen Tages harren, da sie ein rauher Herbststurm zur Erde wirft.
Wähle einen Tag, an dem die Sonnenstrahlen das müde
gewordene Antlitz der Erde mit einem letzten Kusse kosend
bedecken, und es dir scheinen mag, als wüßte selbst sie darum,
daß die Tage der Lebensfreude für sie vorüber sind. Und
doppelt tief wird der Eindruck sein, den der Anblick der
Schaunburg in deiner Seele hinterläßt, wenn du eben daran
bist, glücklichere Tage einer friedsamen inneren Ausgeglichen-
heit mit den öden Stunden deiner handwerksmäßigen Be-
rufspflichten zu vertauschen.

Das uralte Geschlecht der Schaunburger, die sich nachweisbar schon im Jahre 1161 nach der Burg benannten,
waren mit den Julbachern und den Formbachern, vielleicht
auch mit den früh verschwundenen Aschachern in Verbindung gestanden und frühzeitig durch Reichslehen und umfangreichen Güterbesitz zu großer Macht gelangt, so daß sie
sich wie Landesfürsten gebärdeten, eigenen Hof führten,
Bündnisse schlossen, ja sich als reichsunmittelbar betrach-
teten. Dies mußte zu Streitigkeiten mit den österreichischen
Herzögen führen, zumal sich letztere auf das gefälschte Privilegium majus (1356) stützten und ihre Landesherrlichkeit
über den ganzen, also auch den Passauer Besitz der Schaunburger ausdehnen wollten. Die Burg konnte zwar nicht
genommen werden, aber ein schiedsgerichtlicher Spruch
zwang die Schaunburger, sich als Lehensträger der österreichischen Herzöge zu bekennen. Im Beginn des 15. Jahrhunderts residierten Starhemberger als Vormünder des da-

mals minderjährigen Schaunburger Erben Grafen Johann
auf der Burg, der zwar nach Erreichung der Mündigkeit für
ſeinen kinderloſen Ablebensfall den Grafen Hermann von
Cilli als Beſitzer teſtamentariſch beſtimmte, jedoch in der
Folgezeit ſieben Söhne zeugte, die ſich nach dem Tode des
Vaters zu ungeteiltem Beſitz verpflichteten. 1559 ſtarb der
Mannesſtamm der Schaunburger mit Graf Wolfgang
aus, der die Starhembergs als Kinder ſeiner Schweſter
Anna zu Erben eingeſetzt hatte. Nach vielfachen Verhand=
lungen, bei welchen Ferdinand I. und Max II. Anſprüche er=
hoben, verblieb die Burg im Beſitz der Starhemberger, die
ſie aber gänzlich in Verfall geraten ließen. Eine hiſtoriſche
Reminiszenz liegt in der Erwähnung der Gefangenſchaft
des von den Kurfürſten abgeſetzten Königs Wenzel auf der
Schaunburg 1402.

Oberwallſee

Dieſe Burg, die ihren Namen von den Herren von
Wallſee (Stammburg Waldſee bei Friedrichshafen)
führt, war einſtmals eine mächtige, wohlbewehrte Feſte, deren
Mauern bis 4 Meter Breite maßen, unter denen ſelbſt wieder
große unterirdiſche Gewölbe ſich befanden. Die heutige Ruine
(in der Nähe von Müllaken gelegen) war einſtmals das
Stammſchloß jener vier Zweige der mit Kaiſer Rudolf nach
Öſterreich gekommenen Wallſeer, die hier mächtig aufblühten
und große Reichtümer erwarben. Mit dem Jahre 1483 er=
liſcht das kraftvolle Geſchlecht. Bedeutungsvoll war ihre
weitgreifende politiſche Tätigkeit. Die Tochter des letzten

Wallseers, Barbara, erbte sämtliche Wallseer Güter und vermählte sich mit dem Grafen Siegmund von Schaunburg. Nach dem Tode des letzten Schaunburgers erklärte Kaiser Ferdinand Oberwallsee als kaiserlichen Besitz. Durch Übergang des Erblandmarschallamtes an Thomas Gundacker von Starhemberg (1717) kam auch Oberwallsee in dessen Besitz.

Schloß Aschach

Dasselbe war ehemals ein Bestandteil der Herrschaft Stauf, die selbst wieder als ursprüngliches Kirchengut der Passauer bischöflichen Mensa und durch die Formbacher Grafen an die Schaunburger gekommen war, die auch das Mautrecht in Aschach als Reichslehen ausübten. Schon im Jahre 1190 begegnet uns in einer Reichersberger Notiz dieses Mautrecht daselbst, wo man auch bayrischen und österreichischen Stiften gewisse Begünstigungen für die Durchfahrt erteilte, so beispielsweise dem Kloster St. Nikola bei Passau — bekannt durch jenes prachtvolle Bibelwerk, das Markgraf Leopold III., der Heilige, dort angekauft und seiner Lieblingsstiftung Klosterneuburg gewidmet hatte — dem Stift Ranshofen, Raitenhaslach, Heiligenkreuz u. a. Als in dem Kampfe zwischen Graf Heinrich von Schaunburg und Herzog Albrecht III. letzterer Aschach erobert hatte, verlegte der Schaunburger die Maut nach der Feste Neuhaus, stromaufwärts von Aschach gelegen, behielt sie doch auch dort noch trotz gegenteiliger Bestimmungen des Friedensschlusses, ja suchte sie überdies durch Befestigungen am rech-

ten Ufer gegenüber noch zu sichern, freilich vergebens. Als
österreichisches Lehen verblieben dann Aschach und Stauf
zusammen den Schaunburgern bis zu ihrem Aussterben
(1559), Aschach gelangte dann an Wolf von Liechtenstein,
von den Liechtensteinern an die Jörger, auf die der Ausbau
des heutigen Schlosses zurückgeht (1606), seit 1668 an die
Grafen von Harrach, deren einer, Erzbischof von Salz=
burg, eine bauliche Erweiterung vornahm.

Bergheim

In der Nähe von Aschach liegt das Schloß Bergheim
mitten in einem schönen Park. Der mittlere Trakt ent=
stammt dem alten Burgbau. In Urkunden aus dem 13. und
14. Jahrhundert erscheinen Wok von Rosenberg und andere
als Inhaber von Bergheim; schließlich seit 1812 die Star=
hemberg, Perera, Arnstein und Hirsch=Gereuth. Seit 1913
ist es dem Lande Österreich zu einer landwirtschaftlichen
Schule überlassen.

Ottensheim

Mit Kaiser Otto hat der Name, wie nachgewiesen
wurde, nichts zu tun, vielleicht geht er auf den
Namen eines Ottini zurück. Doch ist der Stifter des Klosters
Wilhering, Udalrich von Wilhering, als ältester Besitzer
von Ottensheim sichergestellt. Aus der Geschichte der Burg

ist bemerkenswert der erfolgreiche Kampf, den die Ottens=
heimer Burggrafen gegen die um 1350 eingedrungenen böh=
mischen Adelsgeschlechter (Rosenberger, Sternberger und
Landsteiner) führten. Schon war der Ort in Brand ge=
raten, jedoch wurden sie bei Hellmondsöd und Freistadt aufs
Haupt geschlagen.

Im 15. Jahrhundert hatten die Liechtensteiner das Schloß
inne und unternahmen von dort aus Streifzüge in die Lin=
zer Umgebung. Später im Besitze des Kanzlers Rabenhaupt
von Sucha, kommt sie durch dessen Tochter an die Familie
Jörger, der aber zur Zeit der Gegenreformation, weil sie sich
weigerte, den Huldigungseid zu leisten, der Besitz genommen
und den Jesuiten übergeben wurde, nach deren Aufhebung
sie in Privatbesitz gelangt. Eine Zeitlang waren Franz Graf
von Coudenhove Inhaber und 1882 ein noch ungeborener
Enkel der Gräfin Maria. Doch trat neuerlicher Besitzwechsel
ein. Eine besondere Sehenswürdigkeit bietet heute noch der
Rittersaal des Schlosses.

Ebelsberg

Die Burg Ebelsberg bestand gewiß bereits im Jahre
1159. Sie beherrschte den Brückenübergang über die
Traun. Eine solche dürfte erst um die Wende des 11. Jahr=
hunderts errichtet worden sein, da in einem Briefe des
Bischofs Engelbert von Passau an den Bamberger Bischof
Gunter neben dem „gefährlichen und unbequemen Übergang
über den Inn bei Passau" hinsichtlich der Traun nur von
einer Überfahrt gesprochen wird. Die Feste Ebelsberg

wurde in den Fehden des Herzogs Friedrich II. von Öster=
reich mit Bischof Rüdiger von Passau um das Jahr 1242
zerstört. Doch wurde sie bald wieder aufgebaut. Ende des
14. Jahrhunderts besaßen die Waldseer Ebelsberg, darauf
wieder die Passauer. Für das Jahr 1422 verzeichnet die
Chronik von Schloß Ebelsberg einen hohen Besuch: drei
Bischöfe, und zwar der Kölner, der Weinsberger und Al=
brecht von Hohenlohe sind zu Gast und zehn Jahre darauf
sämtliche Äbte und Pröpste der Diözese zwecks einer Berat=
schlagung über ein gemeinsames Vorgehen auf dem Baseler
Konzil. Und wieder zehn Jahre später bewohnte das Schloß
Äneas Silvius Piccolomini, der nachmalige Papst Pius II.,
der damals Inhaber der Pfarre Aßbach war und sich über
Ebelsberg und dessen Umgebung besonders lobend aus=
sprach. Die Gesandtschaft des Königs Ladislaus an den
Papst, unter welchem der Klosterneuburger Propst mit neun
Personen und zehn Pferden genannt wird, nächtigte im
Jahre 1453 daselbst. Seit 1825 besitzt Schloß und Herrschaft
Ebelsberg die Familie von Kast.

Spielberg

Zwischen Steyregg und Mauthausen befand sich einst=
mals eine Insel, welche die Donau an ihrer Nordseite
umspülte. Gekrönt war der Inselfelsen mit einer starken
Feste, genannt Spielberg. Mit der Verlegung der großen
Stromrinne ist die Insel weit in die Donauau hineingerückt,
und man sieht vom Strome aus nur den Bergfried empor=
ragen. Die ehemals umfangreichen Burgbauten sind ver=

fallen, die geräumige Burgkapelle eingestürzt, und nur von
der Umfassungsmauer sind einige Stücke erhalten. Im
12. Jahrhundert wird ein Dietrich von Spieleberch genannt,
der als Zeuge bei einem Tauschakt des Stiftes Wilhering
zugegen ist. Zuerst als passauerisches Lehen genannt, tritt es
im 13. Jahrhundert unter die landesfürstliche Hoheit. Es
besaß einen eigenen Burgpfarrer und diente zur Zeit Herzog
Rudolfs IV. als Zuflucht für den Florianer Konvent. Da=
mals (1365) wird von ihr noch als inmitten der Donau ge=
legen gesprochen, und sie bleibt noch längere Zeit im Besitz
St. Florians, um später an die Landesfürsten, ferner an die
Liechtensteiner, an die Wallseer und an verschiedene andere
Private überzugehen. Seit 1650 verblieb sie im Besitz der
Grafen von Weißenwolf.

Steyregg

Auf dem zur Donau abfallenden Pfennigberg wird um
1150 bereits ein „Castrum" der Passauer Bischöfe er=
wähnt, das nach Besitzwechsel 1241 an die Kuenringer und,
nachdem diese in Reichsacht gefallen waren, an die von Ru=
dolf von Habsburg geförderten Kapeller und 1635 an die
Weißenwolfs kam; seit 1770, in welchem Jahre es ab=
brannte, blieb es Ruine. Der Burg zu Füßen entwickelte sich
ein Städtchen, mit alten Stadtmauern und Tor heute ganz
malerisch und traumverloren anzusehen; es ist die kleinste
Stadtgemeinde des Bundeslandes Oberösterreich.

Aus dem Stammbaum der Babenberger

Altdorfer: Der heilige Florian

Pragftein in Mauthaufen

Dem Befitzer der Herrfchaft Mauthaufen Laßla Praga
hatte Kaifer Friedrich III. im Jahre 1491 geftattet,
fich ein Schloß auf einer damaligen Donauinfel zu erbauen.
So erftand die Fefte Pragftein, die aber heute mit dem Ufer
vereint erfcheint. Nach wechfelnden Befitzern gelangte fie
endlich an den Bürgermeifter von Mauthaufen, Leopold
Heindl, deffen Witwe diefelbe im Jahre 1901 der Gemeinde
Mauthaufen überließ. Heute bildet fie ein charakteriftifches
Wahrzeichen des durch feine Granitfteinbrüche bekannten
Ortes.

Enns

Mit der uralten Römerfeftung Lauriacum fteht auch
die Ennsburg in Zufammenhang. Wie fich die St.-
Laurenz-Kirche aus der römifchen Zeit erhalten hat, fo wird
auch die Befeftigung des aufgelaffenen Römerlagers am
Flußübergang der alten Limesftraße mit Recht in einer Burg
erblickt werden können, die zur Abwehr der heranftürmenden
Völker befeftigt worden war. Das dürfte jedenfalls in der
Zeit Karls des Großen bereits der Fall gewefen fein. Mit
dem Emporblühen des Ortes als Handelsplatz an der Donau
zur Zeit der fteirifchen Markgrafen im 12. Jahrhundert hat
die Burg nicht mehr diefelbe wichtige Stelle eingenommen.
Das Ennfer Stadtrecht gibt uns hierfür Belege. Seit Friedrichs III. Zeiten verlor Enns viel von feiner früheren Bedeutung, und von feiner Burg hören wir nichts mehr, es fei

denn von einer Verleihung der Burgvogtei von Enns durch
Maximilian II. im Jahre 1551 an seinen Rat Georg Gien=
ger, dem die Restaurierung der alten Burg vom Kaiser er=
laubt wurde. Doch zog es der genannte Rat vor, statt einer
Renovierung der alten Burg sich auf dem Georgenberg an
der Ennser Nordseite ein neues Schloß zu bauen: Ennsegg.

Wallsee

An derselben Stelle, wo sich in römischer Zeit ein wich=
tiges Donaukastell befand, erhebt sich heute das Schloß
Wallsee. Von den Herren von Wallsee im 13. Jahrhundert
erbaut, machte es viele bauliche Veränderungen mit, behielt
aber noch einige Reste aus gotischer Zeit, so die Kapelle mit
schönem Netzgewölbe und Empore. Charakteristisch ist der
Turmbau, der Bergfried mit seinen Galerien und einige
Baulichkeiten strategischer Art.

Es war einst im 18. Jahrhundert Besitz des Feldmarschalls
Grafen Daun und zuletzt Wohnort der Tochter Kaiser
Franz Josephs, Erzherzogin Marie Valerie.

Greinburg

Es soll zwar an der Stelle des heutigen Schlosses
Greinburg nach Angaben Hoheneggs um 1284 eine
landesfürstliche Burg gestanden haben, doch fehlen darüber
nähere Nachrichten. Gegen die Scharen des Matthias Cor=
vinus und zur Sicherung des Donauweges bewilligte Kaiser

Friedrich III. den Prueſchenks den Bau eines Schloſſes zwi-
ſchen Grein und Saxen. Während desſelben ſollten dieſe das
Schloß Sarmingſtein bewohnen dürfen. Das neue Schloß
nannten ſie Heinrichsburg. Der Kaiſer jedoch nannte es
Greinburg. Die Abſichten der Biſchöfe von Paſſau auf den
Beſitz des Schloſſes gingen nicht in Erfüllung, es kam vielmehr an die Dietrichſteins und Grafen von Saalburg, bis
es 1816 ein Kriegsgewinner, der Armeelieferant Michael
Fink, erſtand, von dem es der Herzog Ernſt von Sachſen-
Koburg-Gotha erwarb, dem Prinz Karl Eduard von Al-
bany folgte.

Werfenſtein

Nur wenige der Donaufahrer, die das Schiff durch die
einſtmals ſo gefürchteten Stromſchnellen bei Grein hin-
durchführt, werden es ahnen, daß in dieſer Gegend dem Strome
entlang ſich fünf Burgen auf einer 5 Kilometer meſſenden
Strecke erhoben haben: Werfenſtein, Hauſtein, Pain, Sarmingſtein und die mitten im Strome gelegene Burg Wörth.
Von der erſtgenannten ſieht man noch Ruinen auf einem
Felſen ragen, ebenſo auch noch von Sarmingſtein, von den
anderen iſt nichts mehr vorhanden. An dieſer Stelle, wo der
Strom, durch gefährliche Katarakte gezwängt, ſo manches
Opfer forderte (eines der erſtmals genannten war Biſchof
Dracolf von Freyſing im Jahre 926), waren auch die Burg-
herren eifrig tätig, durch Weggelder u. ä. die Paſſage noch
um etliches zu erſchweren. Aber auch ihren feſten Sitzen,
deren Bewohner ſich darin gefielen, dem heiligen Nikolaus,
der als Schützer der Kaufleute und Reiſenden in St. Nikola

am Struden ein Heiligtum beſaß, nach beſten Kräſten ent=
gegenzuarbeiten, drohte der Untergang, als ihre Zeit ab=
gelauſen war. Von der einen bleibt nicht einmal die Orts=
bezeichnung mehr übrig, die andere, Hauſtein, deren Ruine
noch 1850 zu ſehen war, wurde bald darauf bei der Donau=
regulierung geſprengt. Sarmingſtein tat Buße und ward
ein Kloſter. Werfenſtein, die bedeutendſte Feſte, wurde nach
einer in Ottokar Hornecks Reimchronik geſchilderten Belage=
rung vom Herzog Albrecht ihrem Beſitzer Chunrad von
Summerau gewaltſam genommen, trotzdem ſie letzterer ſür
die dem Kaiſer Rudolf geleiſteten Verdienſte empfangen
hatte. Aus verſchiedenen Urkunden, die Rechtsgeſchäfte mit
der Burg Werfenſtein behandeln, können wir intereſſante
Daten über die Verkehrsverhältniſſe in der Gegend des
Strudens gewinnen. So übte das Kloſter Waldhauſen das
Recht des Almoſenſammelns an dieſer Stromſtrecke aus und
mußte dafür die Erhaltung der Straße vom Gießenbach bei
Grein bis in die Gegend von Sarmingſtein beſorgen und
außerdem die zwiſchen Struden und Sarmingſtein ange=
ſchwemmten Leichen beſtatten. Darüber hatte der Werſen=
ſteiner Burggraf zu wachen. Zwiſchen Luftenberg und
Freienſtein war eine andere, etwas mildere Form des Raub=
rittertums gang und gäbe geworden: alle Wein führenden
Schiffe mußten ſich dazu bequemen, den Burgleuten einige
kräftige Koſtproben zu geſtatten, was man das „Weinen“
nannte. Ob die Abſtellungsverſuche Herzog Rudolfs und
ſpäter Albrechts V. einen Erfolg gehabt hatten, meldet die
Chronik nicht. Zwiſchen 1382 und 1388 war der Werſen=
ſteiner Burggraf Hans von Falkenſtein zugleich auch ein
geiſtlicher Herr, nämlich Pfarrer im mähriſchen Orte Tracht,

ferner zu Poysdorf und zu Grein. Eine kleine Burg bestand
unterhalb Werfenstein „an dem Lueg" beim Wirbel (Vischer
bildet sie auf einem Stiche noch ab).

Freyenstein

Nahe der gleichbenannten Schiffshaltestelle, wo sich
die Überfuhr nach Hirschenau zum Anschluß an die
Strecke Krems—Grein befindet, liegt am rechten Donauufer, westlich vom Orte, auf dem sogenannten Schloßberg
die Ruine Freyenstein. Der fünfseitige, 30 Meter hohe Bergfried und die feste Schildmauer der aus dem 13. Jahrhundert
stammenden Burganlage sind noch zu sehen, auch das Burgverlies und der Schloßgang der ehemals bedeutenden Burg
ist teilweise vorhanden, sonst ist so ziemlich alles zerstört,
und mächtige Bäume haben in der Ruine Wurzel gefaßt.
Man hatte früher angenommen, daß die Schweden diese
Burg zerstört hätten, doch dies ist unrichtig. 1298 besteht die
Burg bereits und wird von Herzog Albrecht von Österreich dem Bischof Emicho von Freising verpfändet. Im
14. Jahrhundert erscheinen die Landenberg, dann die Greif-
fensee, die Dachsperg, die Meißauer, Wallseer, Eytzinger,
Plankensteiner; letztere waren heftige Kampfhähne, befehdeten
sich mit den Persenbeugern und verheerten die ganze Umgebung. Unter den späteren Inhabern der Burg figuriert
auch der Spanier Gabriel von Salamanca, der Hofrat Ferdinands I., ferner die Ortenburger, die Althann, Zinzendorf
und schließlich die Starhemberger, welche die Herrschaft
Freyenstein mit der Herrschaft Schönbüchel vereinigten, um
die Einkünfte der letzteren zu verbessern.

Persenbeug

Gegenüber Ybbs auf einem zur Donau steil abfallenden Felsen gelegen, soll es bis in das 10. Jahrhundert zurückreichen; der jetzige Bau stammt aus dem 17. Jahrhundert und ist ausgezeichnet durch einen geräumigen Schloßhof, üppige Stuckarbeiten in den Zimmern, eine gotische Anklänge zeigende Schloßkapelle mit Renaissancekanzel aus dem beginnenden 17. Jahrhundert und interessante Landschaftsölgemälde von Th. Ender (19. Jahrhundert). Hier wurde der letzte Habsburger auf dem österreichischen Kaiserthron, der unglückliche Kaiser Karl, geboren.

Artstetten

Im Berggelände hinter Maria-Taferl, eine Gehstunde entfernt, liegt das heute als Gruftstätte des weiland Erzherzog Franz Ferdinands und seiner Gemahlin, Herzogin Sophie von Hohenberg, bekannte und vielbesuchte Schloß Artstetten. Es wurde im 16. Jahrhundert aus einer mittelalterlichen Anlage umgebaut und vor fast einem halben Jahrhundert mit neuen Formen ausgestattet, wobei aber glücklicherweise am interessanten Gesamtbilde (runde Ecktürmchen) nicht zuviel geändert wurde. Es ist heute im Besitz der Hohenbergs.

Weitenegg

Als „Wittenecke" wird die Burg in alter Zeit überliefert, und Rüdiger von Bechelaren soll ihr Gründer gewesen sein. Im Besitze der Raabs und Pernegg beherrschenden Ge-

schlechter war die Burg auch eine Zeit in der Gewalt der
Kuenringer. Im habsburgischen Zwiste hat der kaiserliche
Schloßhauptmann Lempek vor der Kraft der Feuerwaffen
die herrliche Burg im Jahre 1462 räumen müssen, was uns
in Michael Behaims Buch „Von den Wienern" und in der
Melker Chronik berichtet wird. In letzterer mit einem be=
sonders traurigen Akzent: „Unter heftigem Weinen hat der
getreue Pfleger die ihm anvertraute Burg, deren mächtiges
Turmwerk er stürzen sah, fluchtartig verlassen müssen."
Nachdem sie im Verlaufe wechselvoller Schicksale einer Be=
lagerung durch die Schweden rühmlich standgehalten hatte
und Ende des 17. Jahrhunderts in ihren wesentlichen Teilen
noch erhalten war, gewährte sie im vorigen Jahrhundert
Obdach, bis vor beiläufig fünfzig Jahren mit der Abtragung
zum Zwecke der Verwendung des Steinmaterials für einen
Fabrikbau begonnen wurde. Nur mehr ein Wehrturm hat
sich, aufragend über gewaltige, zum Teil zertrümmerte
Mauern, erhalten. Die Anlage der Burg ist aber noch gut
erkenntlich. Wer zu ihr emporgeklommen ist, kann einen loh=
nenden Ausblick das ganze Donaugelände hinüber bis Melk
genießen.

Schallaburg

Das eindrucksvollste Erlebnis der Renaissancekunst war=
tet des Donauwanderers, wenn er sich von Melk aus
nur wenige Kilometer gegen Süden landeinwärts begibt.
Es ist die nach dem Grafen Schalla genannte Schallaburg.
In der jetzigen Gestalt ein Werk des ausgehenden 16. Jahr=

hunderts, war sie seit Ende des 13. Jahrhunderts zuerst im
Besitz der Zelkinger, hierauf in dem der Losensteiner, die sich
in der Reformation als rührige Mitglieder des protestanti=
schen Adels betätigten. Auf sie geht die Schöpfung des
sehenswerten, zwei Geschosse hohen Renaissancehofes mit
offenen Galerien, entzückenden Pfeilern und Arkaden zurück.
Die innere reiche Ausstattung und zugleich überaus geschmack=
volle Dekoration durch mythische Szenenreliefs, allegori=
sierende Gestalten, Hermen und Wappen unter gleichzeitiger
Verwendung einer zarten roten Terrakottafarbe gibt dem
Schlosse mit den noch vorhandenen zinnengekrönten Mauern,
Bastionen, Türmen, Toren, Schießscharten und Pechnasen,
eingesponnen in ein Rankengewirr von wildem Wein, eine
unsagbar ritterliche Note.

Schönbühel

Nur wenige Kilometer stromabwärts von Melk erhebt
sich auf einem steilen Felsen hart an der Donau das
Schloß Schönbühel. Es erinnert uns an ein Geschlecht derer
von Sconenpuhele. Ein Vertreter desselben namens Mark=
wart wird in den Babenberger Regesten als Ministeriale
von Passau erwähnt, ein ebensolcher Markwart als Zeuge
in einem Melker Teiding und als Stifter der Geroldinger
Pfarre in der Wachau. Nach dem frühzeitigen Aussterben
dieses Geschlechtes hören wir von einem Ritter von Eisen=
beutel zu Schönbühel. Um 1400 verkauft Passau Schön=
bühel, das später samt Aggstein und Dürnstein im Besitz
der Grafen Starhemberg erscheint. Am Eferdinger Grabmal

des Konrad Balthasar Starhemberg lesen wir, daß derselbe
im Jahre 1687 „Schönpichel abgeloset und das Kloster allda
mit schönen Andachten von Grund erbaut und gestiftet",
ebenso habe er „Thyrnstein sambt dem Tall Wachau er=
kauft". Ludwig Graf Starhemberg, ein scharfer Anhänger
des Augsburger Bekenntnisses, der sich mit dem Grafen von
Thurn besonders auf Eroberung von Melk festgelegt hatte
und dasselbe wochenlang mit einer zahlreichen Armee be=
rennen ließ, verlor als Geächteter seine Besitzungen. Konrad
Balthasar war jedoch wieder zur Kirche zurückgekehrt und
hat dann gleichsam als Sühne für seinen Vorfahr das Ser=
vitenklösterlein Schönbühel gegründet. An derselben Stelle
war vorher ein in der Phantasie der Schiffsleute gefürch=
tetes verfallenes Schloß, wo es nicht geheuer war, so daß
es in dem Tagebuch des Benediktiners Reginbald Möhner
vom Jahre 1635 gelegentlich seiner Fahrt gegen Wien ver=
merkt wird: „Nit weit von Schloß Schönbihel, gleich an
dem Wasser ein zierlich wollerbaut Lustschloß, welches wegen
insizenden Teufflen nit kan bewont werden."

Seit dem 19. Jahrhundert ist Schönbühel samt Aggstein
Eigentum der Grafen von Beroldingen, unter denen das
derzeitige Herrengebäude mit dem imposanten Wartturm
in die alten Grundfesten eingebaut wurde. Der Volksmund
hat aus dem Kloster Schönbühel ein Priesterstrafkloster ge=
macht, und selbst die moderne Romanliteratur hat sich in der
Richtung dieser Tendenz mit dem Felsenkloster am Strom
beschäftigt, dem die herrliche Szenerie der Donauenge eine
unvergleichliche Folie gibt, und dessen Kapelle zu Ehren des
heiligen Peregrin die Meisterhand Johann Bergls kunstvoll
geschmückt hat.

Aggſtein

Das Wanderziel der Burgenfreunde, der Dichter und der romantiſch veranlagten Scholaren und Wandervögel, die ſchönſte Ruine der Wachau und die durch ihr „Roſengärtlein“ ſo volkstümlich gewordene Feſte iſt Aggſtein. Hoch über einer mit dichtem Buchenwald bewachſenen ſteilen Höhe thront weit hinaus ins Donauland blickend die Burg, die, ſchon von Natur aus geſchützt und bewehrt, einen unbezwingbaren und talbeherrſchenden Adelsſitz darſtellt. Ihre Entſtehung und ihr Alter iſt in Dunkelheit gehüllt. Wir hören in der Geſchichte von Azzo von Gobatsburg, der vom babenbergiſchen Markgrafen Adalbert nebſt anderen Gütern das Gebiet des Bergrückens Aggſtein erhielt, auf dem ſein Neffe oder Sohn am Beginn des 12. Jahrhunderts eine Feſte erbaute. Von dieſen erſten Beſitzern ſtammt ein trotziges und kühnes Geſchlecht ab, das ſich nach anderen Gütern die Herren von Kuenring nannte, zu den einflußreichſten Adelsgeſchlechtern Öſterreichs gehörte und über zahlreiche Burgen und Herrſchaften verfügte. Ein ganzer Hofſtaat von Lehensmännern und Vaſallen diente den Kuenringern, deren Blütezeit in die Tage des im Stifte Zwettl begrabenen Hadmar von Kuenring fällt. So ausgezeichnet dieſer in hervorragenden Geſchäften dem Landesherrn zur Seite ſtand, ſo ſehr wichen die Söhne Hadmars von dem Beiſpiel ihres Vaters ab, ja ſie unternahmen Beutezüge und Raubfehden, deren Ertrag ſie in ihren Schlöſſern bargen. In den vielfachen Kämpfen wurde auch Aggſtein zweimal zerſtört, die Kuenringer ſtarben 1355 aus, nach vorübergehendem Beſitz durch Liechtenſteiner kam die verödete Burg durch kaiſerliche Schen=

kung in die Gewalt des Ritters Georg Scheck von Wald
(1429), der Aggſtein wegen treuer Dienſte als Lehen empfing
und alsbald mit dem Wiederaufbau des Burgſtalls begann.
Darauf verweiſt die heute noch über dem dritten Toreingang
befindliche Inſchrift: „Das purkſtal hat angevangen eze
pawen Her Jörig der Scheckh von wald des nachſten Man=
tag nach vnſer Frawntag nativitatis da von kriſt gepurd
warn ergangen — CCCXXVIIII jar." Die Zeit hat die In=
ſchrift am Anfange teilweiſe unleſerlich gemacht. Es fehlt
bei der Jahreszahl MC, ſo daß tatſächlich das Jahr 1429
das Jahr der Erbauung iſt. Wie ſich der Bauplan heute noch
darſtellt, gehört er zu den ſchönſten, umfangreichſten und
zweckmäßigſten längs des Stromes. Die Anſprüche auf die
durch die Gunſt des Landesherrn gewährten Vorteile und
Privilegien, ſo z. B. das Mautrecht für alle ſtromaufwärts
gehenden Fahrzeuge „auf ewige Zeiten" und die Bevoll=
mächtigung zur Führung der Regierungsgeſchäfte während
der Abweſenheit des Herzogs, ſowie das Recht der gefürſte=
ten Freiung in und bei der Burg Aggſtein fand keine Mäßi=
gung, ſondern ging ins zügelloſe. Dieſe Sinnesart mag der
äußerliche Anlaß geweſen ſein, daß man dem Scheck gar viel
Böſes übertrug und ſein Name für die Nachwelt mit der
grauſamen Tortur der Gefangenen im „Roſengärtlein" in
Zuſammenhang gebracht wurde. So volkstümlich und all=
gemein bekannt die Geſchichte vom „Roſengärtlein" gewor=
den iſt, die moderne Forſchung hat derſelben doch den Todes=
ſtoß verſetzt, indem ſie nachwies, daß zu dieſem Felſenvor=
ſprung, der den Namen „Roſengärtlein" trug, keine Tür
führte und das Mauerloch wie auch die Stufen hierzu erſt
viel ſpäter zu praktiſchem Gebrauche der Touriſten entſtan=

den sind. Piper, der Burgenforscher, bestätigt diese Feststellung und erklärt das Rosengärtlein als eine im 16. Jahrhundert entstandene Aussichtswarte. Reithmayer, der beste Kenner Aggsteins, ist der Anschauung, daß die Sage einen um-
leugbaren Kern besitzt: Der Jörg hat nachgewiesenermaßen
seine Gefangenen an einem Seile bei dem gegen das Rosengärtlein zu liegenden Doppelfenster über dem höchsten Ab-
sturz hinausgehängt und von diesem Fenster aus Lösegeld-
forderungen an sie gestellt. Den Scheck, der ungescheut bei
seinem Mauthause an der Donau die Schiffe ausgeplündert
hatte und die Gefangenen schwerer Haft in dunklem Ver-
liese aussetzte, um Lösegeld zu erpressen, erreichte das Schicksal: 1476 wird die Feste Aggstein erobert. Die Melker Chronik bemerkt dazu: „Der höckerige, aber mächtige Landesherr
Scheck, an Bösartigkeit den Straßenräubern nicht ungleich,
wird zu Aggstein von Großvoneckern mit Gewalt bezwun-
gen und auf ewig seiner Habe und Würde beraubt, so daß
der Elende kaum seinen dürftigen Unterhalt hat, der vorher
sechs Schlösser besaß." Auch der Nachfolger Schecks, Georg
von Stain, der eigentlich hier mit dem Gravenecker ver-
wechselt wurde, wuchs sich zum Raubritter heraus. An ihm
vollzog dann erst der Gravenecker, kaiserlicher Feldhaupt-
mann aus Schwaben, zusammen mit dem Söldner Baum-
kirchner, das kaiserliche Strafgericht im Jahr 1463. In landesfürstlichen Besitz gekommen, brannten türkische Streif-
scharen die Burg nieder, wiederhergestellt, hat sie im Dreißigjährigen Krieg lokale Scharmützel gesehen. 1687 ist der Verteidiger Wiens, Ernst Graf Rüdiger von Starhemberg, ihr
Eigentümer, der ihr jedoch keine Aufmerksamkeit schenkte,
weshalb sie verwahrloste und von Leuten aus der Um-

gebung ausgeplündert wurde. Nur dem Umstande, daß durch
Einsturz der Zugbrücke der höher gelegene Burgteil unzu-
gänglich war, ist es zu verdanken, daß dieser längere Zeit
verschont blieb. Jedem Besucher wird die wenn auch stark
mitgenommene ausgedehnte Ruine einen unvergeßlichen
Eindruck machen, möge er sich auch nicht eines solchen Dich-
terblickes erfreuen, wie er unserem Altmeister Scheffel zu
eigen war, der im Jahre 1860 dem Aggstein ein poetisches
Gedenken geweiht hat.

Ruine Hinterhaus

Vor kurzer Zeit machte die alle Wachaufreunde betrü-
bende Nachricht die Runde, es sei ein beträchtlicher Teil
der oberhalb des Wachaumarktes Spitz thronenden Ruine
Hinterhaus zusammengestürzt und dadurch das malerische
Ruinenbild stark zu seinen Ungunsten verändert worden.
Wenn nun auch das Ausmaß der entstandenen Verwüstung
übertrieben wurde, so bestätigte sich doch im wesentlichen
diese Kunde zum Leidwesen des Wachaupilgers. Wie an
Aggstein und an Dürnstein hängt sein Herz an der zur
Schönheit des Landschaftsbildes mächtig beitragenden alten
Burg, die sagenumwittert zum Strom herabschaut. Die Hi-
storie selbst weiß nicht viel von ihr zu berichten. Auch sie war
eine Feste der Kuenringer und wird urkundlich im Jahre
1243 erwähnt. Wir hören von einem Besitzer Heinrich dem
Eisernen, der sie seinem Bruder Leuthold vermacht, der dadurch zum Herrn aller Wachauburgen von Dürnstein bis
Weitenegg wird. Doch scheint die Burg frühzeitig in Trüm-

mer gegangen zu sein, denn schon im 15. Jahrhundert ist sie
nicht mehr intakt, und als verfallene und verwüstete Ruine
sieht sie Weißkern in seiner Topographie. Dafür ist trotz der
baldigen Zerstörung der Plan der Burganlage gut ersichtlich
und beweist, daß die Burg wohlgeeignet zur Verteidigung
war. Charakteristisch an der Ruine Hinterhaus sind die noch
gut erhaltenen Zinnen. In den Blickbereich der Ruine fällt
ein wundervoller Ausschnitt des Donautales gegen St. Michael zu, wo die Stromwendung den Eindruck hervorruft,
die Donau wäre dort durch vorspringende Bergnasen zu
einem See geschlossen.

Dürnstein

Auch die Feste, heute Ruine Dürnstein, ist mit dem Namen der Kuenringer aufs innigste verknüpft, die in der
ganzen Wachau über mannigfaltige Besitztümer verfügten,
die sie zum großen Teil von dem daselbst reich begüterten
Kloster Nieder-Altaich in Bayern und von der Abtei Tegernsee innehatten. Die Erbauung Dürnsteins wird für die Mitte
des 12. Jahrhunderts angesetzt und soll von Albero III. von
Kuenring durchgeführt worden sein. Bald nach ihrer Gründung bringt ein historisch denkwürdiges Ereignis — die
Gefangennahme des englischen Königs Richard Löwenherz
in Erdberg (Wien) 1192 — sie in Verbindung mit der
Weltgeschichte. Dem damaligen Herrn von Dürnstein, Hadmar von Kuenring, wird Richard zur Haft übergeben. Es
dürfte diese Haft sich aber keineswegs so gestaltet haben, wie
sie der Volksmund überliefert hat, und auch die schöne Blon-

delsage dürfte in das Reich der Fabel gehören, mag man
auch immerhin einem nur allzu leichtgläubigen Publikum
jenes elende Ruinenloch als den schauerlichen Kerker des
Königs zeigen, aus dem ihn das Lösegeld seines Minstrel
endlich befreite. Hadmar von Kuenring war ein turnier-
froher Herr, der auch mit dem als Frau Venus verkleideten
Ulrich von Liechtenstein zu Friesach Speere verstochen und
den romantischen Minnesänger zu Wien festlich empfangen
hatte. Ihre Kühnheit und Verwegenheit führte die Kuenringer zur Beraubung des letzten Babenbergers Herzog
Friedrich. Doch hatten sie an ihm ihren Meister gefunden,
der ihre Feste Dürnstein eroberte. Auch dieser Burg bemächtigten sich in der Folgezeit die Starhemberger. Das Jahr
1645 brachte das schwerste Unheil über Dürnstein: Die
Schweden hatten die Burg erobert und vor ihrem Abzug
dieselbe gesprengt. Heute ragen nur mehr wenige Trümmer
der ehemals starken Feste empor, die im Verein mit den zur
Stadt hinabreichenden Abwehrmauern und mit den zerrisse-
nen Felsenpartien im Hintergrunde einen einzigartigen Anblick bietet, der allein schon imstande ist; unser ganzes Interesse auf sich zu lenken.

Hollenburg

Dem stromabwärts ziehenden Nibelungenstraßenwan-
derer erschließt sich bald hinter Krems ein weites
Auengebiet, in welchem das Auge an einer am rechten Stro-
mesufer liegenden Burg einen Ruhepunkt findet: es ist das
uralte Hollenburg, an jenem Orte gelegen, wo einst das

in der Vita Severini genannte Römerkastell Purgum die
Straße des Limes zwischen Trigisanum und Javianis zu
überwachen hatte. Dort war eine der Hauptwirkungsstätten
des Apostels Noricums. Nach dem Zusammenbruche des
römischen Imperiums dürften sich daselbst Slawen unter
awarischer Herrschaft niedergelassen haben, die dann unter
Karl dem Großen germanisiert und christianisiert wurden.
Die Abtei Moßburg in Bayern erwarb dort viele Güter,
die auf Freising übergingen. Eine Beschreibung des ganzen
Territoriums aus dem 11. Jahrhundert läßt sich heute nur
schwer verfolgen, da die dort genannten Orte von den Flu=
ten der Donau vernichtet wurden. Hollenburg war der
Pfarre Traisenburg zugewiesen, die selbst wieder dem eben=
falls von der Donau vernichteten Stifte St. Georgen — dem
Vorläufer des heutigen Herzogenburg — inkorporiert ge=
wesen. Die Burg wurde 1248 durch Bischof Johannes von
Freising als Residenz seiner Pfleger errichtet, durch Bischof
Berthold 1408 umgebaut, weshalb sie auch Bertholdstein
oder Berchstein hieß. Im 15. Jahrhundert saß dort der
Donauräuber Fronauer und der nicht minder gefürchtete
Vettau, echte Piraten, die nach Herzenslust raubten und
plünderten, bis Kaiser Friedrich III. das Schloß eroberte und
dem Freisinger Bischof gegen 1500 Goldgulden wieder ein=
händigte. Seit dieser Zeit verrichteten die Donaufluten ihr
Zerstörungswerk an der wenig geschützten Burg, nur ein
kleiner Teil blieb als Ruine übrig. Der Wiener Bankier
Geymüller erkaufte sich 1811 die Herrschaft und ließ ein
neues Schloß erbauen, das aber nichts Besonderes zu bieten
vermag. — Ein prominenter Punkt der Hollenburger Land=
schaft ist das „Wetterkreuz", worunter man eine kleine Kirche

Linz, Landhausportal

Grabstein des Probstes Thomas Ruef

zu verstehen hat, die an Stelle eines ehemaligen Kreuzes steht und wegen der Richtung, die die Gewitter vom Westen her über diese Bergeslage nehmen, so genannt wird, wie auch schwere Hagelwetter zur Errichtung dieser Kirche Anlaß gegeben haben, wo noch Ende des 18. Jahrhunderts ein Einsiedler hauste. — In Hollenburg ist bemerkenswert das sagenhafte Wahrzeichen „Mandl ohne Kopf", ein sechs Meter hoher Pranger, an dem sich die später erzählte Legende knüpft, die eine Erklärung der Verschiebung des Geschirrmarktes nach Nußdorf sein soll, welcher Markt vorher in Hollenburg abgehalten wurde.

Greifenstein

Hinter dem kleinen knapp an der Donauwendung vom östlichen zum südlichen Lauf gelegenen Örtchen erhebt sich die Burg gleichen Namens, die notdürftig wiederhergestellt wurde, um von der Turmgalerie eine prächtige Aussicht über das ganze Donaugebiet gegen Norden, Westen und bis zum Bisamberg zu bieten — es ist das Bild der Talenge, flankiert von Greifenstein am rechten und Kreuzenstein am linken Ufer. Die Greifensteiner Burg dürfte schon im 11. Jahrhundert als Wehrburg gegen die im Donautale heranstreifenden Feinde gegründet und einem Ministerialen übergeben worden sein. Der Namen erfährt die verschiedensten Deutungen, darunter auch sehr abgeschmackte, wie die Ableitung vom „Greif in den Stein"! Besser wäre schon die aus dem altdeutschen „Grifinstein" oder bayrisch „Grifanstein", nach einem „Griso". als Erbauer oder ersten

Besitzer. Oder aber die nach dem Fabeltier, dem Greifen,
d. i. Felsnest des Greifen. Ein Dietrich von Greifenstein begegnet uns in der Klosterneuburger Stiftungsurkunde, dann
ein Siegfried als Ministeriale von Passau, das enorme
Güter an der Donau besaß (siehe Saalbuch von Klosterneuburg!). 1461 wird sie von dem Fronauer in Brand gesteckt,
doch wiederhergestellt, dann von den Türken (1529) und den
Schweden heimgesucht, 1670 neu aufgebaut. Während der
Gegenreformation diente sie als Kerker für evangelisch gewordene verehelichte Priester. 1803 kam es an das kaiserliche
Kameralgut, verfiel bald darauf. Doch restaurierte sie später
Fürst Liechtenstein, der sie 1818 erworben hatte, in dessen
Besitz sie heute noch ist. Auch hier wuchert die Sage sehr
üppig. Weit verbreitet ist im Volksmunde die Meinung, es
führe unter dem Bette der Donau ein Verbindungsgang von
Greifenstein nach Kreuzenstein hinüber; doch hat man keinen
Anhaltspunkt für eine solche Annahme.

Kreuzenstein

Der Traum eines Burgherrn, der ein großer Zauberer
war... „In der Hand" — so erzählt anziehend der
erste Topograph Kreuzensteins, Johann Paukert, vom verdienstvollen, leider schon dahingegangenen Grafen Johann
Nepomuk Wilczek — „die alten, aus manchen verstaubten
Winkeln zusammengesuchten Urkunden, blickt er auf die
moosbewachsenen Trümmerhaufen, und flugs fügen sich die
Steine regelrecht aneinander, erheben sich die zierlichen Säul-
chen, schließen sich die feinen Rund- und Spitzbogen, beleben

sich die Gemächer mit ihren alten Bewohnern, ziehen Scha=
ren reisigen Volks über die herabgelassene Zugbrücke, ertönt
Glockengeläute und Orgelklang von der Kapelle weit hinaus
ins Land. Damit aber das herrliche Gebilde, wie er es er=
schaut, nicht bloß in seinem Inneren Gestalt gewänne, be=
ruft er geschickte Werkmeister und Gesellen, und indem sie
Stück für Stück nach seinem Befehl ausführen und anein=
anderreihen, wird das Märchen zur Wirklichkeit, ersteht der
alte Kreuzenstein zu neuer Pracht und Herrlichkeit."

Auf den Ausläufern des zwischen Korneuburg und
Stockerau gegen die Donau zu herabstreichenden Höhen=
zuges, wo bereits in der vorgeschichtlichen Zeit ein Ring=
wall den Ansiedlern Schutz gewährte, erhebt sich heute die
vielbesuchte Burg Kreuzenstein. Sie beherrscht das ganze
Donaugelände stromauf und stromab bis zu den Karpathen.
Ihr Name hieß in der ersten Hälfte des 12. Jahrhunderts
Crizanestein, auch Crizinstein, was soviel als kreisrunder
Stein bedeutet. Wahrscheinlich war dies der Name des Ber=
ges von seiner Form, oder aber vielleicht auch von einem
Opferstein hergenommen. Sie kommt erstmals in einer Ur=
kunde König Heinrichs II. vom Jahre 1002 vor, worin er
einen Sprossen des mächtigen bayrischen Grafengeschlech=
tes der Formbacher für geleistete Kriegsdienste mit könig=
lichem Gute beschenkt. Letzteres erstreckte sich mit seinen Zu=
gehörigkeiten von dem heutigen Langenzersdorf und Bisam=
berg weit ins Land hinaus. In einer Melker Urkunde vom
Jahre 1115 begegnet uns dann erstmals der Name der Feste
Crizanestein innerhalb des genannten Gebietes. Als Zeuge
unterschrieb sich unter anderen der Urenkel des von Heinrich
beschenkten Formbachers nach seinem Wohnsitze Dietrich von

13*

Crizanestein. Es ist derselbe Dietrich, der auch Besitzer der Burg Viechtenstein und zugleich Vogt des Nikolausklosters bei Passau war. Mit dem Erlöschen der Formbacher kommen der Reihe nach viele Geschlechter in den Besitz der Burg, so die Wasserburger, deren letzter Konrad, am Kreuzzug Leopolds VI. von Österreich sich beteiligt, später jedoch ein raubrittermäßiges Dasein führte, so daß er eidlich geloben mußte, die Warenschiffe auf der Donau nicht mehr zu belästigen. Die Burg war der Schauplatz schwerer Schicksale, aber auch interessanter Begebenheiten. Wiener Ratsherren mit ihrem Bürgermeister Konrad Vorlauf waren daselbst bis zu ihrer Hinrichtung in strenger Haft, manche andere teilten auch später noch dort ihr Schicksal, Königin Elisabeth hatte dorthin ihre kostbaren Kleinodien verpfändet, darunter auch ihre Krone, die sie an ihrem Krönungstage zu Stuhlweißenburg im Jahre 1438 geschmückt hatte. Gegen König Matthis Corvinus hielt sich die Burg tapfer, als dessen plündernde Scharen Niederösterreich überschwemmten. Der berühmte Wiener Arzt Johannes Tichtel absolvierte dort Krankenbesuche. Beim Herannahen der Türken 1525 wurde sie von Niklas Salm außerordentlich stark befestigt. Balthasar Hubmayer, der Führer der Wiedertäufer, war dort in Haft und schrieb daselbst seine vergebliche „Apologie", bevor er zu Wien verbrannt wurde. Der unglückliche Graf Ferdinand Hardegg, der am Hof zu Wien enthauptet wurde, war eine Zeitlang Inhaber der Feste, ebenso Friedrich von Herberstein, und nach ihm der aus französischer Adelsfamilie entsprossene Saint Hilaires, der Kaiser Ferdinand vor den protestantischen Ständen in der Hofburg gerettet hatte. 1645 nahm es Torstenson ein. Damals wurde Kreu=

zenstein zur Ruine, aus der sich die Umwohnenden ihr Bau=
material für ihre Häuser holten. Seit 1739 ist Kreuzenstein
im Besitze des gräflichen Hauses Wilczek, dessen Sproß
Johann Nepomuk nach jahrelangem Bemühen, unterstützt
durch geniale Mitarbeiter, aus der gänzlich verfallenen Ruine
das herrliche mit Kunstsammlungen aus aller Herren Län=
der erfüllte Kleinod geschaffen hat, das heute vor unseren
staunenden Augen steht.

Die Schlösser Orth und Eckartsau

Die wenigsten Liebhaber der Donaufahrt wissen, daß
sich von Wien stromabwärts ebenfalls noch lohnende
Ausflüge unternehmen lassen. Für sie alle ist dieses Gebiet
„unentdecktes Land". Und doch gibt es zwischen Wien und
Deutsch=Altenburg noch viel Sehenswertes: zunächst die
Donauauen selbst — sei es im Schmucke verjüngten Grüns
in allen Schattierungen desselben, sei es in der Farbenpracht
des Herbstes. Daß sich auch interessante Schloßbauten in die=
sem Raume befinden, ist eigentlich erst durch das tragische
Schicksal des letzten Kaisers, des nach Eckartsau zuerst ver=
bannten Monarchen, weiteren Kreisen kundgeworden, die,
aufmerksam geworden, sich auch mit diesem Schlosse näher
beschäftigten. Übrigens hat der ehemalige Hofarchitekt In=
genieur Berthele von Grenadenburg durch seine lehrreichen
Vorträge in Wiener Bildungsinstituten auf die „Marchfeld=
schlösser" und hierdurch auch auf Orth und Eckartsau das
Interesse zu lenken gewußt.

Von der Dampfschiffahrtsstation durch die Au landein=

wärts ist das interessante Schloß Orth angenehm zu errei=
chen. Ursprünglich ein gotischer Burgbau, wurde es im Laufe
der Zeit vielfach verändert, besitzt aber noch die gewaltigen
rechteckigen Ecktürme mit den gewalmten Dächern. Sehr
romantisch ist das Hofinnere mit seiner ernst=nüchternen
Stimmung. Hier im Schlosse Orth hat auch Fronauer sein
Unwesen getrieben. Als kaiserliches Kammergut diente es
in letzter Zeit als Jagdschloß, wenn in dem umfangreichen
Auengebiete Jagden auf Hochwild und Stromwild abge=
halten wurden.

Das Schloß Eckartsau, ebenfalls am linken Ufer gelegen,
erscheint schon im 13. Jahrhundert als eine Wasserburg.
Dieselbe erfuhr dann im 17. und 18. Jahrhundert verschie=
dene Umbauten. Heute repräsentiert es sich als ein prächtiger
Barockbau und wird wegen der Harmonie der Formen, eines
herrlichen Vestibüls und geschmackvollen Stiegenhauses, das
dem Palais Kinsky zu Wien verwandt erscheint, sehr ge=
schätzt. In dem reich dekorierten Hauptsaal sind ausgezeich=
nete Plastiken von Mattielli und ein famoses Deckenfresko
von Daniel Gran, die Aufnahme Dianas in den Olymp dar=
stellend.

Volkskundliches von der Nibelungenstraße

Wie die Donaustraße ein Durchzugsland und zugleich völkervermengendes Band darstellt, so sind die an ihr siedelnden Bewohner begreiflicherweise keine ausgesprochenen Typen reiner Stammeseigenschaften, sie werden vielmehr als Mischungsergebnisse zu betrachten sein, die allerdings hauptsächlich bayrisches Blut in sich tragen. Die Rassenforscher sind jedoch keineswegs zu denselben Folgerungen gekommen. Manche wollen die Donau als Grenze ansehen zwischen dem südlichen, dem dinarischen oder mediterranen Typ und zwischen dem nördlich wohnenden, der nordische Merkmale aufweist. Es ist ferner Tatsache, daß man auch den römischen Einschlag beim Bewohner der Donaugegend festgestellt haben will. Kein Geringerer als unser großer Meister Anton Bruckner ist mit seinem „Cäsarenschädel" und der römischen Nase ein Beispiel hierfür. Gewiß und unbestreitbar ist der bajuvarische und fränkische Typus, der seit der großen Kolonisationstätigkeit des beginnenden Mittelalters an der Donau der herrschende ist. Dies ergibt sich unter anderem aus den interessanten Dialektarten (von Haasbauer in der Theutonista dargeboten), die hinsichtlich der Donaulandschaft den lehrreichen Beweis erbringen, daß der Strom nur streckenweise zwischen Nord und Süd eine Dialektgrenze bedeutet.

Ebenso und auf noch leichtere Weise bietet die Form der

bäuerlichen Häuser und Höfe einen Schlüssel zur Feststellung
der Stammeszugehörigkeit. Freilich ist auch hier eine Begrenzung der einzelnen Typengebiete nicht möglich, aber es
lassen sich immerhin einige grundlegende Forschungsergeb-
nisse als unanfechtbar beweisführend ansehen. Die am stärk-
sten vorkommende Form des Hofes läßt sich längs der ganzen Donauebene bis gegen Melk verfolgen, sie beherrscht auch
noch das Greiner Granitplateau und reicht südlich der
Donau bis in die Flyschzone. Im Mittellaufe der Enns und
Steyr, also dort, wo Slawen ansässig waren, geht er zum
sogenannten Haufenhofe über, wie ihn Kriechbaum nennt,
der im Südwesten das Salzburger Einheitshaus und im
Norden als Grenzsaum zum fränkischen Hof die Scheide
zwischen der ersten und zweiten Kolonisationsepoche an-
nimmt. Der Einzelhof findet sich in der Donauebene, wo
das Haufendorf zu Hause ist, äußerst selten. Hier sind größere Bauerndörfer die Regel, und weite Strecken fruchtbarer
Felder und Auen dehnen sich meilenweit zwischen ihnen aus.

Anders wird die Siedlungsart dort, wo der Strom nur
ein schmales Ufer für die menschlichen Behausungen zugibt.
Dort reihen sich die einzelnen Ortschaften, wo sie nicht vielleicht von den Gräben und Tälern der mündenden Gewässer
getrennt werden, aneinander. Es entstehen die wundervollen
Uferbilder, die uns längs der Donaufahrt so entzücken. Bei
größeren und politisch oder wirtschaftlich zu höherem Range
gelangenden Ortschaften, die sich überdies durch einen leb-
hafteren Verkehr auszeichnen, ist die enge Verbindung mitunter zu einer topographischen Einheit verwachsen, die nur
mehr dem Namen nach voneinander unterschieden werden
kann. Z. B. Krems, Und, Stein. Diese drei Orte haben in

ihrer seltsamen Verschmelzung zu dem bekannten Scherz Anlaß gegeben: „Was liegt zwischen Krems und Stein?"[1])

Wo es sich infolge der günstigen Verkehrsverhältnisse
um Durchgangsgebiete handelt, wird die Verwischung der
einzelnen charakteristischen Merkmale der Stammeszugehörigkeit selbstverständlich weiter fortgeschritten sein als in
abgeschlossenen Gauen. Und mit einem solchen Durchgangs-
gebiet haben wir es ja doch im Donautale zu tun. An dieser
Verwischung werden auch die leichter zugänglichen Seiten-
täler teilhaben, durch welche, wie beim Salz- und Eisen-
weg, jahraus, jahrein handeltreibende Fremde hindurch-

---

[1]) Der gewiegte Fachmann auf dem Gebiete der Hausarchitektur,
Professor Othmar von Leixner, hat den im Donaulande vorfindlichen
Typus des Gehöftes klar umschrieben, so daß auch dem Laien die Unter-
scheidungsmöglichkeit zwischen den einzelnen Bauanlagen gegeben ist.
Seine Beobachtungen gipfeln in folgendem: „In Oberösterreich herrscht
das bayrische Gehöft vor, das wir im Berglande selten im Tale, sondern
meist auf den Höhen finden. In der Passauer Gegend finden wir da
und dort noch das geschlossene Einheitshaus, das typische Alpenhaus
mit Flachdach und Giebellaube oder Hausgang. Im Linzer Gebiet tritt
dann der für das reiche Flachland typische bayrische Vierseiter auf, mit
großen, vollgeschlossenen Fronten und einheitlicher Dachbildung. Künstlerisch sind diese Bauten wohl reizlos. Im niederösterreichischen Donautale nehmen die Bauten in geschlossenen Orten sehr bald städtischen Charakter an. Neben dem sogenannten Streckhof, der die Giebelfront mit
dem Hoftor gegen die Straße legt, sehen wir vielfach den fränkischen
Dreiseithof, der gegen die Front das Wohnhaus und Schuppen, beziehungsweise Ausgedinge zeigt, zwischen denen sich der weite Torbau
des Hofes entwickelt. Die breiten Giebel sind abgewalmt, typisch tritt
das Vorkragen der Stockwerke, beziehungsweise der auf Konsolen
ruhende Breiterker, vereinzelt der runde Eckerker auf. Dieser häufig sehr
malerische Haustypus findet sich bis in das Wiener Stadtgebiet herein,
wofür ja Grinzing, Sievering und Nußdorf sehr schöne Beispiele bieten.
Überaus malerische Laubenhöfe haben sich vielfach, besonders im
Wachaugebiet, erhalten."

zogen. Auch in den Donaustädten, besonders jenen, die zu
Industrieorten sich entwickeln konnten, wie auch in jenen,
wo der Fremdenverkehr blühte, dürften die einzelnen Stam=
mestypen eine bedeutendere Abschleifung ihrer Eigenart er=
fahren haben. Vor dem großen Kolonisationswerke der Ka=
rolinger sind neben den Resten der romanischen und keltischen
Bevölkerung hauptsächlich Slawen und Awaren im öster=
reichischen Donautal.

Seit dem 5. Jahrhundert erfolgt die Einwanderung der
Bajuwaren und Schritt für Schritt mit ihnen die Germani=
sierung und in der Folge die bayrische Kolonisation, deren
Hauptstützpunkt das Kloster Nieder=Altaich in Bayern wird,
von wo aus auch die Christianisierung weitere Fortschritte
macht. Nach dem magyarischen Rückschlag, durch den viel=
fach die früheren Kulturerfolge zunichte gemacht wurden,
kommen mit den neuerlich angesiedelten Bayern auch die
Franken in das Donautal. Es wird nun auch der benach=
barte östliche Landesteil, das heutige Niederösterreich, stär=
ker kolonisiert, und der fränkische Haustypus mit seiner grö=
ßeren Geschlossenheit als die bayrische Kolonisierungsart,
wächst sich bald zu größeren geschlossenen Siedlungen aus,
die im Laufe der Zeit — wenn sie an verkehrsgünstigen
Uferstellen gelegen sind — den Marktcharakter, ja sogar das
städtische Gepräge empfangen. Und in dieser Tatsache sieht
man mit Recht einen Unterschied zwischen dem oberösterrei=
chischen, vorwiegend bayrischen Bauerntypus und dem nie=
derösterreichischen mit seinem fränkischen Einschlag.

Der erstere ist auf die Vereinzelung eingestellt und deshalb
weniger zugänglich, mehr scheu und dem Fremdartigen und
Neuen reserviert beobachtend gegenüberstehend, wohl auch

schwerblütiger und nicht so leicht zu gewinnen, was ihm
den gewiß nicht immer berechtigten, aber doch öfter erklär=
baren Vorwurf des Hyperkonservatismus (wie ein vulgärer
Ausdruck lautet „Dick= oder Mostschädeligkeit") eingetragen
hat. Anders bei dem durch das nahe Zusammenhausen sozia=
ler veranlagten und geselliger gestimmten Nachkommen der
fränkischen Einwanderer. Er ist leichtblütiger, redseliger,
offener und zugänglicher, besonders dort, wo das Heilmittel
aller Schwermütigkeit und Bedrücktheit, der goldene Reben=
saft, zur Verfügung steht. Das ist vor allem in der wein=
berggesegneten Wachau und an den Abhängen des Wiener
Waldes.

Es ist nicht von der Hand zu weisen, daß die langen
schweren Zeiten, die der oberösterreichische Bauer nach
fruchtlosem Sichemporbäumen gegen seine vermeintlichen
Bedrücker und ihn seiner Rechte und Glaubensfreiheit be=
raubenden Gewalthaber in stummer Resignation und seeli=
scher Niedergeschlagenheit ertragen hat, so nachhaltig auf
ihn einwirkten, daß es heute noch — trotz seiner Freiheit und
vielfach auch seines Wohlstandes — in seinem Wesen zum
Ausdruck kommt. Gewiß, wohl fast immer nur unbewußt,
es wäre denn, daß irgendein äußerer Anlaß ihn aufrüttelt,
längst vergangener blutiger Kämpfe zu gedenken, deren Vor=
stellung ihn in seinem Bauerntrotz aufrüttelt. Doch ist tiefes
Nachdenken über solche Probleme nicht seine Sache und, trotz
allem doch eine Kindesnatur geblieben, will er schon gar
nichts vom abstrakten Denken wissen.

Im Gegensatze hierzu ist der leichtlebigere Bewohner des
mittleren Donaugebietes, bei dem auch das blonde Haar und
das blaue Auge häufiger ist als bei dem Oberösterreicher, wo

die dunkle Farbe des Haares und der Augen vorherrscht,
immer geneigt, das Leben nicht zu schwer zu nehmen und
dafür lieber den heiteren Seiten desselben zugänglich zu sein.
Ist auch bei diesem wie bei jenem die Freude an Musik und
Tanz und größtenteils eine ausgesprochen rhythmische Be=
gabung zu finden, so herrscht doch an der oberen Donau der
altväterische Ländler gegenüber den leichteren Tanzarten der
Bewohner Niederösterreichs und zumal Wiens vor. Der
Wiener Walzer hätte gewiß niemals im Lande des Apfel=
mostes das Licht der Welt erblickt, er konnte nur im Wider=
scheine des Rebengoldes und der Grazie der leichtfüßigen,
ewig tanzlustigen schönen Nachbarin der Wiener Donau ge=
boren werden. Das ist Erbteil von babenbergischem Blute,
Erbteil fränkischer Art, die schon Herr Walther von der
Vogelweide am festefreudigen Hofe zu Wien kennengelernt
und besungen hatte.

So werden auch im Strudengau und zumal in der Wachau
von einem lustigen Völklein frohe Winzerfeste und Sonn=
wendfeiern begangen, die uns häufig als Kern altgermanische
Gebräuche weisen. Am Tanzboden lebt sich an den „Kir=
tagen" (d. i. Kirchweihtagen), deren es in jedem Orte ver=
dächtig viele gibt, das junge Volk aus. Allerlei Spiele,
Späße, Schabernack und Ulk gestalten den Alltag leichter er=
träglich, und jeder Feierabend bringt irgendeine kleine Fröh=
lichkeit. An den Festtagen und bei besonders feierlichen An=
lässen wie Hochzeiten, Taufen, Jubiläen und Gedenkfeier=
lichkeiten werden manchenorts noch die alten Trachten zu
Ehren gebracht. Freilich sind sie schon fast ganz verschwun=
den und ist eher noch im Oberösterreichischen der Sinn da=
für erhalten geblieben, was wieder als ein Beweis für die

konfervativere Denkart des Oberöfterreichers gewertet wer=
den kann. Die Tracht an der oberen Donau fetzt fich aus fol=
gendem zufammen: Bei den Frauen und Mädchen baufchige
lange, bis zu den Ferfen herabreichende Faltenröcke, ein eng
anliegendes miederartiges „Spenzerl“, gewöhnlich mit gro=
ßen Silberknöpfen geziert, eine tiefdunkelblaue Kattun=
fchürze und auf dem Kopfe die überaus kleidfame flügelartige
Haube, die aus fchwerem, fchwarzem Taft befteht und meift
fchon von den Urgroßmüttern her ererbt ift. Diefer Kopf=
putz ift in feiner Form fchon fertig gebunden und wird nur
aufgeftülpt. Es ift das Sonntagskleid, das von den Frauen
getragen wird. Mädchen fieht man fehr felten damit, fie tra=
gen kein Trachtenkoftüm, fondern einen ftädtifchen Anzug.
Die Männer und Burfchen tragen einen grauen Lodenanzug
mit feften Stiefeln, dazu die gleiche Joppe, die mit grünem
Vorftoß geziert ift und ebenfalls große Silberknöpfe als
Schmuck aufweift. Eine Spezialität für fich find die alten,
heute fehr wertvoll gewordenen Linzer Goldhauben, die
aber, foweit fie echt find, als wohlgehütete Erbftücke nur
bei ganz befonderen Gelegenheiten in Verwendung kommen.
Verfchieden von diefer Tracht ift die Wachauer Tracht mit
Ausnahme der eben erwähnten Goldhaube, die, trotzdem
die Gepflogenheit von ihnen als „Wachauer Hauben“ fpricht,
doch als Spezifikum diefer Gegend nicht nachgewiefen wer=
den kann, fondern fich eben von Linz längs der Donau herab
verbreitet hat. Die Wachauerinnen tragen gewöhnlich ein
feidenes fchwarzes Kopftuch, das aber einfacher gefaltet er=
fcheint als das in Oberöfterreich übliche, geblümte Seiden=
röcke, einen rückwärts mit Falten verfehenen Spenzer und
Spangenfchuhe ohne Schnallen. Der Mann trägt langen

dunklen Rock, die Weste mit silbernen Knöpfen, einen schwarzen halbzylinderartigen Hut (früher einen Zweispitz), Strümpfe und Schnallenschuhe. Seltener sieht man den Mantel mit vier bis fünf Kragen, mit silbernen oder einer goldenen Kette. Die Goldhaube der Passauer und Linzer Gegend endigt in einen Sporn, ähnlich dem alten Drago= nerhelm, in der Wachauer Gegend ist sehr beliebt eine Abart derselben, die rückwärts breit ausladet. Manche Einzelheiten der Trachten sind nicht mehr in ihrer Ursprünglichkeit fest= gehalten, auch begegnet man öfter statt der genannten Kopfbedeckung dem kleinen runden Hut von schwarzer Farbe. Von der Männertracht, die fast gar nicht mehr getragen wird, sind höchstens noch die alten Silberknöpfe an der grü= nen Weste geblieben, auch herrscht der dunkelgrüne Velours= hut vor. Der Weinbauer trägt fast immer eine buntkarierte Leinenjoppe und außerdem noch die von ihm unzertrenn= liche blaue Schürze (genannt „Fürter"). Diese Joppe ist auch bei den Schiffern und Fährleuten das allgemein übliche Klei= dungsstück.

Die Matrosen und Schiffsleute von ehedem hatten eben= falls eine Art offizieller Berufstracht. Sie bestand aus hirsch= ledernen Hosen mit schwarzen „Stösseln" (Stutzen), Tuch= gilet, darunter einen weißen Barchentjanker, über dem Gilet eine gestrickte blaue Jacke mit Lederbesatz („Herz") auf beiden Ärmeln, einen schwarzen rauhen Hut und hohe Stiefel. Wie bei dem Landvolke sich jahrhundertalte abergläubische Ge= bräuche erhalten haben, so neigt auch die Gilde der Schiffs= leute, aller Aufklärung zum Trotz, noch häufig einem Aber= glauben zu, der an den der Künstler und der Jäger stark er= innert. So dürfen sie bei der Talfahrt nicht pfeifen, um nicht

den Wind herbeizulocken. Jeder, der sich dagegen versün=
digte, mußte ein bestimmtes Quantum Wein zahlen. Eine
merkwürdige Gepflogenheit war die sogenannte Taufe, der
sich jeder Schiffsmann unterziehen mußte, der das erstemal
die ungarische Grenze bei Theben durchfuhr. Die Taufe be=
stand darin, daß er sich mit einem Kübel Wasser von oben
bis unten beschütten lassen und darauf seinen Berufsgenossen
zur Tauffeier Wein spendieren mußte.

Der Dialekt des Donausiedlers ist durchweg der bayrisch=
österreichische, wenn er auch längs der ganzen Straße einige
kleine Verschiedenheiten aufweist. Bei der Internationali=
sierung der Stromschiffahrt darf es nicht wundernehmen,
daß wir heute den verschiedensten Idiomen begegnen.

Die Faschingsfreuden fanden bei den Schiffsleuten wie bei
den Landfuhrwerkern stets ein lebhaftes Echo. Von den Ge=
bräuchen der Spitzer Schiffsleute in dieser Hinsicht erzählt
Eduard Effenberger: „Auf einer mit acht bis neun Pferden
bespannten, mit Schleifen unterlegten Roßplätte fuhren sie,
meist kostümiert, vom Donauufer auf den Marktplatz hin=
auf. Während der Fahrt gaben sie ein Bild vom Leben auf
dem Schiffe, sie kochten und menagierten daselbst. In der
Plätte hatten sie eine Wiege, in welcher sie einen erwachse=
nen Burschen mit einer mit Wein gefüllten Dutte säugten
und hin und her hutschten.“ Die Schiffsleute hatten ein eige=
nes aus Holz geschnitztes und vollständig ausgestattetes
„Schild“, welches zwei in der Talfahrt zusammengesetzte,
mit Holz beladene „Gamsen“ darstellte, die den Namen
des Schiffsmeisters trugen, sowie die darauf befindlichen
Schiffsleute mit ihren Rudern zur Schau brachte. Die
„Gamsen“ waren kleinere Fahrzeuge ohne rückwärtige Zu=

spitzung, die „Kelheimer" waren die großen, nach rückwärts
in eine Spitze verlaufenden Schiffe, die hauptsächlich zum
Transport von Brennholz dienten. Dann verkehrten noch:
die sogenannten „Ulmer Pletten", in der Form eines Bügel=
eisens gebaut und daher auch vulgär „Bügeleisen" genannt,
dann die „Tiroler Pletten", die von Kufstein den Inn herab=
kamen und besonders Zement verfrachteten; ferner die „Roß=
pletten", deren man sich zum Transport jener Pferde donau=
abwärts bediente, die dann den Schlepp donauaufwärts
zu besorgen hatten. Schließlich gab es noch eine größere
Form von Kähnen, zur Massenbeförderung von Personen
und wohl auch Waren bestimmt, und eine große Menge
verschieden benamseter kleinerer Fahrzeuge, der Zillen usw.

Die ältere Generation wußte und sang noch viele boden=
ständige Lieder, die der heutigen, an banale Gassenhauer
und Operettenschlager gewöhnten jüngeren nicht mehr
geläufig sind. Es geschah damit ähnlich wie mit den
Volkstrachten: Das unschöne Fremde und vielfach gar
nicht verstandene Städtische verdrängte das aus heimischem
Boden hervorgegangene Echte und Gediegene. Verschiedene
Überfuhrlieder waren noch vor dreißig bis vierzig Jahren
in Übung, sie sind heute ebenso entschwunden und vergessen,
wie die ehemaligen ganz stimmungsvollen Nachtwächter=
rufe. Von letzteren hat uns Effenberger sehr verdienstvoll
einige mitgeteilt. Wir lassen eines hier folgen: „Alle meine
Herren laßt euch sagen — der Hammer, und der hat zehne
g'schlagen — betet zum heiligen Florian — der uns beschützen
vor Feuer kann. — Lobet Gott und Unsre Liebe Frau. — Ge=
lobt sei Jesus Christus. — Hat zehne g'schlagen." — Ähn=
lich die weiteren Stunden bis ein Uhr früh. Um zwei Uhr

Österreichischer Erzherzogshut

Klosterneuburger Prachtmonstranz

früh: „Alle meine Herren laßt euch sagen — der Hammer, und der hat zweie g'schlagen. — Die Nacht ist vorbei, der Tag bricht an — das verkündet uns der Hahn. — Lobet Gott und Unsre Liebe Frau. — Gelobt sei Jesus Christus. — Hat zweie g'schlagen." — Um drei Uhr früh zum letzten Male: „Alle meine Herren laßt euch sagen — der Hammer, und der hat dreie g'schlagen. — Hausdirn steh auf, es ist schon Zeit — die Vöglein singen auf grüner Heid'. — Der Fuhrmann auf der Straßen — Gott wird ihn nicht ver= lassen. — Lobet Gott und Unsre liebe Frau. — Gelobt sei Jesus Christus. — Hat dreie g'schlagen."

Donausagen

Wenn wir an sonnigen Sommertagen Sorge und Last des Alltags von uns werfen und den uralten Donaustrom entlang wallen, dann freut sich das Herz der prächtigen Bilder, die vor unseren schönheitsdurstenden Augen vorüberziehen. Zerfallene Burgen grüßen von stolzer Höhe ins Tal und künden dem Wanderer, daß hier einst Mächtige hausten, unbezwinglich und frei sich wähnend gleich dem Aar in den Lüften. Doch die Allesbezwingerin Zeit hat auch ihre gewaltigen Festen in Schutt und Trümmer verwandelt, und von manchen ragen nur mehr spärliche Reste einstiger Größe in den blauen Himmel empor.

Und wenden wir dann unser Auge talwärts, so ruht der Blick mit Wohlgefallen auf all den kleinen Ortschaften, die, lieblich ins Grün der Obstbäume und Wälder gebettet, mit ihren spitzen Kirchtürmchen die Landschaft beleben.

Da werden alte Sagen wach und zaubern vergangene Zeiten vor uns hin. Teilweise greifen sie bis in die Heidenzeit zurück, Wotans wildes Heer zieht an uns vorüber. Nixen und Donauweibchen steigen aus den Wassern auf, Zwerge breiten ihre Schätze vor uns aus. Oder wir sehen fromme Mönche Kulturarbeit verrichten, Heilige ihren Bannfluch schleudern über Gottesfrevler und Lästerer. Wieder andere berichten von Helden grauer Vorzeit, von der

Todesfahrt der Burgunder ins Hunnenland, von Krieg und
Hungersnot, von der Schweden wildem Hausen.

Lauschen wir diesen längst verklungenen Sagen und wan=
dern wir im Geiste zurück in eine Zeit, in der noch Raum
war für Poesie und Wunderglaube!

Heidnisch=mythologische Sagen

Das Donauweibchen

Wenn der Mond mit seinem Silberglanze die Fluten
der Donau übergießt, dann tanzen die Fischer ihren
Ringelreihn, und ihr Gewand flattert im Abendwind. Da
ertönt plötzlich ein weicher, berückender Gesang, und schwe=
benden Schrittes erscheint ein wunderschönes Weib. Das
singt den Fischern von seiner Heimat, dem kühlen Donau=
grund. Kristallhell ist das Schloß der Donaunixe, Hunderte
von Nymphen harren ihrer Befehle. In goldenen Schüsseln
wird ihr die Speise gereicht, aus silbernen Bechern schlürft
sie kühlen Trank, Perlen und Korallen schmücken sie. Doch
lieber als Gold und Geschmeide ist ihr eine Stunde im
Mondenscheine beim Tanze der Fischer. So singt sie den lau=
schenden Männern, doch wenn der Mond wieder aus den
Wolken tritt, ist sie verschwunden in der feuchten Flut,
und sehnsüchtig starren die Fischer auf die glitzernde Wasser=
fläche. Und oft singen sie das Lied der Donaunixe, und die
fremde schwermütige Melodie klingt noch heute durch alle
Gesänge der Fischer.

14*

Die Nixe vom Jochenstein

Auf dem Jochenstein sitzt Frau Isa, die wunderschöne Donaunixe und strählt ihr langes goldenes Haar im Mondenschein. Von ihren Lippen tönt berauschender Sang, bald leise und lockend, bald jubelnd und laut. O Schiffer, flieh und verschließe dein Ohr den verderblichen Klängen, sonst ist's um dich geschehen! Frau Isa schließt dich in ihre Arme und steigt mit dir hinab in ihr Nixenschloß am Donaugrund. Und du bist ihr verfallen mit Leib und Seele, und keine Erlösung gibt es mehr für dich aus den Tiefen des Wassers!

Doch auch an anderen Orten zeigt sich das Donauweibchen und ist den Menschen bald hold gesinnt, bald gereicht ihnen das Erscheinen der Nixe zum Verderben.

Auch in Wien wohnte eine solche Donaunixe, die den Menschen oftmals freundlich gesinnt war. Der Sage nach soll sie sogar die Tochter des Donaufürsten selbst gewesen sein.

In der Nähe des Flusses hatte ein armer Fischer seine Hütte. Er hauste mit seinem Sohne, einem kräftigen und tüchtigen Burschen, ganz allein und fuhr täglich hinaus in den Strom, um Fische zu fangen. Keiner verstand es so vortrefflich, ein Boot zu lenken und das Netz zu werfen, wie der junge Fischer.

Es war Winter. In der einfachen Stube der beiden Männer brannte ein lustiges Feuer, an dem sie sich wärmten. Sie besserten ihre Netze aus, und der Alte erzählte dabei von dem Wassermann mit seinen grünen Haaren und spitzen Zähnen, von den wunderschönen Nixen, die mit ihrem Gesang die Menschenkinder in die Tiefe locken, so daß sie ihnen willenlos folgen müssen. Der Jüngling wollte den Worten des

Vaters keinen Glauben schenken und schüttelte nur stumm das Haupt.

Da war plötzlich die Stube hell beleuchtet, und eine herrliche Frauengestalt erschien vor den beiden erstaunten Männern. Sie trug ein weißes, wallendes Gewand, und ein Kranz von Wasserrosen schmückte ihr langes Haar. Erschrocken sprangen die beiden auf, doch die schöne Jungfrau sagte: „Ich will euch kein Leid tun, sondern nur warnen vor nahendem Unheil. In wenigen Tagen wird die ganze Gegend in einen See verwandelt sein, denn es wird Tauwetter eintreten, und die Uferlandschaften werden vollends überschwemmt sein. Darum rettet euch beizeiten, bevor es zu spät ist!“ Mit diesen Worten verschwand die Erscheinung, ehe sich noch die beiden Fischer von ihrem Staunen erholt hatten.

Sogleich warnten sie alle Bewohner der umliegenden Fischerhütten, und diese brachten rasch ihre geringe Habe in Sicherheit. Kaum war dies geschehen, so erfüllte sich genau das Wort der Nixe. Das Eis begann zu schmelzen, immer höher und höher stiegen die Fluten der Donau, und in kurzer Zeit war dort, wo vorher liebliche Auen lagen, nur mehr Wasser, so weit das Auge reichte. Die Geretteten aber dankten der gütigen See, die ihr Leben vor dem sicheren Untergang bewahrt hatte.

Als der Frühling kam, begann das Wasser allmählich zu fallen, und die Fischer kehrten wieder in die verlassene Gegend zurück, um ihre Hütten aufzubauen. Sie hofften dabei auf den mächtigen Schutz der Nixe, die sich ihnen so freundlich gesinnt erwiesen hatte. Nur einer teilte nicht die allgemeine Freude und Zuversicht der anderen. Traurig schlich der junge Fischer umher, sein Sinnen und Sehnen galt dem Donauweibchen, das mit seiner Schönheit das Herz des Jünglings betört hatte. Tagelang fuhr er allein in den Seitenarmen der Donau auf und nieder und starrte unverwandt in die grünliche Flut, ob er nicht doch einmal die geliebte Gestalt der schönen Frau erspähen könne. Doch umsonst!

Dem Vater fiel das veränderte Wesen seines einzigen Sohnes lange schon auf, und er versuchte, ihm seine Traurigkeit zu verscheuchen, allein alles war umsonst. Da sahen eines Morgens die Fischer ein führerloses Boot auf dem Flusse treiben und zogen es an das Ufer. Der alte Fischer erkannte mit tiefem Schmerz den Kahn als den seines Sohnes und ahnte, daß der Jüngling von der schönen Wassernixe in die Tiefe des Stromes gezogen worden war.

Das Donauweibchen aber blieb verschwunden bis auf den heutigen Tag. Das Bild der schönen gefährlichen Nixe ist im Stadtpark zu Wien in Stein gehauen und stellt sie mit entblößtem Oberkörper dar, wie sie gerade aus dem Wasser taucht. In ihrem triefenden Gewand sind kleine Fischlein gefangen.

Die Nixe Ran

Um das „Rosengärtlein" zu Aggstein rauschen und raunen die Wellen der Donau. Ein Nachen gleitet das Wasser entlang, und sein Führer lauscht hinan zum Felsen. Dort oben auf luftiger Höhe sitzt die Nixe Ran und singt: „Auf Erden ist jedes Herz kummerbeladen und schwer, nur in der Wogen feuchtem Schoß wird jedes Leid gestillt." So

sang sie mit zauberischer Stimme, und als die Sonne sieg=
reich über die Hänge der Berge stieg, da fand man den
Fischerjüngling tot im Schilf.

Der schwarze Mönch

Bei Werfenstein an der Donau steht der Teufelsturm,
um den die Wirbel brausen und heulende Stürme
ziehen. Drohend ballen sich die Wolken über dem Fährmann,
die rauschenden Donauwogen scheinen sein Schiff zu ver=
schlingen. Von hoher, zackiger Felsenzinne schaut furcht=
erregend der schwarze Mönch herab. Der Sturm zerflattert
sein wildes Haar, gleich feurigen Kohlen glühen seine Augen,
und sein Erscheinen bedeutet Unheil dem Schiffer, der noch
zu später Abendstunde auf der Donau seinen Kahn steuert.
Und winkt der Unheimliche gar, dann ist das Schicksal des
Armen besiegelt. Der Wirbel zieht ihn hinab ins kalte Wel=
lengrab, wenn auch der Strudel ihn verschont hat. Nur
eines rettet den Fergen vor der Wut des schwarzen Mön=
ches, der Wotan selbst ist: das Gebet. Da zerschellt die Macht
des Heidengottes an der Kraft des Christenglaubens, und
hell strahlt die Sonne über den schimmernden Fluten der
Donau, ungefährdet zieht das Schifflein des Gläubigen seine
Bahn.

Die Krone des Donaufürsten

Bei Freyenstein schlingt die Donau ihr Silberband um=
grüne Auen und blumige Wiesen. Dort saß einst ein
holdes Mädchen, wand sich die Blüten zum Kranz und sang

dazu gar innige Weisen. Ihre Lieder aber lockten aus der
Tiefe des Wassers den bösen Donaufürsten Nikuz. Tückisch
und heimlich kam er geschwommen und zog die ahnungslose
Sängerin in sein feuchtes Bereich. Und all die Blumen, die
das Mägdlein sich zum Strauße gewunden, verschwanden
mit ihm. Traurig fuhr da der Vater der Verlorenen strom=
auf und stromab und suchte, mit Leid im Herzen, sein Kind.

An einem heißen Sommertag lag der Schiffer wachend
im Kahn. Da sah er plötzlich durch die glitzernden Wasser=
fluten den bösen Nix einherschwimmen, auf dem Haupte eine
kostbare Krone, die von Edelsteinen aller Art glänzte. Es
waren die geraubten Blumen, die er in Kleinodien verwan=
delt hatte. Da erwachte im Herzen des Fischers aufs neue
das Vaterleid. Mit kräftigem Ruderschlag traf er das Haupt
des bösen Nixen, so daß die Perlen und Karfunkelsteine aus
der Krone fielen. Sie selbst entglitt ins Wasser.

Wenn der Vollmond sein bleiches Antlitz in den Fluten
der Donau spiegelt und die Sterne allein noch wachen, dann
steigt der Donaufürst aus der Tiefe und sucht seine verlore=
nen Edelsteine. Doch nimmermehr soll es ihm gelingen, seine
Krone damit zu zieren, denn was sie einst gewesen, das sind
sie nun wieder geworden, duftende Blumen, die so wie frü=
her die Wiesen schmücken und das Herz so manchen Kindes
durch Duft und Farbe erfreuen.

Wachilde

Von den Bergen an den Ufern der Donau lodern die
Sonnwendfeuer. Im Sonnenglanze leuchtet das Land,
jubelnde, blühende Menschenkinder wandeln froh umschlun=

gen dem Strome zu. Überall Leben, Liebe und Freude! Da
erscheint auch ein fremdes, schönes Kind, das sich unter die
Fröhlichen mischt. Wachilde ist's, die Nixe der Wachau, die
dort unten im kühlen Fluß ihr kristallenes Schloß bewohnt.
Singend umringt sie das Fischervolk und bietet ihr Speise
und Trank an und ladet sie zu Spiel und Tanz. Gerne wil=
ligt die Holde ein, und bald ist sie von den Frohen die Fröh=
lichste, von den Schönen die Schönste. Wenn die lauten Töne
schweigen und der Mond am Himmel erwacht, da reicht die
liebliche Nixe den Mädchen und Burschen ein Krüglein, das
staunend von Munde zu Munde geht und doch nie leer wird.
Dazu singt Wachilde mit weicher Stimme nie vernommene
Lieder, und bezaubert lauschen die Alten und Jungen im
Kreis, indes die letzten Scheiter knisternd in sich zusammen=
sinken. Und ob auch der Sang schon längst verrauscht und
die See in ihr Schloß hinabgetaucht ist, sie sitzen noch immer
stumm und versonnen und träumen den fremden Liedern nach.

Noch blüht und gedeiht der Wachauer Wein, noch singen
und sagen die Fischer und Winzer von der guten Schutzfee,
der Donau=Wachilde! (Vgl. „Das Wachauspiel", Lit. S. 298.)

Thors Wahrzeichen

Hoch über den blauen Strom ragt der Dürnstein weit
ins Land hinein. In grauer Vorzeit zog einst der
grimme Thor aus seiner Götterburg in die lachende Früh=
lingswelt hinaus. Die lag so sonnig und strahlend zu seinen
Füßen, daß das Herz des Gottes frohgemut ward, und er
lächelnd sprach: „Du schönes Land im Maienschimmer, wie
lieb' ich dich, wie bin ich dir gut! Hier wohnen echte Götter=

lieblinge mit blauen Augen, treu und kühn, mit blondem Haar und stolzem, freiem Sinn. Hier will ich bleiben, du Sonnengau, hier soll meine Burg stehen. Dir will ich ein Wächter sein, du schönes Land, und einen Turm dir setzen für alle Zeiten!"

Und pfeilschnell flog nun Thors Hammer und formte Felsen kühn und trutzig, bis wohlgebildet der Thorstein vor ihm stand.

Die alten Götter sind gestürzt, Dürnstein aber hat den Wandel der Zeiten überdauert und ragt als Wahrzeichen deutscher Art und Sitte noch immer weit ins Donautal hinaus und kündet von der alten Götter Macht und Herrlichkeit.

Das Dullweib

Im Dullbach bei der Burg Viechtenstein haust ein böses Weiblein, das Dullweib. Niemand hat gerne mit ihm zu tun und alle meiden es, denn es soll ein gar zänkisches und gewalttätiges Wesen haben.

Um Mitternacht kann man es manchmal am Ufer des Baches Wäsche waschen sehen, und dann ist es nicht geraten, mit ihm anzubinden. Einst ging ein Arbeiter um diese Zeit nach Hause und sah das Dullweib, als es gerade wusch. Er rief es an und fragte, ob es hier die Wäsche reinige. Da antwortete die Alte: „Ich möcht' dich schon auch waschen, wenn du nur nicht Brosamen auf dem Kopfe hättest!" Da lief der Mann, so sehr er konnte, und als er zu Hause seinen Hut herunternahm und ansah, da fand er wirklich auf demselben Brotbrösel, die ihn wahrscheinlich gerettet hatten.

Der schwarze Fisch im Heinrichsbrunnen

In der Nähe von Mauthausen liegt der stattliche Heinrichshof. Einst ging die Tochter des Heinrichbauern zu einer nahen Quelle, um daselbst ihre Wäsche zu schwemmen. Da hörte sie plötzlich aus dem Wasser eine Stimme ihren Namen rufen, und als sie erstaunt nähertrat, erhob ein riesiger schwarzer Fisch seinen Kopf aus der Quelle, und eine menschliche Stimme rief: „Zieh mich heraus, zieh mich heraus!"

Voll Schreck ließ das Mädchen die Wäsche fallen und eilte ins Haus zurück, um dem Vater alles zu erzählen. Am nächsten Abend wollte die Tochter wieder nachsehen, ob der Fisch noch da sei und eilte zur Quelle. Allein es war nichts zu sehen, nur dieselbe Stimme vernahm sie, doch diesmal wehmütig klagend: „Nun muß ich abermals warten, weil du mir nicht geholfen hast. Hättest du mich herausgezogen, so wäre ich erlöst gewesen und hätte dich zum Weibe genommen. So aber muß ich wieder sieben Jahre warten, bis sich die Möglichkeit der Erlösung bietet." Damit verschwand der schwarze Fisch. Viele behaupten seither, ihn gesehen zu haben, doch war er blind, wie dies bei allen Geisterfischen der Fall sein soll...

Die Schürzenfrau vom Ostrong

Dort, wo der Ostrong steil zur Donau herabfällt, stand in längst vergangenen Tagen eine schöne Burg. Heute ist nur mehr ein einziger Torbogen zu sehen, der von Moos umwuchert ist und auf dem Nadelbäume ein kümmerliches Dasein fristen. Als die Burg noch nicht verfallen war, hatte

dort eine reiche Schloßfrau geherrscht. Sie war aber so
geizig, daß sie alle Armen, die um ein Almosen vorsprachen,
von der Burg weisen ließ. Als sie ihr Ende herannahen
fühlte, vergrub sie ihren wertvollen Schmuck, damit er nicht
ihren Verwandten zuteil werde. Zur Strafe für diesen Geiz
hat sie nun im Grabe keine Ruhe und muß allnächtlich durch
die zerfallenen Ruinen des Schlosses wandeln, so lange, bis
die Mauern ganz verschwunden sind und auch nicht der
kleinste Stein mehr an die Stätte ihres Frevels erinnert.
Manchmal erscheint sie den Leuten als blasse, abgehärmte
Frau und bittet sie, ihr zu helfen und sie zu erlösen.

So hörte einst ein Bauernmädchen, das seine Ziegen zum
Ostrong hinauftrieb, die Stimme der Mutter hinter sich.
Doch als es sich umwandte, stand eine fremde Frau in alter,
längst verschollener Tracht mit bleichen Wangen und traurigen Augen vor dem Kind und sprach mit klagendem Ton:
„Nimm diese Schürze hier und trage sie in das Kirchlein
nach Münichreith. Tu es, du kannst mich damit erlösen!“ ...
Dabei nahm die Frau ihre Schürze ab und gab sie dem Mädchen mit der Weisung, ja nicht hineinzusehen und sie am
Hochaltare der Kirche niederzulegen, denn es seien Almosen
für die Armen darin.

Die Kleine machte sich sofort auf den Weg und betete den
Rosenkranz, um nur nicht in Versuchung zu fallen. So kam
sie bald ans Ziel und hatte wirklich der Lockung widerstan-
den. Doch vor dem Kirchlein angekommen, konnte sie sich
nicht länger beherrschen und öffnete die Schürze, in der sie
Gold und Edelsteine vermutete. Aber mit lautem Schrei ließ
das Mädchen das Tuch fallen, denn statt des erwarteten
Reichtums waren glühende Kohlen darin.

Das Blümlein Widertod

Bei Spitz an der Donau stand in alten Zeiten eine Mühle, in der ein Müller mit seinem schwerkranken Weibe wohnte. Seit vielen Jahren schon lag die Frau danieder, und alle Ärzte weit und breit hatten vergeblich ihre Kunst an der Armen erprobt. Es wurde nur immer schlimmer. Alte Leute meinten, da helfe nur das Blümlein Widertod, das am Fuße des Jauerling blühe. Mit reinem Herzen müsse es in einer Vollmondnacht gepflückt werden, doch sei es so selten, daß nicht einmal ein Sonntagskind bestimmt darauf rechnen dürfe, es zu finden.

Der Müller hatte eine einzige Tochter, ein dreizehnjähriges Mädchen, das sein Mütterlein über alles liebte. Das hörte von dem Wunderblümlein erzählen und machte sich gleich in der nächsten Mondnacht auf den Weg. In später Abendstunde stieg das Kind hinauf, und alle Mühen des Weges erschienen ihm gering, denn es dachte nur an sein Mütterlein, das mit dem Tode rang.

Da stand die Kleine plötzlich vor einem wunderschönen Schlosse mit einem feenhaften Garten. Sie ging hinein und kam in einen prächtigen Saal, in welchem eine schöne Frau ihr entgegenkam. Die nahm das Mädchen gar liebreich an der Hand und führte es zu vielen anderen Kindern, die alle froh und guter Dinge waren. Die hohe Frau war die Bergkönigin selbst. Sie lud die Kleine ein, bei ihr in dem herrlichen Schloß zu bleiben und versprach ihr viele schöne Dinge. Das war für das einfache Müllerskind eine große Versuchung, denn solche Pracht war ihm zeitlebens fremd geblieben, und seit der Krankheit der guten Mutter hatte es nur mehr wenig frohe Stunden für die Kleine gegeben. Gerne hätte sie der Einladung der freundlichen Fee gefolgt, doch da fiel ihr plötzlich wieder der Zweck ihres Kommens und die geliebte Mutter ein, und die Versuchung prallte an ihr ab. Mit rührender Stimme bat sie die Bergkönigin, ihr nicht zu zürnen; wohl gefalle es ihr in dem Feenreiche gar gut, doch ihr Sinnen und Trachten sei darauf gerichtet, ihrem Mütterlein das Blümlein Widertod zu bringen, das allein die böse Krankheit bannen könne. Gerührt von soviel Kindesliebe umarmte die Fee das gute Mädchen, gab ihm das Heilkraut und außerdem noch viele schöne Geschenke. Als das Kind mit diesen Gaben nach Hause kam, da harrte seiner die schönste Überraschung — — die Mutter eilte ihm gesund und froh entgegen. Da war großer Jubel in der kleinen Mühle, und lange noch erzählte die Kleine von der guten Bergfee und ihrem Zauberreich.

Der Wassermann in der Donau

Unzählige Sagen knüpfen sich an die Gestalt des Wassermanns. Er haust im feuchten Bereiche des Flusses und steigt oft herauf, um den Menschen allerhand Schabernack anzutun, oder um sie gar in sein unterirdisches Schloß hinabzuziehen. Besonders böse wird er, wenn man ihn reizt oder verspottet, wozu allerdings seine Gestalt, seine grünen, nassen Haare und sein häßliches Äußeres leicht verlocken.

So fuhr einmal in der Nähe von Mautern ein Bauer mit seinem Wagen die Donau entlang. Die Perde hatten bereits einen weiten Weg hinter sich und waren müde. Da ließ der

Mann sie rasten und trieb sie nach einiger Zeit wieder an,
doch vergeblich. Kein Zuruf, keine Schläge vermochten die
Tiere zu bewegen. Da sah der Knecht des Bauern rückwärts
auf dem Wagen ein kleines Männlein sitzen, das hatte einen
grauen Rock an und kämmte sich mit den Fingern ganz
seelenruhig seine langen, nassen Haare. Ein mächtiger Höcker
verunstaltete seinen Rücken. Der Knecht machte seinen Herrn
darauf aufmerksam und sagte: „Siehst du, da sitzt so eine
kleine Mißgeburt auf dem Wagen und macht ihn schwer, so
daß wir nicht weiterkommen!"

Als der Knecht dies gesprochen hatte, sprang das Männlein vom Wagen herab und ballte die kleine Faust drohend
gegen den Burschen. Der fürchtete sich aber nicht und ging
auf den Wassermann zu, wobei er einen Stein aufhob, um
ihn nach dem Kleinen zu werfen. Aber blitzschnell faßte ihn
dieser beim Haarschopf und verschwand mit ihm im Wasser. Am nächsten Morgen fand man die Leiche des vor-
witzigen Burschen im Schilf der Donau, sie war ganz zer-
kratzt und wies die Spuren eines harten Kampfes auf ...

Die Nixe des Jungbrunnens

Dort wo die Donau die Trümmer der einstigen Burg
Greifenstein passiert, liegt das Paßtal. Eine kleine, un-
scheinbare Quelle hat dort ihren Ursprung, und nicht weit
davon steht ein Steinkreuz, das fromme Wanderer zu kurzem Gebet einladet. In dieser Quelle hatte vor langen Jahren eine Nixe ihren Aufenthalt.

Unweit des Jungbrunnens, wie er im Volke genannt

wurde, stand zur Zeit der Türkenkriege eine einsame Köhler=
hütte, die von einem braven Ehepaar bewohnt war. Die
beiden besaßen ein einziges Kind, namens Rudolf. Gerne
hätte die Mutter auch ein Töchterlein gehabt, das ihr im
Alter eine Stütze gewesen wäre. So vergingen die Jahre,
und Rudolf wurde ein großer, starker Junge, der bereits
dem alten Köhler eine tüchtige Hilfe in seiner Arbeit war.

Einst gingen Vater und Sohn in den Wald, da fanden sie
in einem Körbchen ein kleines Mädchen, das gar fein und
lieblich anzusehen war. Sie trugen das Kind nach Hause
und behielten es anstatt des ersehnten Töchterleins. Die
Pflegeeltern nannten es Agnes und hielten es wie ihr eigen
Fleisch und Blut.

So wuchs es allmählich zur lieblichen Jungfrau heran.
In den Herzen der beiden jungen Leute entbrannte bald eine
reine Liebe zueinander, und Rudolf bat die Eltern um die
Hand des Mädchens. Doch davon wollte der alte Köhler
nichts wissen, denn die Zeiten waren nicht danach, an Hoch=
zeit und frohe Feste zu denken. Die Türken zogen in hellen
Scharen gegen das Land, Blut und Brand bezeichneten ihren
Weg. Die Köhlersleute beschlossen zu fliehen und sich an
einem sicheren Ort zu verbergen. Da gab es nun Jammer
und Wehklagen bei den jungen Menschenkindern, die sich so
weit entfernt sahen von der Erfüllung ihres Herzenswun=
sches. Voll Kummer gingen sie zu der Quelle und baten die
Nixe des Jungbrunnens um Rat und Hilfe. Und wirklich
kam ihnen von dort die Rettung. Die gute Nixe befahl dem
Mädchen, mit den Pflegeeltern nicht zu fliehen, sie selbst
werde das Haus in ihren Schutz nehmen. Dem Jüngling
aber gab sie eine Rüstung, Helm und Schwert, und nahm

Mariataferl, Kirche

Stiftskirche von St. Andrä a. d. Traisen

ihm das Versprechen ab, sein Vaterland zu verteidigen und im Heere Karls von Lothringen gegen den Feind zu ziehen.

So geschah es auch wirklich: Rudolf kämpfte siegreich gegen die Türken und kam nach dem glücklichen Ausgang der Belagerung reich beschenkt zu seinen Eltern und zu Agnes zurück. Er fand — dank dem Schutze der Wassernixe — sein Vaterhaus unversehrt vor, und nun stand seiner Hochzeit nichts mehr entgegen. Als die jungen Leutchen am Hochzeitstage mit den Eltern beisammensaßen und das bescheidene Mahl verzehrten, da öffnete sich plötzlich die Tür des Gemaches, und herein trat die Nixe des Jungbrunnens. In den Händen trug sie einen Krug mit klarem Quellwasser und einen Teller mit Waldbeeren. Diese schlichten Geschenke stellte sie vor das neuvermählte Paar. Dann gab sie der Braut einen Kuß auf die Stirne, verneigte sich vor den alten Köhlersleuten und verschwand wieder, nachdem sie noch gegen den jungen Mann warnend die Hand erhoben hatte.

Als das Paar einige Zeit in Frieden und Glück mitsammen gewohnt hatte, erhielt Rudolf die Aufforderung, nach Wien zu kommen. Der Kaiser ernannte ihn zum Burgvogt und räumte ihm große Gewalt ein. Aber das Glück war nicht mit ihm. Nach einiger Zeit starben seine guten Eltern, und es währte gar nicht lange, so folgte ihnen Agnes nach. Da erinnerte sich Rudolf der Warnung, aber zu spät erst verstand er, daß die Nixe ihn zu einem einfachen Leben hatte ermahnen wollen. Voll Gram im Herzen beschloß er, die Welt zu fliehen und in der Einsamkeit sein Leben zu beschließen. Er zog in sein kleines Vaterhaus zurück und lebte nur dem Andenken seiner teuren Toten. Oft saß er an der Quelle

und gedachte der vergangenen Tage des Glücks. Doch keine
Reue brachte die lieben Verstorbenen wieder, und auch die
Nixe blieb verschwunden ...

Christlich=mythologische Sagen

Passauer Zauberkunst

Zur Zeit der Bauernkriege gab es in Passau einen Stu=
denten, der den Leuten kleine Zettelchen schrieb, auf denen
die Worte standen:

> „Teufel hilf mir — Leib und Seele
>   geb' ich dir!"

Andere behaupten auch, der Scharfrichter zu Passau hätte
diesen Talisman vergeben, der die Eigenschaft hatte, gegen
Hieb, Stich und Schuß zu schützen. Dieses Papier mußte
verschluckt werden, doch wer in den ersten vierundzwanzig
Stunden nachher verstarb, dessen Seele holte der Satan.

Von vielen Bauern glaubte man, daß sie die Passauer
Zettel verschluckt hätten, so auch von Stephan Fadinger,
dem Anführer im Bauernkrieg. Dieser Zettel mußte auch
eine gewisse Gewalt über die Mitmenschen verliehen haben,
denn es wird erzählt, daß im Jahre 1733 in Wilhering ein
Bursche lebte, der durch das Verschlucken des Passauer Zet=
tels eine dämonische Macht über Frauen und Mädchen ge=
wann. So hatte er ein armes Dirnlein von zwölf Jahren
angestiftet, das schöne Kloster Wilhering in Brand zu legen.
An einem unheimlichen Gewitterabend lohte der Brand auf,

und praſſelnd ſtürzten Stift und Kirche zuſammen. Das
irregeleitete Kind aber ſaß am Waldesrand und ſtarrte mit
erſchreckten Augen in die Glut, die es in ſeinem Unverſtand
entfacht hatte. Bald wurde die Kleine gefangen und ins
Gefängnis gebracht, wo ſie ihre Tat reumütig geſtand. Für
den böſen Knecht blieb die Strafe nicht aus. Man fand ihn
im Walde, wohin er geflüchtet war, und er wurde nun
„elendiglich verbrannt". So halfen ihm die Kunſt des Bö=
ſen und der Paſſauer Zettel auch nichts.

Doktor Fauſt und der Teufel.

Wenn wir auf den Fluten der Donau dahinfahren,
dann grüßt uns gegenüber von Aſchach auf hohem
Felſen ein Haus, das ſchon mehr einem kleinen Schlößchen
ähnlich ſieht. Von dieſem geht die Sage, daß es einſt dem
vielberühmten Doktor Fauſt gehört haben ſoll, der es auch
erbaut hat, weshalb dieſes Gebäude noch jetzt den Namen
Fauſtſtöckel führt. In dem Schloſſe wohnte der merkwür=
dige Mann nun lange Zeit. Wenn ihn die Langeweile in
ſeiner Einſamkeit gar zu ſehr plagte, dann rief er einfach
ſeinen Helfer, den Teufel, der mußte ihm zum Zeitvertreib
manch luſtiges Stücklein aufführen.

So befahl der Doktor einſt dem Höllenfürſt, er ſolle ihm
mitten auf der Donau eine Kegelbahn errichten, damit er
ſich mit Kegelſpiel die Zeit etwas verkürzen könne. Es ge=
ſchah alles nach ſeinem Wunſche, und alsbald erhob ſich in
den Waſſern der Donau eine ſtattliche Kegelbahn. Fauſt
ging nun auf den Wellen wie auf feſtem Erdboden hin und

15*

her, und nicht einmal seine Füße versanken in dem nassen
Element. Der Teufel aber mußte ihm die Kegel wieder auf=
stellen, wenn er sie umgeworfen hatte. Und Doktor Faust
machte es ihm wahrlich nicht leicht, denn bei jedem Wurf
stieß er alle Kegel um und schleuderte sie dabei dem Satan
ins Gesicht, so daß dieser Beulen und Flecken genug davon=
trug.

Nicht immer weilte der Magister Faust in dem einsamen
Marktflecken, sein Wandertrieb und Wissensdurst trieben
ihn bald wieder in die weite Welt hinaus. So unternahm
er eine große Reise, von der er nach längerer Zeit erst in
sein Schlößchen zurückkehrte. Nicht lange sollte er hier wei=
len. Eines Nachts überkam den Doktor in dem verlassenen
Gebäude eine große Furcht, denn es entstand ein fürchter=
liches Getöse, Türen flogen lärmend auf und zu, auf den
Stiegen und Gängen hörte man ein Poltern und Klopfen,
als kämen viele Feinde in das einsame Haus. Da schlug es
vom Kirchlein zu Landshaag drunten im Tale Mitternacht,
und in demselben Augenblick öffnete sich die Tür von Fau=
stens Schlafgemach, und herein stürzte eine Schar von Teu=
feln und bösen Geistern.

Durch Türen und Fenster, durch Spalten und Ritzen dran=
gen sie, die ganze Luft schien gleichsam von ihnen erfüllt zu
sein. Unter fürchterlichem Geschrei packten sie den Gelehrten,
Hunderte von bekrallten Fingern streckten sich nach ihm aus,
ergriffen ihn und entführten ihn durch die Luft nach dem
nahen Walde. Als sie oben auf dem Berge, auf dem das
Schlößlein lag, angekommen waren, wurde der unglück=
liche Doktor Faust von den wutentbrannten Teufeln unter
höhnischem Gelächter in tausend Stücke zerrissen.

Das Fauststöckel aber steht noch wie in alten Zeiten, und um seine Mauern heulen und toben die Stürme noch immer so wie in jener Nacht, da Fausts Seele von den Geistern der Unterwelt in den Abgrund gestürzt ward.

Die Sage
von der Gründung Maria Pöstlingbergs.

Hoch oben auf dem Pöstlingberg im Hintergrunde der Stadt Linz steht eine stattliche Wallfahrtskirche, in der so manches Herz Zuflucht in seinen Nöten und Sorgen gefunden hat. Betrübt und schweren Herzens gingen sie hinauf, getröstet und gestärkt mit neuem Mut kehrten sie in ihre Wohnungen zurück. Nicht immer stand an dieser Stelle ein so schmuckes Gotteshaus. Ein schlichtes Wetterkreuz unter alten Bäumen war einst dort zu sehen, wo jetzt die zweitürmige Klosterkirche weit ins Land hinausblickt. Ein armer frommer Mann aus Linz ließ sich ein Bildnis der schmerzhaften Muttergottes schnitzen und hängte es an dem Kreuze auf. Zum Schutze gegen die Unbill des Wetters errichtete er über dem Bilde eine kleine Hütte, wo nun die Kummerbeladenen ihre Andacht verrichteten. Und keiner ging ungetröstet von dannen, der mit seinem Anliegen zur Mutter Gottes auf dem Pöstlingberg gepilgert kam. Dadurch entstand allmählich der Gnadenort, der alsbald sich einer großen Beliebtheit erfreute.

So wallfahrtete auch eines Tages die Meierin von dem Schlosse Hagen zur „Schmerzhaften", um ihr das Leid ihres Lebens zu klagen; denn seit langen Jahren schon lag sie ge-

lähmt danieder, so daß das Leben ihr zur Qual und Pein
geworden war. Unter argen Schmerzen ließ sie sich auf den
Berg tragen, und unter heißen Tränen betete sie zu Maria
um Hilfe in ihrem schweren Leiden. Wohl stundenlang
mochte sie so gefleht haben, und als endlich ihre Begleiter
hinzutraten, um ihr vom Boden aufzuhelfen, siehe da kam
eine lange entbehrte Kraft in ihre kranken Glieder, und freu=
dig erstaunt versuchte sie, ohne Hilfe sich zu erheben. Nur
eine einzige Krücke benötigte sie, die bisher nur mit zweien
mühselig sich vorwärts bewegen hatte können. Und als sie
nach wenigen Tagen nochmals zu dem Gnadenorte wall=
fahrtete, da wurde ihr so leicht und wohl, daß sie auch den
zweiten Stab entbehren konnte. Die Kunde von diesem
offensichtlichen Wunder verbreitete sich wie ein Lauffeuer
in der ganzen Umgebung, und Scharen von Gläubigen ka=
men von nah und fern zum Bilde der Gottesmutter ge=
zogen. Graf Starhemberg, der ebenfalls Heilung von einem
schweren Leiden gefunden hatte, ließ nun zum Danke die
schöne Wallfahrtskirche erbauen, in der das Gnadenbild
ehrenvoll aufgestellt wurde.

Seit dieser Zeit blickt das Heiligtum von der Bergeshöhe
ins Donautal hinab und ladet alt und jung, besonders die
mit Mühsal Beladenen, zu frommer Einkehr ein.

Der Fischer von Wallsee

Es war in längst verschollenen Tagen. Da hausten um
das Schloß Wallsee, das aus dem Grün der alten
Bäume stolz und fest ins Donautal hinauslugt, Fischer und

Fergen gar schlecht und recht in der Schlichtheit ihres ärm=
lichen Daseins beisammen. Wohl mancher war ein gefürch=
teter Strandräuber, der die Ertrunkenen ihrer Kleider und
die gestrandeten Schiffe ihrer Waren beraubte. Finsteres
Heidentum herrschte noch im Lande, und die milde Lehre des
Gottessohnes war noch nicht zu den wilden Fischern ge=
drungen. Da kam aus weiter Ferne der Glaubensbote Se=
verin, das Kreuz in seinen Händen, Liebe und heiliges Er=
barmen im Herzen. Und er brachte die neue Lehre, die er mit
beredten Worten den aufhorchenden Fischern verkündete.
Ihre finsteren Gemüter wurden vom Lichte des Glaubens
erleuchtet, so daß sie den trotzigen Nacken unter das Joch
des Christentums beugten. Nur einer allein widerstand den
mahnenden Vorstellungen des Heiligen. Nach wie vor ging
er seinem finsteren Gewerbe nach. Das Schiff, das an den
Felsen zerschellte, die Leiche des Verunglückten, die von den
Wellen an den Strand geschleudert wurde, sie fielen ihm zur
Beute. Er zog die Ringe von den Fingern, nahm die Klei=
der der armen Opfer an sich und warf den nackten Körper
wieder in die Flut zurück. Auf die eindringlichen Worte Se=
verins hatte er nur ein höhnisches Lachen.

Eine wilde Nacht brach an. Heulend brauste der Sturm
durch das Donauland und brach die Zweige und Äste der
alten Baumriesen. In die niedere Hütte des alten Heiden trat
eine ehrwürdige Gestalt und segnete den finster Blickenden
mit dem erhobenen Kreuz. Der Fischer lag auf seinem arm=
seligen Bette aus Heu und Moos, um sich ein wenig auszu=
ruhen, bevor er in die Wetternacht hinauseilte, die ihm rei=
chen Fang verhieß. Der heilige Severin blickte ihn mild an
und sprach: „Gewähre mir für diese Nacht ein Obdach.

Meine Füße sind müde gelaufen, und ich habe nichts, wohin ich heute mein Haupt zur Ruhe betten kann. Ein böses Unwetter tobt in den Wäldern, der Regen rauscht unablässig vom Himmel, und Weg und Steg sind versperrt von fallenden Ästen. Auch möchte ich mit dir sprechen, denn der über den Wolken thront und seinen Unmut eben im Gewitter den Menschen kundtut, der hat mich gesandt, um den Erdenkindern zu sagen, daß es keine anderen Götter gibt als ihn allein!" Der Fischer saß schweigend da und erwiderte kein Wort. Als Severin ihn nochmals um ein Lager für diese Nacht bat, da hob er die geballte Faust und rief: „Ich brauche deinen Gott nicht, denn ich glaube nicht an seine Allmacht, er könnte denn meine Hütte in einen Palast verwandeln und mir mehr Tote schicken, um besser leben zu können!" So fuhr er fort, mit wilden Worten des Heiligen und seiner Lehre zu höhnen. Und ob Severin auch eindringlich redete und bat, der Fischer ergrimmte nur noch mehr und wollte sogar einen Angelhaken gegen den frommen Mann erheben. Als dieser sah, daß alles vergeblich blieb, ging er traurig von dannen, während der Fischer sich hinab zum wildwogenden Strom begab. Rasender Sturm tobte in den Kronen der Bäume, grelle Blitze zuckten durch die Nacht und beleuchteten für den Bruchteil einer Sekunde die schäumenden Wellen des empörten Elementes. Ein weißer Arm, ein starres Totenhaupt tauchen empor, da stößt auch schon der Fischer mit wildem Jauchzen seinen Haken in das Gewand des Leichnams und zieht ihn an das Ufer. Ein gellendes Lachen wie aus dem tiefsten Grund der Hölle zerreißt die Luft, mit Entsetzen erkennt der Alte in dem Toten seinen eigenen Sohn, der aus weiter Ferne heimgekehrt war — als Leiche!

Der Morgen brach an. In strahlender Schöne lag das
weite Tal im Frühsonnenschein, die Lerchen jubilierten in
den Lüften, und Friede und Ruhe atmete die ganze Natur.
Die Fischer aber suchten vergeblich nach ihrem Gefährten,
dessen Hütte weit offen stand. Wohl hatten auch sie des
Nachts das wilde Geschrei vernommen, doch keiner wußte
es zu deuten. Der alte Heide aber blieb verschwunden bis
auf den heutigen Tag. Doch in stürmischen Wetternächten
hört man ihn stöhnen und klagen und kann ihn wohl auch
sehen, wie er mit Angel und Netz die Donau absucht und die
Leichen der Verunglückten birgt.

Strudel und Wirbel

Bei Grein wurde in früheren Zeiten so manches Schiff
ein Raub der Wogen, denn dort befand sich eine gefährliche Stelle, der Greiner Strudel, in den das Fahrzeug
hinabgerissen wurde. Wie dieser Wirbel entstand, berichtet
uns folgende Sage: Einst wollte der Teufel eine gewaltige
Steinmauer quer durch die Donau aufführen, um dadurch
viele Schiffe zum Scheitern zu bringen und die Seelen der
Toten zu erhalten. Doch trotz raschester Arbeit gelang es
ihm nicht, vor dem ersten Hahnenschrei fertig zu werden.
Voll Zorn warf er den Schlußstein hinter sich in den Fluß,
der dadurch ein großes Loch erhielt, den Strudel. Kurze Zeit
darauf erschien auf der Donau ein Schifflein mit frommen
Wallfahrern. In dem rauschenden Wirbel fanden alle ihren
Tod, doch ihre Seelen fing die Gottesmutter auf, nur eine
einzige wurde die Beute des Höllenfürsten.

Maria Taferl

Im 15. Jahrhundert war an Stelle der jetzigen Wall=
fahrtskirche Maria Taferl noch dichter Wald zu sehen.
Selten nur kamen Menschen dort hinauf, und auch sie nur,
um Beeren oder Holz zu sammeln. So stieg auch einmal ein
armer Greis durch den Wald, den Tragkorb auf dem Rücken
und gestützt auf einen Stock. Da bemerkte er zu seinen Häup=
ten plötzlich ein Kreuzesbild, von dem er nie gehört hatte.
Seufzend bat er den Gekreuzigten um neue Kraft für seine
alten Glieder und streckte sich ermattet ins kühle Moos. Als
er nach einiger Zeit erwachte, fühlte er eine nie gekannte
Wohligkeit und Frische im ganzen Körper. Dankbar ver=
sprach er, nun öfter zu kommen und stieg mit der Last zu
Tale. In Klein=Pöchlarn angekommen, erzählte er den Holz=
knechten und allen, die es hören wollten, von dem Bilde,
das ihm zu neuer Kraft verholfen habe. Nun zogen auch
andere auf den Taferlberg, um sich Hilfe in ihren verschie=
denen Anliegen zu holen. So gingen die Jahre ins Land,
und noch immer hing das Kruzifix auf der alten Eiche. In
einer argen Wetternacht wurde der Baum vom Blitze ge=
troffen, ohne aber das Bild zu verletzen. Ein Hirt wollte
einst den Baum fällen, doch die Axt hieb ihm in den Fuß,
so daß er vor Schmerz laut jammerte und das „verflixte
Holz“ zu schmähen begann. Da erblickte er das Bild des Ge=
kreuzigten und bat nun um Verzeihung für seinen Frevel,
den er unbewußt begangen hatte. Sogleich stillte sich das
Blut in der Wunde, und er konnte wieder gehen ... In
Krummnußbaum lebte um diese Zeit ein Förster, der ganz
dem Trübsinn verfallen schien und oftmals von schweren

Selbstmordgedanken geplagt wurde. Sein Freund, der alte
Schulmeister, verstand sich gar wohl auf das Schnitzen und
Bemalen von Bildern, und der gab ihm einst ein geschnitztes
Marienfigürchen, das der Förster Schinagl daheim aufstellte.
Vielleicht gäbe ihm die Mutter Gottes seinen Frohsinn wieder. Getröstet ging er diese Nacht zu Bett, doch der Wind
erhob sich draußen und ließ ihn nicht schlafen. Da hörte er
sich plötzlich beim Namen rufen, und eine Stimme befahl
ihm, das geschnitzte Bildwerk auf dem Taferlberg an Stelle
des Kreuzes aufzuhängen. Schinagl gelobte es und hielt
auch wirklich sein Versprechen. Am nächsten Morgen trug
er mit einem Zimmermann sorglich das Bild auf den Berg,
und die beiden Männer befestigten es dort, wo das Kruzifix seinen Platz gehabt hatte. Von diesem Tage an fühlte der
Förster seinen alten Lebensmut wiederkehren. Eines Nachts
sah er vom Fenster aus zu dem Berge hinauf, da gewahrte
er viele Engel, die das Bild umschwebten. Auch andere Personen sahen noch öfter diese Erscheinungen, so daß sie endlich vom bischöflichen Ordinariat in Passau untersucht wurden, womit der Grund zu dem späteren Kirchenbau gelegt
war. Heute ist Maria Taferl einer der beliebtesten Wall-
fahrtsorte Niederösterreichs, und viele Gläubige pilgern alljährlich zu diesem Gnadenort, um ihr Leid der Himmlischen
zu klagen und Trost und Hilfe dort zu finden.

Der heilige Koloman

Wenn der Wanderer seine Schritte nach dem herrlichen Barockstifte Melk lenkt, das wie eine stolze
Burg das ganze Donautal beherrscht, dann sieht er auf dem

Wege durch die Au eine einsame Statue, die den heiligen
Koloman darstellt. In dem Kloster selbst ist der prächtige
Reliquienschrein desselben Heiligen zu sehen. Um diese sterb=
lichen Reste des Märtyrers entbrannte einst ein Wettstreit
zwischen den Stiften Melk und Klosterneuburg, weil jedes
der beiden Klöster die Gebeine des Heiligen beherbergen
wollte. Da sie mit diesem Streit zu keinem Ende kamen, be=
schlossen sie, den heiligen Koloman selbst entscheiden zu las=
sen, wo er lieber verweilen möge. Es wurde zu diesem
Zwecke eine Holzstatue gebaut und diese auf dem halben
Wege zwischen Melk und Klosterneuburg in die Donau ge=
bracht. Wohin sich die Statue wenden werde, dort sollte
sie bleiben. Und siehe, da geschah das Wunder, daß trotz
der heftigen Strömung das Bild stromaufwärts getrieben
wurde, Melk zu! Nun weigerten sich die Klosterneuburger
nicht länger, die Überreste des Heiligen, der in diesem Kampfe
selbst entschieden hatte, freizugeben. Seit jener Zeit steht die
Holzstatue auf dem Felsenzack bei Melk.

Der wilde Hohenauer

Von den Höhen des Jauerling hört man oft ein wüstes
Heulen und Jagen, das Getrabe von Rossen, das
Knallen von Peitschen. Mag das Wetter auch strahlend
helle sein oder der Himmel von finsteren Wolken bedeckt,
immerfort tobt und braust es in den Lüsten bis zum Jüngsten
Tage. Das ist der wilde Hohenauer, der auf seinem Rappen
das Tal hinabsprengt. Er war bei seinen Lebzeiten ein gar
wüster Geselle, dem kein Sonntag heilig war, der Mensch

und Vieh gehetzt hatte, und aus dessen Munde man nur
Schelten und gotteslästerliche Flüche hören konnte. Darum
wurde er nach seinem Tode verdammt, bis zum Jüngsten
Tage durch das Tal, das sein gottloses Leben gesehen hatte,
unerlöst zu jagen, bis ihn einst der Teufel holen werde. Doch
nicht früher solle dies geschehen, bis nicht der Strom aus-
getrocknet sei. So jagt er mit Johlen und Heulen den Berg
hinab und ruft von Zeit zu Zeit:

> „Ich jage fort von Ort zu Ort,
> Wohl bis zum Jüngsten Tage fort!"

Gottesfrevel

Bei der Schallaburg steht ein schlichtes Holzkreuz, das
zum Andenken an eine schauerliche Tat dort aufgerichtet
wurde. Der Ritter Jörg von Schallaburg schlug einst mit
mörderischer Hand den eigenen Bruder bei jenem roten
Kreuz. Wie Kain ward er unstet und flüchtig seit jener
Stunde, und nur bei wildem Ritt und blutigem Jagen ward
ihm wohl, und er vergaß für kurze Zeit das Röcheln des
Sterbenden, das brechende Auge, das Tag und Nacht vor
seiner Seele stand. Je toller die Jagd, desto leichter wurde
seinem unruhigen Gemüt. So zog er auch eines Morgens
hinaus in den Wald, um den edlen Hirsch zu erlegen, doch
mochte sich im ganzen Walde kein einziges Tierlein zeigen,
weder Reh noch Hirsch. So schoß er nach den wilden Vögeln,
die über seinem Haupte kreisten, allein so oft er auch zielte,
der Schuß ging immer fehl. Da packte ihn namenlose Wut,
und als er gerade an dem roten Kreuze vorbeikam, da schüt=

telten ihn Grausen und Zorn zu gleicher Zeit. Ihm schien
es, als fragte der Blick des bleichen Gottessohnes den Mör=
der nach seinem Bruder. In jäh erwachtem Haß zielte er
nach dem Herzen des Heilands und schoß den Bolzen ab.
Ein leiser Jammerlaut, so weh und wund, erscholl von dem
Kreuze, laut heulend entflohen die Hunde, und in den Lüften
erhob sich ein Tosen und Rauschen, als käme das Ende der
Welt.

Seit dieser Stunde jagt der Ritter Jörg von Schallaburg
in jeder Nacht um das rote Kreuz, und hinter ihm stieben
die Hunde in tollem Spuk bis zum Jüngsten Tag.

St. Wolfgangs Bannspruch

Wo der Aggsbach durch das Tal von Wolfenstein
fließt, dort breitet sich ein schöner Wald aus, in
dem man kein Vöglein singen hört, mag auch der Frühling
mit seiner Pracht alles zu neuem Leben erwecken. Wie ver=
zaubert liegt der Wald da, in dem die lieblichen Sänger der
Natur nicht gerne weilen. Wie mag dies wohl gekommen
sein?

Einst schritt in heißer Mittagsglut der heilige Wolfgang
durch den Wolfensteiner Graben. Die Sonne brannte glü=
hend hernieder, und auch nicht das kleinste Lüftchen wollte
sich erheben. Im nahen Walde sangen die Vöglein das Lob
des Schöpfers, und auch der fromme Wanderer stimmte
vom Herzen darein. Doch bald verlangsamte sich sein Gang,
die Füße wollten den Dienst versagen, und der Heilige sah
sich genötigt, einen Augenblick zu rasten. Er legte sein Vesper=

brot auf einen Stein und wollte zuerst ein Gebet verrichten. Da kamen aus dem Haine viele Scharen von Vöglein geflogen, die ließen sich auf den Imbiß des heiligen Wolfgang nieder und begannen unter lautem Geschrei und Flügelschlagen ihren Raub zu verzehren. So sehr der fromme Mann ihnen auch wehrte, es half nichts, sie ließen sich nicht stören. Da ergrimmte St. Wolfgang und rief: „Daß ihr mein Brot euch frech geraubt, sei euch verziehen, doch daß ihr mein Gebet gestört, das sollt ihr büßen! Nie wieder sollt ihr euch dieses schönen Tales erfreuen, verwehrt sei euch hinfort diese Stätte!" — Seit dieser Zeit ist das Wolfensteiner Tal verödet von den gefiederten Sängern, und auch nicht einer läßt sich mehr darin blicken.

Die Teufelsmauer

Eine mächtige Steinmauer erhebt sich bei dem Orte Spitz drohend auf dem schmalen Wege neben der Donau. Gar viele Sagen haben sich um dies gewaltige Bauwerk gebildet, und in all diesen Erzählungen hat der Teufel den Hauptanteil am Zustandekommen der Mauer, weshalb sie auch die Teufelsmauer genannt wird. Einst soll Satan durch das liebliche Donaugelände gewandert sein, das ihm so gut gefiel, daß er den Vorsatz faßte, sich hier ein Schloß zu bauen. Doch war ihm die Nachbarschaft des heiligen Johann im nahen Orte nicht ganz angenehm. Denn täglich kamen viele Wallfahrer nach St. Johann gepilgert, die mit ihrem Gesang den Teufel störten. Da wandte sich der höllische Geist in seiner Wut an den lieben Gott und bat ihn, eine Mauer aufführen zu dürfen, damit die Pilger nicht mehr über die Donau könnten. Gottvater nickte Gewährung, doch bis zum ersten Hahnenschrei müsse die Mauer fertig dastehen. Dies dünkte den Teufel leichte Arbeit, und prahlend machte er sich ans Werk. Stein um Stein rollte er herzu und türmte sie zu einem riesenhaften Bau, und dabei trank er fleißig von dem guten Spitzer Weine, um bei Kraft zu bleiben. Schon war der Fels fast fertig, da krähte in St. Johann der erste Hahn, und unter fürchterlichem Krachen und Splittern zerbarst die Mauer. Voll Zorn und ohnmächtiger Wut schoß der Teufel einen Pfeil ab und traf den Hahn mitten durch den Leib.

Der Hahn steht noch auf dem Kirchturm zu St. Johann und hat den Pfeil im Körper, die Teufelsmauer aber ist als Wahrzeichen noch immer weit über die Donau hinausragend zu sehen. Kein noch so armseliges Blümelein gedeiht auf dem kahlen Felsgestein, kein Strauch versendet Schatten, keine Rebe rankt sich an ihm empor. Doch über der Teufelsmauer auf lieblichem Gelände, da zieht sich der Weinstock zu sonniger Höhe hinauf, und sein Rebenblut erinnert noch immer daran, daß durch ihn die Kunst des Satans zunichte wurde.

Andere erzählen, daß in alten Zeiten der Schloßherr von Aggsbach eine schöne Tochter hatte, die er vermählen wollte. Da sich aber zwei Ritter, der Aggsteiner und der Spitzer, um ihre Hand bewarben und er sie doch nur einem geben konnte, so versprach er sie demjenigen, der im Turnier zu Wien den Sieg davontrage. Der Aggsbacher siegte und erhielt nach dem Versprechen die Hand des schönen Kindes. Bald sollte die Hochzeit stattfinden. Grenzenlos war der Schmerz des

Deckengemälde aus dem Herzogenburger Festsaal

Stiftskirche in Göttweig

abgewiesenen Ritters von Spitz, und am Tage vor der Vermählung stürmte er voll Verzweiflung von seiner Burg hinunter zum Flusse, um seinem Leben ein Ende zu bereiten.

Als er so dahineilte und kaum des Weges achtete, stand plötzlich, wie aus dem Erdboden gewachsen, ein kleines hageres Männchen vor ihm und redete ihn also an: „Warum denn so verzweifelt? Wenn Ihr wollt, so helfe ich Euch, daß morgen Ihr statt des Aggsteiners am Traualtare steht mit dem Fräulein, das Ihr liebt. Ich baue Euch eine Mauer so hoch, daß sich das Wasser staut und bis zur Burg hinaufsteigt. Wenn denen im Schlosse das Wasser bis zum Munde geht, dann werden sie alles tun, um nur das Leben zu erhalten." So sprach der unheimliche Geselle und forderte als Lohn seine Seele. Nun wußte der Ritter freilich, mit wem er es zu tun hatte, allein die Leidenschaft zu dem schönen Ritterfräulein hatte schon zu feste Wurzeln in seinem Herzen geschlagen, und es war ihm jeder Preis recht, wenn er nur die Geliebte errang. So unterschrieb er den Vertrag mit seinem Blut, und der Teufel führte die Mauer auf. Schon war sie ganz nahe dem Donaufluß, als im Dorfe der erste Hahn krähte. Da mußte der Schwarze von seinem Werk ablassen, und voll Wut schoß er dem Hahn den Pfeil in den Leib, den er noch heute trägt. Der Ritter aber fiel auf die Knie und bat Gott um Verzeihung für sein frevelhaftes Tun. Dann verschenkte er all sein Hab und Gut und zog in eine einsame Karthause, wo er in Buße und Gebet bis zu seinem Lebensende hauste.

Die Tuchnerklippen

Vor mehreren Jahrzehnten konnte man bei dem kleinen
Orte Gossam in der Wachau einige merkwürdig ge=
formte Felsen wahrnehmen, die im Volksmunde die „Tuch=
nerklippen" hießen. Darüber erzählt Frau Sage folgendes:

In dem nahen Städtchen Spitz wurde einmal Jahrmarkt
gehalten, der sogenannte Michaelismarkt, zu dem von weit
und breit die Menschen herbeikamen, um ihre Einkäufe zu
besorgen und sich in den Bretterbuden zu belustigen. Die
Händler hatten ihre Buden aufgestellt und ihre Waren zum
Verkaufe ausgebreitet und machten gute Geschäfte. Nur einer
wurde stillschweigend von allen gemieden, und niemand
wollte bei ihm auch nur das Kleinste einkaufen. Alle haßten
ihn und gingen ihm verächtlich aus dem Wege, denn er
war ein gefürchteter Wucherer, der armen Witwen den
letzten Heller aus dem Sacke zog und durch seine Wucher=
zinsen sich bereits ein großes Vermögen angesammelt hatte.
Es war ihm schon lange bekannt, wie sehr er im Volke ge=
haßt war, und seine Geduld war nun zu Ende. Voll Wut
raffte er seine Tuchballen zusammen, um heimzureiten. Denn
es hatte keinen Sinn, hier noch länger zu bleiben, da ja ohne=
dies kein Mensch bei ihm etwas kaufte und sie hingegen mit
ihrer Verachtung ihn nur ärgerten. Also sattelte er sein
Pferd, packte seine Waren darauf und machte sich auf den
Heimweg. Es dunkelte bereits, und schwarze Wolken standen
am Himmel, als er an Schwallenbach vorbeiritt. Verein=
zelte Blitze zuckten, und der Donner rollte, so daß das Pferd
nicht weitergehen wollte. Doch Klaus, so hieß der Wuche=
rer, trieb das Tier mit der Peitsche zur Eile, bis endlich bei

Gossam ein heftiger Blitz es zu Boden warf. Der Tuch=
händler stürzte mit dem Perde, stand aber gleich wieder auf
und raffte seine Ballen zusammen, die auf den Boden ge=
fallen waren. Er versuchte, den steilen Weg hinanzuklim=
men, allein immer wieder glitt er auf dem felsigen Pade
aus, und ein Ballen nach dem anderen entschlüpfte seiner
Hand. Da stieß er einen gräßlichen Fluch aus und wünschte,
er möge lieber samt seiner Ware zu Stein werden, bevor
ein anderer sie erhalte.

Nicht weit von dieser Stelle hatte ein frommer Klausner
seine Hütte; der ging am frühen Morgen aus, um nach dem
Wetterschaden zu sehen. Da sah er den Wucherer, der samt
seinen Tuchballen zu Stein geworden war. Fortan hießen
diese Felsen nur mehr die „Tuchnerklippen“. Lange Jahr=
hunderte nachher noch zeigte man sich diese Stelle, bis das
Gebilde endlich dem Einflusse des Wetters zum Opfer fiel.
Die Sage aber lebt fort im Volke bis auf den heutigen Tag.

Die Hasen von St. Michael

Auf dem Kirchendache von St. Michael kann man sieben
steinerne Häslein sehen, die eigentlich gar keine Hasen
sind, aber im Volke allgemein so genannt werden. Schaut
man näher zu, so erscheinen sie wie springende Hirsche, in
Wirklichkeit jedoch sind es kleine Pferdchen. Einst soll ein so
heftiger Schneefall eingetreten sein, daß das Tal zwischen
der Kirche und dem Orte mit Schnee angefüllt war. Ja, er
ging so hoch, daß sieben kleine Hasen auf das Kirchendach
hüpften, um sich vor dem Gestöber zu retten. Am nächsten

16*

Morgen aber trat Tauwetter ein, und die Tierlein saßen auf dem Dache gefangen. Zur Erinnerung daran wurden die Steingestalten auf dem Dache verewigt.

Eine andere Sage behauptet, die Hasen erinnerten an die wilde Jagd Wotans. In der Wachau erhielt sich der Heidenglaube lange Zeit, und um ihn ganz auszurotten, wurde die Kirche von St. Michael erbaut. Die Tiere stellte man auf das Kirchendach, damit sie ein Hinweis sein sollten auf den Sieg des Christentums über den Wotansglauben.

Die Rettung von Favianis

Als das Christentum Eingang fand in die Donaulande, da war es vor allem der heilige Apostel des Glaubens, Severin, der mit begeisterten Worten die neue Lehre verkündete und predigend und segnend die Donau entlang zog. In dem römischen Städtchen Favianis, dem heutigen Mautern, hat er lange Zeit verweilt, und überall, wohin er kam, brachte er Hilfe, Rat und Trost.

Es war ein strenger Winter, und die Bewohner der Stadt litten große Not an Lebensmitteln. Denn die Donau, die einzige Verkehrsstraße, war zugefroren, und die erwarteten Schiffe mit Nahrung konnten nicht nach Favianis gelangen. Nur einer lachte der allgemeinen Not und Verzweiflung, ein reicher Römer, namens Prokulus (nach anderen Quellen eine Römerin Prokula). Als das Volk ihn bat, seine Vorräte ihm zu verkaufen, da verlangte er eine so hohe Summe, daß die armen Leute sie nicht bezahlen konnten. Da stand plötzlich der heilige Severin unter den Menschen und

hieß sie auf Gott vertrauen. Zu Prokulus aber sprach er:
„Laß ab von deinem freveln Tun und gib dem hungrigen
Volke von deinem Überflusse." Der Römer lachte nur höh-
nisch und erwiderte: „Was fällt dir ein! Für jedes Körnchen
Korn kann ich ein Stück reines Gold bekommen und soll es
verschenken?" Da faßte den frommen Mann heiliger Zorn,
und er rief: „So sollst du wissen: Drei Tage nur mehr,
und all dein Korn wird in Staub zerfallen sein, und kein
Mensch wird mehr danach begehren!" Er bat das Volk,
Geduld und Vertrauen auf Gott zu haben und nicht abzu-
lassen, Gebete und Opfer zu bringen, denn in drei Tagen
werde die Rettung nahen. Der dritte Morgen sah eine große
Menschenmenge am Donaustrom versammelt. Plötzlich ein
Ruf aus tausendstimmiger Kehle: „Die Not hat ein Ende,
die Schiffe kommen!!" Und wirklich sah man den Strom
herab schwerbeladene Schiffe ziehen. Im Hause des reichen
Römers aber kam bestürzt ein Sklave zu seinem Herrn gelaufen und meldete, daß alles Getreide zu Staub zerfallen
sei. So hatte der Heilige wahr gesprochen, und Gottes
Strafe hatte den Wucherer ereilt.

Die goldenen Apostel zu Göttweig

Die Wachau hat an ihrem Anfang und ihrem Ausgang
je ein herrliches Stift als Wächter aufgestellt. Nun
ist es das hochgelegene Göttweig, das vor uns erscheint,
das Stift „Zum klingenden Pfennig", wie es seit alters her
genannt wird. Vor vielen Jahrhunderten wurde das Land
gar oft von Hungersnot und Entbehrungen aller Art heim-

gesucht, das Stift allein blieb davon verschont. Denn tief im Klosterberg ist eine unterirdisch gelegene Höhle, in der sitzen die Apostel, und ihre Bärte sind aus purem Golde. Alljährlich in der Johannisnacht steigt der Abt des Stiftes mit seinem Kämmerer hinab und schert mit einem Messer den Aposteln die Bärte, die im Laufe des Jahres wieder nachwachsen. Darum kann das Stift nicht verarmen und hat allzeit ein vergnügliches und gesichertes Dasein. Einst waren es alle zwölf Apostel, doch einer wurde einmal in besonders harten Zeiten zu Geld gemacht. Das Kloster aber heißt darum „Zum klingenden Pfennig". Oh, wer doch auch solch goldenen Bart hätte!

Das Mandl ohne Kopf

In dem Donaustädtchen Krems steht ein alter Pulverturm, auf dem man ein Wahrzeichen der Stadt sehen kann: „Das Mandl ohne Kopf." Wie diese Statue zu dem Namen kam, schildert uns eine Sage aus der Schwedenzeit. Eine junge Bürgersfrau, deren Gatte bei der Verteidigung der Stadt sein Leben eingebüßt hatte, wurde von einem schwedischen Offizier mit Anträgen verfolgt, denen sie nicht anders zu entgehen vermochte als durch Flucht in die Liebfrauenkirche, da ihr Haus verbrannt war.

Als sie die Kirche betrat, sah sie die grauenhafte Verwüstung, die der Feind angerichtet hatte. Alle Altäre lagen zertrümmert am Boden, alle Statuen waren von den Schwedenkugeln zerschmettert, nur ein Marienbild war unversehrt. Zu diesem flüchtete sie, doch ihr Verfolger war ihr

auf den Ferſen und wollte ſie an ſich ziehen. Da rief ſie laut
die Muttergottes um Schutz an, gab dem Schweden einen
feſten Stoß und eilte hinter den Altar. Zornbebend riß der
Verſchmähte ſeinen Degen heraus und ſtach dem Bilde die
Augen aus. Doch die Strafe für dieſen Frevel blieb nicht aus.
Am nächſten Tag wurde ein Angriff unternommen, wobei
dem Schweden der Kopf von einer Kugel abgeriſſen wurde,
ſo daß er weit ins Tal hinabkollerte. Zur Erinnerung daran
bauten die Kremſer nach dem Abzug des Feindes das ſtei=
nerne Mandl ohne Kopf. Der ſchwediſche Offizier aber hat
im Grabe keine Ruhe und wandert noch heute um den alten
Pulverturm oder reitet auf feurigem Roſſe um die Lieb=
frauenkirche.

Die Chriſtmette von Kreuzenſtein

Bis vor wenigen Jahrzehnten war Kreuzenſtein, die
ſtolze Burg, noch eine Ruine, in der nur Dohlen und
Eulen hauſten. Der einſt ſo prächtige Bau war längſt in
Schutt und Trümmer geſunken.

Chriſtnacht war's. Die Mitternachtsglocken tönten feier=
lich ins Land hinein und luden alt und jung zur Mette.
Allenthalben konnte man vermummte Geſtalten durch den
Schnee ſtapfen ſehen, der Kirche zu. Auch in den verfallenen
Mauern der einſtigen Burg regt und bewegt es ſich. Män=
ner und Frauen und Kinder in längſt veralteten Gewän=
dern wandeln das Tal hinab gegen den Ort Leobendorf, wo
dieſe Toten alljährlich die Chriſtmette hören. Mit dem letzten
Blick nach den Ruinen grüßen ſie noch das treue Burggeiſt=

lein, das die Mauern abbröckelt, damit der neue Bau bald beginnen könne. Und als sie wieder in ihr Grab zurück= steigen, da nicken sie sich zu und sagen: „Das war die letzte Mette, die wir bei den Menschen besuchen mußten. Wenn es wieder Weihnacht ist, dann stehen schon die Mauern der neuen Burg, und Kreuzenstein krönt stolz den Gipfel des Berges."

Der Teufel am Bisamberg

Am Fuße des Bisamberges lag vor mehreren hundert Jahren ein stattliches Bauerngehöft, das dem reichen Steinbauern gehörte. Der hatte eine einzige Tochter, die er gerne mit seinem wohlhabenden Nachbarn verheiratet hätte. Doch dieser war ein arger Geizhals, und die Resi mochte ihn nicht leiden. Ihr Herz gehörte schon lange einem anderen, der aber arm war und bei ihrem Vater als Knecht diente. Darum gab es für die beiden Liebenden keine Aussicht, denn niemals hätte der strenge Vater seine Einwilligung zu einer solchen Verbindung gegeben.

Da begegnete einmal der Bursche auf einem Kreuzweg dem Teufel; der versprach ihm seine Hilfe, wenn ihm der Knecht seine Seele gäbe. Der aber war gar schlau und hoffte den Satan zu überlisten; darum willigte er ein, doch unter der Bedingung, daß er dem Teufel seine Seele erst dann geben werde, wenn der Eichbaum, unter dem sie standen, alle Blät= ter verloren habe. Der Teufel war's zufrieden und ver= schaffte dem Burschen einen Schatz, der ihn zum reichsten Manne in der ganzen Umgebung machte. Natürlich erhielt

er nun Refi zum Weibe und lebte mit ihr vergnügt und
froh. Je näher aber der Herbst kam, desto stiller und be=
sorgter wurde die junge Frau, denn ihr Mann hatte ihr
alles erzählt. Der aber war guter Dinge, und als die Blätter
von allen Bäumen fielen, führte er sein Weib hinaus zum
Eichbaum und zeigte ihr das Wunder: Unter dem welken
Laub grünten neue frische Triebe, denn der Baum war eine
Steineiche und blieb immer grün. So hatte der schlaue Bauer
den Teufel zum Narren gehabt.

Der Schleier der Agnes

In dem Schlosse am Kahlenberge wohnte vor achthundert
Jahren der fromme Markgraf Leopold. Vor wenigen
Tagen erst hatte er sich ein trautes Ehgemahl aus fernen
Landen geholt, die schöne Kaisertochter Agnes. Nun standen
sie auf dem Söller der Burg und schauten in ihr Land hin=
ab, das im Sonnenscheine vor ihnen lag. Da entführte ein
heftiger Windstoß den Schleier der Markgräfin, den sie von
ihrem Gemahl erhalten hatte. Trotz eifrigen Suchens war
das zarte Gebilde nicht mehr zu finden. Schon waren viele
Monde ins Land gezogen, und fast war der Schleier ver=
gessen. Damals trug sich das fromme Paar mit dem Ge=
danken, ein Kloster zu bauen, nur waren sie noch nicht schlüf=
sig geworden über den Platz, an dem sich das Gotteshaus
erheben sollte. Da ritt eines Tages der Markgraf mit sei=
nem Gefolge auf die Jagd und kam dabei an eine entlegene
Stelle, wo dichtes Gestrüpp den Weg versperrte. Plötzlich
schlugen die Rüden an, und Leopold, der ein Wild im

Strauche vermutete, ritt näher und sah mit Staunen den verlorenen Schleier seiner Gemahlin in den Zweigen hängen. Er war unversehrt. Da war es dem Markgrafen, als habe Gott selbst ihm nun die Stelle gewiesen, an der er verehrt sein wollte. Noch im selben Jahre begann der Bau eines Klosters, das sich alsbald an jener Stelle erhob, wo Leopold den Schleier gefunden hatte. Das Stift wurde Klosterneuburg genannt, und noch gegenwärtig zeigt man in der Schatzkammer den Schleier der frommen Markgräfin Agnes.

Der schwere Wagen

Im Donaustädtchen Hainburg kann man des Nachts um die Geisterstunde ein Holpern und Stöhnen hören, das bis zum Glockenschlage eins währt. Ein schwerer Wagen kommt angefahren, den schwarz vermummte Rosse ziehen, und den unter Hussa und Peitschenknallen der Teufel lenkt. Dabei glühen seine Augen wie feurige Kohlen, seine behaarte Hand schwingt eine Peitsche, und so geht es unter Lärmen und Johlen die stillen Straßen entlang. Kommt der Wagen an einen Kreuzweg, so sieht man grelle Blitze zucken und hört das Krachen des Donners. Da ist es nicht geraten, den Kopf zum Fenster hinauszustrecken, und eine neugierige Frau, die es doch einmal nicht lassen konnte, hat es büßen müssen. Auf einmal spürte sie einen derben Klatsch auf ihren Wangen, und so sehr sie auch reiben mochte, es blieben zwei schwarze Flecken und kündeten zeitlebens von ihrer Neugierde.

Helden des Nibelungliedes

Mönch Ilfans Kuß

Zu Melk am Donaustrande steht ein herrliches Kloster, reich und wohlgefügt, in dem viel fromme Mönche Gottes Lob erschallen lassen. Aus weiter Ferne kam so mancher, um nach einem wild bewegten Leben in Kampf und Streit nun Ruhe der Seele zu finden in den kühlen Klostermauern. Ilsan, der wilde, rauhe Mann, den das Schwert und der Helm besser kleiden würden denn die härene Kutte, ist solch einer. Und alle Brüder fürchten ihn, denn keiner ist sicher vor seinen Scherzen und derben Streichen, vor der Spottsucht seiner bösen Zunge. Einst soll er ein gefürchteter Degen gewesen sein, von dessen Schwert so mancher Held noch Narben auf dem Leibe trägt. Was ihn ins Kloster getrieben, was den Grimmen bewogen hat, Speer und Lanze mit dem Rosenkranz, den Panzer mit dem Mönchshabit zu vertauschen, wer mag das wissen? Seine Gebete klingen eher wie derbe Flüche, sein Psalmieren wie Kampfesruf, und nur dort, wo es gilt, den grimmen Wolf zu jagen, den Eber zu erlegen, da stellt er seinen Mann wie sonst keiner in St. Benedikts Hause.

Licht und sonnig war der Maimorgen, als elf starke Recken vor dem Klostertore zu Melk ihre Rosse anhielten und Einlaß heischten. Sie kamen aus dem Berner Lande, und Hildebrand, der alte Waffenmeister, war ihr Anführer. Erstaunt ob der bewaffneten Gäste öffnete der Bruder Pförtner das starke Tor und fragte die Helden nach ihrem Bescheid. Den Mönch Ilsan begehrten sie zu sprechen, und als

der nahte, da gab es ein froh Begrüßen. „Hei, Mönch Il=
san!" rief Hildebrand, „dich suchen wir, du kommst mit
uns! Zu Worms am Rheine gibt's ein ritterlich Turnier,
in dem die schöne Kriemhild selbst den Dank von ihrem
Munde dem Sieger reicht! Drum auf nach Worms, es lüstet
uns, den Preis zu erringen! Nur du hast uns gefehlt, du
treuer Waffenbruder in so manchem trefflichen Streit!
Wirf hin den Rosenkranz und nimm das Schwert, das lang
genug gefeiert hat! Es gilt gar minniglichen Preis!"

Als Ilsan solches vernahm, da erwachte die nie versiegte
Kampfeslust aufs neue in seiner Seele, und mit wildem
Jauchzen willigte er ein. Alsbald zogen die edlen Recken von
dannen, der Mönch in ihrer Mitte. Den Brüdern versprach
er noch beim Abschied, alle die Blumenkränze zu bringen, die
er seinen Gegnern abnehmen werde. Die Mönche aber bete=
ten, er möge nimmer wiederkehren, denn keinem war er
Freund gewesen, keinem hatte er Liebes getan.

Zu Worms am Rhein war ein frohes Leben. Da tum=
melten die Helden ihre Rosse in fröhlichem Jagen, da ward
gar mancher in den Sand gestreckt, und mancher stand nicht
mehr auf. Weithin scholl das laute Rufen und Jauchzen der
Kämpfer, und Volker schwang seinen Fiedelbogen, daß es hell
zu Kriemhilds Preis erscholl. Ilsan, der wackere Held, er
focht und stritt, als hätte er nie im dumpfen Klosterchor die
Psalmen gesungen, als wäre er des Schwertes in seiner
Hand nie entwöhnt gewesen. Wie schwang er es gegen Vol=
kers Fiedelbogen, daß er zerschmettert in Stücke fiel! Und
bald türmte sich ein Berg von zweiundfünfzig lichten Maien=
kränzen zu des Mönches Füßen. Der spießte sie an seinen
Speer und trat vor den Thron des holden Königskindes. Er

neigte sich und bat um seinen Lohn. Weh dir, Kriembilde,
du zarte Fraue, gar rauh und ungefüg sind solche Männer
wie Ilsan! Doch was du versprochen, mußt du dem Helden
halten, wenn auch seine stoppeligen Lippen deine Rosen=
wänglein blutig reiben!

Zu Melk gab es keine Freude, als der Degen wieder er=
schien, und allen geschah es zum Leide. Doch war es noch
derselbe Ilsan, der vor wenig Monden ausgezogen war, den
frohen Strauß zu wagen? War das der wilde Kämpe, der
stets zu Händeln aufgelegte, jähzornige Geselle? Still schlich
er durch die Klosterhallen, kein rauhes Wort war von ihm
zu hören. Scheu wich er allen Fragen aus und mied die Ge=
sellschaft der Brüder. Nur nachts fuhr er oft aus wilden
Träumen auf und blickte mit rollenden Augen um sich, oder
er sprach im Schlummer Worte, die sich gar eigentümlich
anhörten aus eines Mönches Munde: „Kriembilde, lichte
Fraue — — nun gib mir meinen Lohn!"

Die anderen in St. Benedikts Kloster wußten nicht, wem
sie dies Wunder zu verdanken hatten. Sie meinten, des
Herrn Gnade habe mit ihrem Strahl den grimmigen Strei=
ter getroffen, und bald verbreitete sich der Ruf davon im
ganzen Donaulande. Doch keiner ahnte, daß holde Minne
an seiner Seele mit heißen Flammen zehrte. Sein Leib ward
schmal, seine Wangen bleich, und ein düsteres Feuer glühte
in seinen Augen. Nur selten öffnete sich sein Mund zu Rede
und Antwort, stumm wandelte er durch die Räume des
Klosters.

Da verbreitet sich eine schaurige Kunde im Lande, die alle
Gemüter in Aufruhr und Schrecken stürzt. Der Nibelungen
Todesfahrt und Kriembilds blutige Rache eilt wie ein Lauf=

feuer die Donau stromauf, stromab. Ans Klostertor pocht
ein wilder Reiter, Held Hildebrand ist's, der aus dem Hunnenlande die traurige Mär bringt. Er steht vor Ilsan und
entbietet ihm Gruß: „Hör' zu, Ilsan, die Helden alle sind
tot, erschlagen, und keiner kehret wieder. Sie alle, die zu froher Fahrt ausgezogen sind, Gunther und seine Brüder,
Dankwart und Hagen, Volker und der edle Rüdiger, sie
schlafen nun alle im ewigen Frieden!" Lange stand da der
Mönch und wagte keine Frage, doch endlich sprach er mit zit-
ternder Stimme: „Und Kriemhild, die herrliche Fraue, wie
trägt sie diesen Jammer?" Da fuhr Held Hildebrand auf
und rief: „Kriemhild, die Falsche, sie ist an all dem Leide
schuld, sie hat dies Morden angestiftet! Doch die toten Helden alle rächte mein treues Schwert! Auch sie ist nicht mehr!"
Jäh fuhr der blasse Mönch empor und erhob die Hand gegen
den Mörder, doch kraftlos sank sie wieder herab, und Blut
entströmte seinem Munde. Wie ein gefällter Waldesriese
glitt er zu Boden und mit schmerzlichem Wehlaut hob er
noch einmal die Stimme: „Kriemhilde, du holde — — tot
— — wie Rosen erblühen die Wangen dein im Blumen-
gärtelein — — —!"

Erschüttert standen da die Brüder um den Entschlafenen,
und was ihnen bis jetzt ein Rätsel gewesen, das enthüllte
sich nun klar ihrem staunenden Blick. Der Minne Wunder-
macht hatte ihn ergriffen und in ihren Zauberbann gezogen.
Nun lag er da, allem Leid entrückt, in das die Allgewaltige
ihn verstrickt hatte, im Tode vereint mit der heimlich Geliebten, die mit ihrem Kusse den sehrenden Brand in seinem rauhen Herzen entfacht hatte.

Kriembilds Brautfahrt ins Hunnenland

Siegfried, der lichte Held, war tot. Durch eines Weibes schnöde Rachsucht angestiftet, vom feigen Blutsbruder Gunther verraten, war er dem Mörderstreich des grimmen Hagen preisgegeben. Durch den Spessart, der des Helden Blut getrunken, ging ein einziges Wehklagen, die Blumen und Bäume neigten ihre Häupter in Trauer, die Vöglein ließen ihr fröhliches Singen sein, und ein Flüstern und Rauschen ging durch den ganzen Wald, als wollten selbst die unvernünstigen Kreaturen klagen um den besten deutschen Recken, der erschlagen lag in der Königshalle zu Worms. An der Bahre des Toten aber saß ein bleiches Weib, welches das Leid versteinert hatte. Nur ein Gedanke war in ihrer Seele, nur ein Wunsch beherrschte die Tränenlose: Rache für ihn, der ihr Leben und ihre Sonne gewesen, Rache und sei es um welchen Preis immer!

Die Jahre zogen ins Land. Kriembilds Schmerz fand keine Linderung, ihre Rachsucht keine Erfüllung. Ihrer Schönheit konnte die Zeit nichts anhaben, nur war alles Lichte, Holde daraus entschwunden und hatte einer düsteren Hoheit Platz gemacht. Viele edle Helden warben um die Hand dieser stolzen Witwe, doch keinem neigte sie sich in Minne. In ihrem Herzen war kein Raum mehr für ein anderes Gefühl als Rache.

Da kamen Boten aus dem Hunnenlande, die sandte König Etzel, die „Gottesgeißel“. Auch zu ihm war der Ruf gelangt von dem schönen, stolzen Königskinde, das ungetröstet durch die Zeit ihrem toten Gemahl die Treue hielt. Nun war auch Etzels Gemahlin Helche gestorben, und der allgewaltige

Hunnenbeherrscher warb um Siegfrieds Witwe. Und siehe
da, was all den anderen Recken nicht gelingen wollte, das
ward dem wilden Steppensohn fast mühelos zuteil! Was
mochte Kriemhild, die Treue, die Schöne, bewegen, dem ab-
stoßenden Etzel die Hand zu reichen? Finster mögen wohl
die Gedanken der Königsbraut gewesen sein, und Minne
war es gewiß nicht, was sie bewog, den Boten ihr Jawort
zu geben. Mit reichen Geschenken hatte der mächtige Hun-
nenfürst seine Braut bedacht, und schimmernde Seide, kostbaren Schmuck breiteten die Gesandten vor der ernsten Frau
aus. Sie aber hatte für diese Herrlichkeiten kaum einen Blick,
sie galten ihr nichts mehr, seit ihr Schmuck, ihr einziges
Kleinod, ins Grab gesunken war.

So zog denn eines Tages der festliche Brautzug mit flat-
ternden Wimpeln die Donau abwärts, dem fernen Hunnenlande entgegen. Es war eine frohe Reise, und viele starke
Recken gaben der Königsbraut das Geleite.

Sie kommen auf dieser Fahrt an den Orten Vergen (Pfö-
ring) und Pledelingen (Plattling) vorbei und überall, wohin das frohe Wanderschiff kommt, stehen die Menschen am
Ufer und grüßen mit ehrfürchtigem Zuruf die Braut und
ihr Gefolge. In Passau wird längerer Aufenthalt genommen, und Kriemhild ist Gast im Hause ihres Oheims,
des Bischofs Pilgerin. Dieser schließt sich dem Gefolge an,
um seiner Nichte noch ein Stück Weges das Geleit zu
geben.

Und wieder nimmt die Donau die deutschen Helden auf,
und vorbei geht es an Burgen und Schlössern, von denen
heute manche schon zerfallen sind und keine Spur mehr verkündet, was sie einst gesehen und erlebt. In Everdingen

Ottensheim

Pragstein in Mauthausen

Hof der Greinburg

Schloß Persenbeug

(Eferding) wird wieder Rast gemacht und das Nachtlager
aufgeschlagen. Endlich gelangen sie nach Bechelaren (Pöch=
larn). Dort wird ihnen festlicher Empfang zuteil. Markgraf
Rüdiger, der treue Dienstmann König Etzels und Wächter
der Ostmark, geht mit stattlichem Gefolge und vielen hol=
den Frauen, worunter sich auch seine Gemahlin und Tochter
befinden, dem Brautzuge entgegen. Die Burg Rüdigers ist
schon gerüstet für den Aufenthalt so vornehmer Gäste. Frohe
Feste und Kampfspiele werden gehalten, und kostbare Ge=
schenke werden auch hier der königlichen Braut beschert. Ihr
Herz aber weiß nichts damit zu beginnen, es sinnt nur
Rache. Bald, so wähnt sie, ist das Ziel erreicht, um dessent=
willen sie sich dem Hunnenkönig zu eigen gibt.

Nun geht es stromabwärts gegen Medelike (Melk). Hier
weist ihnen Astolt, der Wirt, den Weg ins Land der Heu=
nen. Heute noch erinnert eine Gedenktafel in der Au bei
Melk an diese Begebenheit. Von ferne grüßen schon die Zin=
nen von Weitenegg, das Markgraf Rüdiger sich erbaut
hatte. Das Schiff hält in Mutaren (Mautern), und hier
nimmt Bischof Pilgerim Abschied von seiner schönen Nichte.
Noch einmal redet er in mahnenden Worten zu ihr, daß sie
den Heiden Etzel zum Christentum bekehren möge, um sich
so ein Verdienst für den Himmel zu erwerben. Wohl hörte
Kriemhild die Worte des Oheims, doch ihr Herz ist weit
entfernt von seinen Plänen, sie hat anderes mit dem Hun=
nenkönig vor.

In Traismauer trifft der glänzende Zug mit dem Bräu=
tigam zusammen, der seiner Braut entgegeneilt. Ein präch=
tiges Gesolge hat der Beherrscher so vieler Völkerschaften
aufgeboten, damit der Empfang seiner schönen Braut wür=

dig sei. Vierundzwanzig fremde Fürsten, die sich Etzel unter=
worfen hatte, kamen auf feurigen Rossen angeritten, um
das Königskind zu begrüßen, darunter auch viele Heiden
aus fernen Ländern. Der Hunnenkönig stieg vom Pferde,
als er Kriemhildens ansichtig ward und bewillkommnete sie
als seine künftige Gemahlin. Er half ihr von dem Rosse, und
zwei Fürsten mußten die Schleppe der neuen Hunnenkönigin
tragen. Nun ging der schöne, prächtige Zug zu den Zelten,
die bereits errichtet worden waren, und dort übernachtete
man. Als die Sonne den neuen Morgen ankündete, brach
man die Lagerstätten ab, und über Tulln ging's nach Wien.
Mit großer Pracht und Herrlichkeit wurde hier die Hoch=
zeit gefeiert zwischen der schönen deutschen Königstochter
und dem Weltherrscher Etzel. Siebzehn Tage währten die
Festlichkeiten, Gold und Silber floß in Strömen, und die Ge=
schenke nahmen kein Ende. Kriemhild gab mit freien Hän=
den von ihrem Überfluß, und das Volk pries sie als milde
Königin. Ob auch der Freuden viele in diesen Tagen die
Gäste beglückten, ihr Herz empfand gewiß davon nichts.
Manche heimliche Träne mag aus ihren Augen geflossen
sein, wenn sie des lichten Maientages gedachte, da sie mit
Siegfried im Dome zu Worms am Altare gestanden hatte.
Nur der heiße Wunsch nach Rache half ihr zu vergessen, daß
jene Zeit auf immer entflohen. Er gab ihr die Kraft, das ein=
mal begonnene Werk auch zu vollenden, und jeder Schritt
führte sie weiter auf dem Wege zum Ziel.

Auch diese Feierlichkeiten fanden ihr Ende, und am Mor=
gen des achtzehnten Tages bewegte sich der glänzende Zug
die Donaustraße abwärts, unaufhaltsam dem Hunnenlande
zu. In der Heunenburg (Hainburg) wurde abermals ge=

nächtigt. In Wieselburg bestiegen die hohen Reisenden die
Schiffe, die in solcher Menge den Strom erfüllten, daß man
kaum das Wasser sah.

Endlich war man in Etzels Burg angekommen. Groß
war die Freude derer, die den Zug erwarteten. Schöne
Frauen und Mädchen gingen den Reisenden entgegen, Ver=
wandte und Freunde des Königs hatten sich eingefunden,
und alle waren der neuen Herrscherin zu Diensten. Nie hatte
Kriemhild daheim so viele Ritter und Mannen, über so
viele Mägde und Vasallen geboten. Groß war des Hunnen=
königs Glück, und der frohen Tage und Feste gab es kein
Ende. Die Rachepläne der schönen, düsteren Königin aber
reisten langsam ihrer Erfüllung entgegen.

So schwanden die Jahre, und die Burgunden glaubten
sich bereits gesichert vor dem Haß Kriemhildens. Wann
aber vergäße ein tiefgekränktes Weib jemals den Schmerz,
der ihm zugefügt worden war? Berittene Boten mit rei=
chen Geschenken trafen eines Tages in der Königsburg zu
Worms ein, brachten Gruß aus dem fernen Hunnenlande
und die Einladung der Königin, ihren gegenwärtigen
Wohnsitz zu besehen und der Schwester die Freude ihres
Besuches zu bereiten. Mit frohem Mut rüsteten die Bur=
gunder zur Fahrt ins Hunnenreich. Viele tapfere Mannen
des Königs Gunther schlossen sich dem glänzenden Zuge an,
Hagen und Volker, der Spielmann, sie alle, die dem Kö=
nig Treue gelobt hatten, folgten ihm, bereit, ihn mit ihrem
Leib und Leben zu schützen.

Und wieder war die alte Donau Zeuge einer prächtigen
Heerfahrt und wiegte auf ihren Wellen die stattlichen
Schiffe der Reisenden. Sie fuhren durch das Land der

17*

Bayern und kamen endlich nach mehreren Tagen in die Ost=
mark. Wieder war es Rüdiger von Bechelaren, der mit Ge=
folge den Burgunden entgegenging und sie freundlich in
seine Burg geleitete. Auch die edle Markgräfin Gotlinde und
ihr holdes Töchterlein freuten sich der Ankunft so hoher
Gäste. Was das Haus des edlen Gastgebers den Fremden
nur bieten konnte, das wurde herbeigeschafft, und die Frauen
boten den Gästen den Willkommensgruß. Der junge Giesel=
her aber entbrannte in Liebe zu des Markgrafen Töchterlein,
und gerne sahen die Eltern das Glück ihres einzigen Kindes
in den Händen des Burgunders. So wurde denn die Ver=
lobung mit Pracht gefeiert und die Vermählung bis zur
Rückkehr des Helden aufgeschoben. Doch nicht lange konnten
die Gäste weilen, galt es ja noch einen weiten Weg zurück=
zulegen. Vier Tage blieben sie in Markgraf Rüdigers Burg
zu Bechelaren, dann wurde zum Aufbruch gerüstet. Mit
reichlichen Geschenken bedachte der gastliche Wirt die Bur=
gunden: Gernot erhielt ein schneidiges Schwert, Hagen er=
bat sich einen Schild, der an der Wand hing, und den ihm
Gotlinde unter Tränen reichte, denn es war derselbe, den
ihr Sohn Nudung getragen hatte, bis Wittich ihn erschlug.
Volker, der Spielmann, der mit seinen Weisen die Ritter und
die Frauen so trefflich erheitert hatte, empfing aus den Hän=
den der Markgräfin zwölf goldene Ringe, die er zum Ge=
denken tragen sollte. So wurden all die Helden mit herr=
lichen Gaben beschenkt. Rüdiger selbst wollte ihnen das Ge=
leit geben bis ins Land der Heunen. Wohl hatte die treue
Gotlinde im Traume Blut und Kampf geschaut und die
Recken in banger Ahnung vor der Fahrt und vor Kriem=
hildens Rachedurst gewarnt, doch keiner wollte seige zu=

rückstehen, und so bestiegen sie alle ihre Rosse. Sie nahmen
Abschied von der Markgräfin, in deren Hause sie so gastliche
Aufnahme gefunden hatten, und von Rüdigers holdem Töch=
terlein ...

Durch das Donauland geht eine einzige laute Klage, ein
schmerzlicher Aufschrei erhebt sich vom Hunnenlande und
hallt wider durch alle deutschen Gaue bis zum Rhein. Er=
schlagen liegen die Burgunden im Reiche König Etzels, und
Kriemhild, die eigene Schwester war es, die das mörde=
rische Blutbad angestiftet. Aus der Hunnenburg kommen
Spielleute des Etzel nach Bechelaren und bringen die Trauer=
mär der edlen Markgräfin. Auch der treue Rüdiger ist nicht
mehr. Mit seinem eigenen Leben mußte er seine Treue be=
zahlen. Da erhob sich ein Weinen und Wehklagen in der
Burg zu Bechelaren, und Gotlinde und ihre Tochter trauern
um den Gatten und Vater. Doch auch die Mannen und das
Gesinde jammern laut um den edlen Herrn, der durch Mör=
derhand fern der Heimat fallen mußte.

Und wieder sieht die Donau einen langen Zug ihrem Laufe
entgegenschreiten. Aber nicht mit frohem Sang und Sai=
tenspiel naht er, nicht mit ritterlichem Waffengeklirr und
fröhlichem Zuruf, nein, stumm und schweigend nimmt er
seinen Weg. Schwarz verhängte Pferde ziehen schwarze
Wagen, die eine gar teure Last tragen müssen, und als wüß=
ten die Tiere um das Leid ihrer Begleiter, so ernst und
feierlich ist ihr Gang, so schmerzlich ihr Wiehern. Sie füh=
ren ja die toten Burgunden ihrer letzten Ruhestatt entgegen.
Mit Freude und in der Erwartung kommender Feste sind
sie ausgezogen, unter Scherz und Spiel nahmen sie vor
wenig Monden dieselbe Straße, die sie nun von ihren treuen

Rossen zurückgeführt werden als stumme Gäste. Und als
der schweigende Zug nach Bechelaren kommt, da wird aber=
mals haltgemacht, und die Tore der Burg, die ihnen vor
kurzem so gastlich geöffnet waren, tun sich auch diesmal
auf, um einen teuren Heimgekehrten zu empfangen, der bleich
und still auf der Bahre liegt. Wie groß mag da der Jam=
mer der edlen Frauen gewesen sein, als der gute Vater und
Gatte tot vor ihnen lag, wie tief auch der Schmerz der hol=
den Jungfrau, der man den erschlagenen Bräutigam ins
Haus brachte, das vielleicht schon für die Hochzeit festlich
sich geschmückt hatte.

Und weiter, unaufhaltsam weiter nahm der ernste Zug
seinen Weg, und wo die düsteren Helden erschienen, da gab
es laute Klage um so viel junges und tapferes Blut, das um
der Rache eines Weibes willen so grausam vergossen wor=
den war. Sie selbst aber, die all dies Leid verursacht hatte,
war zugleich mit ihrer Rache gefallen, noch im Tode trium=
phierend ob des so wohlgelungenen Werkes. Nun schlafe
sanft in deiner kalten Gruft, Held Siegfried, dein treues
Weib hat seines Schwures nicht vergessen, du bist gerächt,
wie nie mehr ein Meuchelmord gesühnt werden wird! — —

So endet der Nibelungen Schicksal mit Leid und Tränen,
wie denn am Ausgang alles Erdendaseins der Schmerz
steht. Die Wogen der Donau aber rollen in ewig gleichem
Takte dahin, und ihr immer gleiches Lied verkündet keinem,
was sie im Wechsel der Jahrhunderte an Menschenglück und
Menschenleid erlauscht.

Helden der späteren Zeit

Die Schweden vor Neuhaus

Eine Sage aus der Schwedenzeit spielt in dem ober=
österreichischen Städtchen Neuhaus. Das alte Schloß,
das sich an den Bergesrücken lehnt, war der Schauplatz
wilder Kämpfe, die Schweden belagerten es längere Zeit.
Wohl hatte es feste Mauern und Türme, doch nur eine ge=
ringe Bemannung, die noch dazu dem Hunger verfallen
schien, wenn nicht bald Hilfe kam. Darauf warteten die
Feinde und gebärdeten sich bereits als Sieger. Da verfiel
der Burgherr auf eine List, die das Schloß und seine Be=
wohner errettete. Er ließ den einzigen Stier, der noch in den
Stallungen stand, mit glühenden Zangen zwicken, so daß
das Tier vor Schmerz laut brüllte. Da vermeinten die
Schweden, die Belagerten hätten noch reichlich Lebensmit=
tel, denn das Gebrüll des gepeinigten Tieres klang wie der
Schrei von Dutzenden. Enttäuscht zogen die Belagerer ab
und rächten sich noch, indem sie die stolze Burg vom Tale
aus beschossen. Die Sieger aber lachten nur der ohnmächti=
gen Wut des Feindes. Ihrem wohlbewehrten Felsennest
konnten die schwedischen Geschosse nichts anhaben.

Johann von Passau

An einem sonnigen Frühlingsmorgen des Jahres 1298
feierten die Bewohner der Feste Niederhaus bei Passau
ein frohes Fest, das nicht nur dem erst kürzlich wiederher=

gestellten Frieden zwischen Bischof und Bürgern von Pas=
sau galt, sondern auch der Vermählung des Schloßherrn.
Johann von Passau, der „Schelter", wie er genannt wurde
wegen seines argen Fluchens, führte ein gar holdes und sanf=
tes Ehgemahl heim, die schöne Agnes. Gar oft hatte sie den
Bräutigam gebeten, doch das sündhafte Schelten zu unter=
lassen, doch es war ihm schon zu sehr zur Gewohnheit ge=
worden, daß er es nicht mehr lassen konnte. Nun bat sie ihn
abermals, ihr zuliebe an diesem Festtage das Versprechen zu
leisten, nicht wieder zu fluchen. Johann von Passau tat nach
ihrem Willen, und Agnes dankte ihm voll Freude für diesen
Beweis seiner Liebe. So wurde das Hochzeitsfest mit Pracht
gefeiert, und die beiden lebten viele Jahre miteinander. Doch
schien kein Glück und keine Freude im Herzen Agnes' zu
wohnen, denn sie schwand dahin wie eine Blume, die, von
rauhen Stürmen geknickt, von keiner liebenden Hand ge=
pflegt wird. Sie wurde von Tag zu Tag mehr einem Schat=
ten gleich, und ihre zarten Wangen bleichten. Oft klagte sie
ihrer treuen Amme Hildegard das Leid ihrer Ehe, die durch
das lästerliche Wesen ihres Gatten zerstört wurde. Nie hörte
man ihn freundlich zu ihr sprechen, nur derbe Flüche ent=
fuhren seinen Lippen, und er schalt auf die Gebrechlichkeit
seines Weibes, ohne zu bedenken, daß er selbst sie verschuldet
haben könne. Und eines Tages war das Leben wirklich aus
diesem zarten Körper entflohen, bleich, selbst noch im Tode
schön, lag sie auf ihrem Bette, und trauernd stand die
Dienerschaft um ihre gute Herrin. Da ergriff den Gatten
namenloser Schmerz, und er raufte sich das Haar und schrie
und tobte. Mit verzweiflungsvoller Gebärde umfaßte er
den schönen Leib der Heimgegangenen und bedeckte ihn mit

heißen Küssen und den Tränen seiner Reue. Doch siehe — da
bewegte sich plötzlich das Bahrtuch, und die Tote erwachte
zu neuem Leben. Jubelnd vor Seligkeit nahm sie Johann in
seine Arme und trug sie in das Gemach. Agnes aber bat ihn,
nie mehr zu fluchen, denn sonst müsse sie sterben: nur seine
Reue habe den Himmel bewogen, sie ihm wieder zu schenken.
Mit Freuden versprach er ihr dies, und so lebten die beiden
Wiedergefundenen eine Zeit in ungetrübtem Glück. Die
Kunde von diesem Wunder verbreitete sich alsbald im Lande,
doch wollte es niemand glauben. Da beschloß der Graf, ein
großes Fest zu geben und alle seine Freunde und Verwandten
dazu einzuladen. Agnes aber wäre gern allein mit ihrem
Gemahl geblieben und bat ihn, von seinem Plan abzustehen,
damit die Gesellschaft seiner Freunde ihn nicht von seinen
guten Vorsätzen wieder abbringe. Da ergrimmte der ge=
walttätige Mann und rief: „Zum Teufel, wer ist hier der
Herr im Hause?" Kaum war das böse Wort seinem Munde
entschlüpft, da kam auch gleich die Reue in seine Seele, doch
es war zu spät. Der blühende Leib seines Weibes schwand
dahin, ihr Antlitz erblaßte, und als der erschrockene Gatte
nach ihr greifen wollte, da faßte seine Hand nur leere Luft.
Und als sie wie vorher im Sarge lag, da strömten von nah
und fern das Volk und die Priester herbei, um die merkwür=
dige Begebenheit zu sehen. Auf dem Antlitz der Toten aber
lag ein schmerzlicher Zug, und eine tiefe Falte entstellte ihre
reine Stirne. In jener Nacht aber verschwand Johann von
Paffau, und nie wieder kam Kunde von seinem Verbleib.
Nur manchmal in wilden Sturmnächten soll seine Seele an
den Wassern der Donau entlang irren, und seine Seufzer
sollen gar schaurig im Winde zu vernehmen sein.

Der wunderbare Ritt

In Passau erzählt man sich folgende Sage von Karl dem Großen: Als dieser in den Kampf gegen die Heiden zog, bat er seine Gemahlin, ihm zehn Jahre die Treue zu halten, denn im Verlaufe dieser Frist gedenke er wieder bei ihr zu sein. Erst wenn er nach dieser Zeit nicht zurückkehre, möge sie sich als Witwe betrachten; sende er ihr einen Boten mit seinem Fingerring, dann dürfe sie diesem unbedingt Glauben schenken. Darauf ritt Karl in den Krieg.

Neun Jahre waren bereits verflossen, und noch immer kam keine Nachricht von dem König. Die deutschen Fürsten glaubten schon an seinen Tod und drängten die Königin, dem Reiche einen neuen Herrscher zu geben. Doch sie konnte sich nicht entschließen und bat immer wieder um Aufschub, denn sie hoffte doch noch auf die Rückkehr ihres Gemahls. Endlich wollten sich aber die Ratsherren nicht länger gedulden, denn Raub und Verwirrung herrschten im ganzen Lande, das seines Hauptes entbehren mußte. Mit schwerem Herzen entschloß sich nun die Königin, einen neuen Gatten zu wählen. So wurde alles für die Hochzeitsfeierlichkeiten vorbereitet, und die Königspfalz zu Aachen rüstete zum Einzug ihres künftigen Herrschers.

Im fernen Lande aber erschien drei Tage vor dem Fest ein Engel dem König und berichtete ihm von der Wiedervermählung seiner Gemahlin. Da verzweifelte Karl und rief: „Wie soll ich in drei Tagen den weiten Weg zurücklegen, der doch viele Wochen währt?" Der Engel aber befahl ihm, das Pferd seines Schreibers zu reiten, es werde ihn in einem Tage bis Raab bringen. Von dort aus solle er an der

Donau entlang bis Paſſau reiten und daſelbſt das Füllen des Wirtes ſich eintauſchen. Dieſes werde ihn in der ge=wünſchten Zeit glücklich nach Aachen bringen.

Und ſo geſchah es auch wirklich. In Aachen hörte der König überall Freude und Lärmen, Geſang und Jubel er=ſcholl aus jedem Hauſe. Als ſich Karl bei dem Wirte erkun=digte, was die allgemeine Feſtſtimmung zu bedeuten habe, erfuhr er von der Hochzeit ſeiner Gemahlin. Er befahl dem Wächter, ihn am nächſten Morgen zu wecken, wenn die Glocken des Münſters zum Gottesdienſt läuteten. Dafür wolle er ihm den goldenen Fingerring geben.

Als am nächſten Morgen die Fürſten und Ratsherren in den Dom traten, da erſchraken ſie gewaltig, als ſie auf dem Königsſtuhl einen prächtig gekleideten Fremden ſitzen ſahen, denn nach der herrſchenden Sitte war der König, der auf dem Fürſtenſtuhle ſaß. Karl gab ſich zu erkennen, und auf=ſchluchzend vor Freude ſtürzte die Gemahlin an ſeine Bruſt.

Da war der Jubel groß im Lande, und alle freuten ſich der Rückkehr des rechtmäßigen Herrſchers.

Die letzten Schaumburger

Dort wo die Donau das Städtchen Aſchach paſſiert, leuchten aus dem nahen Walde die Trümmer einer einſt ſtolzen und prächtigen Burg. Heute ſind ihre Mauern zerfallen, Efeu ſchlingt ſich an den Ruinen empor, aber noch immer ragt der Bergfried weit ins Land, noch ſchauen die gotiſchen Fenſter der Burgkapelle, umwuchert vom Grün der Schlingpflanzen in das geheimnisvolle Dämmer des

Waldes. Längst ist die herrliche Feste, die einst der Schmuck des Landes Oberösterreich gewesen, in Schutt zerfallen, und das kühne Geschlecht der Schaumburger ruht in steinernen Särgen in der Kirche zu Eferding. Sie waren gar mächtige Herren im Lande, doch dem letzten aus ihrer stattlichen Reihe erblühte kein Glück.

Ein strahlender Frühlingsmorgen lag über den Donau= auen, die im Schmuck der blühenden Bäume standen, Falter und Vöglein gaukelten im Sonnenscheine durch den Wald, der sich rings um die alte Schaumburg gleich einem schützen= den Wall erhob. Durch diese Lenzespracht ritt ein schwei= gendes Paar — ein junger Ritter, der ein holdes Weib sorg= lich im Arme hielt. Schwer stützte es sich auf den kräftigen Mann, und bange Besorgnis sprach aus den Zügen der bei= den. Es war der junge Schaumburger, der seine heimlich Verlobte zum Vater geleitete, diesen um seinen Segen zu bitten. Wohl hatten sie niemand gefragt, als die Liebe in ihre Herzen zog, und lange hatte der Ritter den Seinen ver= schwiegen, was ihn seit einiger Zeit so mächtig ins Dorf trieb. Doch nun regte sich neues Leben unter dem Herzen des jungen Weibes, darum wollte er nicht länger zögern, die heimlich Geliebte auch vor den Menschen zu seinem Eh= gemahl zu machen.

Als die beiden sich dem Schloßtore näherten, erblickten sie den alten Schaumburger am Erker seines Gemaches. Eine finstere Falte stand in seinem Gesichte und verhieß nichts Gutes, als das Paar in den Saal trat. Mit flehender Ge= bärde warf sich das junge Weib zu seinen Füßen, doch mit stolzer Geste wies der Ritter auf sie und sagte zu seinem Sohne: „Wer ist diese? Ich kenne sie nicht!“ Da trat der

Jüngling errötend vor und sprach: „Vater, sie ist es, die allein ich liebe, und die ich als mein ehelich Weib in das Schloß meiner Ahnen führen will. Darum sind wir gekommen, deinen Segen zu erflehen." Da schrie der Alte in wildem Grimme: „Du Elender! So ist es wahr, was bereits alle wissen, nur ich allein nicht glauben konnte, daß du mit diesem verworfenen Weibe aus dem Dorfe dich herumtreibst? Aus meinen Augen mit der Buhlerin!" Wie ins Mark getroffen, fuhr der Sohn auf und legte die Hand an seinen Schwertgriff. Doch dann besann er sich, denn es war ja doch sein Vater, vor dem er stand. Er sprach: „Seid barmherzig, Vater, wohl ist sie armer, doch ehrlicher Leute Kind, und kein Makel als meine allzu stürmische Liebe ruht auf ihrem Haupte. Bald wird mir ein Kind geboren, das Blut von unserem Blute ist, und es soll als Schaumburger das Licht der Welt erblicken." Doch nur noch mehr steigerte sich der Zorn des Alten, und mit wütender Stimme schrie er: „Hinweg mit euch aus dem Schloß der Schaumburger, verflucht ihr beide und der Bastard, der nie und nimmer mein Enkel sein kann!" Mit einem Jammerlaut sank das gequälte Weib zu Boden, doch der Jüngling raffte sie auf und rief: „Mit dem väterlichen Fluch kann und will ich nicht leben. Darum erwähle ich lieber den Tod mit meinem Weibe, und möget Ihr nie diese Stunde und Eure Hartherzigkeit bereuen!" Als er dies gesprochen, verließ er mit der halb Ohnmächtigen das Gemach, schwang sich auf sein Roß und sprengte wie ein Rasender den Burghof hinab. Immer weiter durch den grünenden Wald jagte er im Galopp, dem glitzernden Strom entgegen. Schon waren sie ganz nahe, da gab er dem Tiere die Sporen, daß es hoch aufbäumte und

in die schäumenden Wogen stürzte. Fest hielt der Ritter die
Geliebte umschlungen, und so eilten sie vereint in den Tod.
Noch rauschte und gurgelte das Wasser, als die Knechte des
Schaumburgers auf eiligen Perden geritten kamen, denn
der Alte hatte bereits, von Reue gequält, seine Boten den
Eilenden nachgesandt. Doch sie kamen zu spät, die unglück-
lichen Liebenden waren in den Wellen versunken. Da kehrten
sie schweigend heim, um die Kunde dem Vater zu bringen.
Der sah an ihren Mienen, was geschehen, und mit den Wor-
ten: „Gott sei mir gnädig!" stürzte er tot zusammen.

So starb der letzte Schaumburger. In der Kirche zu Eferding liegt er begraben, und sein stolzes Schloß kam in fremde
Hände. Doch wollte keiner gerne darin weilen, denn in
schaurigen Sturmnächten hört man ein Wehklagen und
Stöhnen in den Wäldern, und heute noch, da nur mehr
Trümmer die Stätte froher Pacht bezeichnen, kann man in
mondhellen Nächten die beiden Liebenden auf ihrem Perde
der Donau entgegenjagen sehen.

Das wilde Moos bei Eferding

Im 17. Jahrhundert wurde das Land Oberösterreich der
Herd wilder Kämpfe. Die Bauern erhoben sich unter
ihren beiden Anführern Stephan Fadinger und Christoph
Zeller und zerstörten die Burgen im Lande, so daß es viel
Elend und Schrecken gab und manche stolze Feste bis auf den
heutigen Tag zerfallen und verödet liegt. Mit Haß und
Wut im Herzen zogen die Bauern gegen die Ritter und
Herren und warfen die Brandfackel in ihre Schlösser. Die

beiden Anführer trieben es am ärgsten, doch bald ereilte sie der Tod, und sie konnten sich ihres Sieges nicht lange erfreuen. Stephan Fadinger wurde auf seinen eigenen Wunsch auf dem Friedhofe zu Eferding begraben, doch auf Befehl seines Todfeindes, des Grafen Herberstorf, wurde die Leiche wieder aus ihrem Grabe geholt und zur Strafe für die Rebellion im Eferdinger Moos verscharrt. Dort, wo das kleine Dörfchen Seebach nicht weit von Eferding liegt, breitet sich eine Strecke lang öde Heide aus. In einer finsteren Nacht begrub der Scharfrichter von Eferding an dieser unheimlichen Stelle die beiden Leichen der Bauernführer. Wenn man in stillen Nächten dort vorübergeht, dann kann man wohl Irrlichter ihren Reigen tanzen sehen, und dunkle Gestalten huschen durch das Moos, in den hocherhobenen Händen die blutigen Morgensterne haltend. Die Bewohner von Eferding und Umgebung weichen in der Dämmerung diesem Orte scheu aus und meiden auch bei Tage das „wilde Moos" von Eferding.

Ottensheim

Unweit Linz liegen die beiden Schwesternstädte Ottensheim und Wilhering. Über die Entstehung des ersten Namens erzählt die Sage folgendes:

Im Jahre 1208 fuhr die Gemahlin des damaligen Kaisers Otto II. zu Schiff die Donau entlang. Als sie den Ort Mitterau passierte, wurde sie von Schmerzen überfallen und nach dem genannten kleinen Städtchen gebracht. Hier gebar sie einen Sohn, der den Namen seines Vaters erhielt. Zum

Andenken an diese Begebenheit hieß von nun an der Ort
Ottensheim, und an dem Hause, in welchem der Königs=
knabe das Licht der Welt erblickte, kann man noch heute ein
steinernes Wickelkind sehen, das in reichliche Spitzen gehüllt
ist und ein zierliches Krönlein auf dem Kopfe trägt. Eine
Inschrift an der Nische berichtet von der Geburt des nach=
maligen Kaisers Otto III. in diesem Hause.

So weit die Sage. Die Geschichte aber weiß es besser,
denn Otto III. starb bereits im Jahre 1002.

Das Turnier zu Linz

Zu Linz wurde die feierliche Hochzeit zwischen dem öster=
reichischen Erzherzog Ferdinand I. und der ungarischen
Königstochter Anna gehalten. Bei dieser Gelegenheit fanden
festliche Spiele und Turniere statt, an denen sich die Ritter
aus dem Gefolge des Erzherzogs beteiligten. Darunter war
auch einer, der schon viele Edelleute im Kampfe besiegt hatte
und sich deshalb für unüberwindlich hielt; er war von Ge=
burt ein Spanier. Sein Prahlen verdroß die österreichischen
Ritter, und zwei von ihnen forderten ihn zum Kampfe, in
der heimlichen Hoffnung, seinen Übermut zu brechen. Es
waren die beiden Edelleute von Losenstein und Hohenberg,
die als tüchtige Kämpen bekannt waren. Der Losensteiner
hatte den Vorrang des Angriffs, da der Zweikampf auf
österreichischem Boden stattfand.

Er hatte seinem Rosse den Maulkorb gegeben, denn es
war so abgerichtet, daß es ohne denselben jedes Pferd wie
wütend angriff. Der Losensteiner ritt in den Turnierplatz

Schloß Artstetten

Ruine Weitenegg

Schloß und Kloster Schönbühel (im Hintergrund Aggstein)   45

40   Ruine Hinterhaus bei Spitz an der Donau

ein. Zuerst parierte er bloß die Hiebe seines Gegners, und
dieser machte es ihm wahrlich nicht leicht. Bereits begannen
die Freunde des Spaniers zu triumphieren, und die des
Österreichers glaubten ihre Sache verloren. Da riß plötzlich
der Ritter von Losenstein seinem Pferde den Maulkorb ab,
und das edle Tier bäumte sich hoch auf und rannte wie toll
gegen das Roß des Spaniers, erfaßte es bei den Nüstern
und hielt es mit den Zähnen fest. Der Losensteiner aber nahm
sein gutes Schwert und führte einen gewuchtigen Hieb gegen
seinen Feind, so daß dessen Helm zersprang. Das Leben des
Spaniers war verwirkt, da erschien zum Glück für ihn der
Erzherzog auf dem Platze und bat um das Leben des Ritters, der ihm besonders lieb war. Die Ehre der österreichischen Ritterschaft aber war glänzend gerettet, und der schlaue
und tapfere Losensteiner wurde von seinen Freunden und
allen österreichischen Edelleuten auf das glänzendste gefeiert.

Der schwarze Mönch

Eine vielumstrittene Sagenfigur ist der schwarze Mönch,
der in der Nähe des gefürchteten Greiner Strudels
sein Unwesen treibt und allen erscheint, denen ein schweres
Unheil droht. So fuhr auch einst der Bischof Bruno von
Augsburg die Donau hinab im Geleite des deutschen Kaisers Heinrich, der zu Gaste geladen war bei Richildis, der
verwitweten Herrin von Persenbeug. Der Bischof wurde
auf dieser Reise oft von Todesahnungen befallen und saß
einsam und in sich gekehrt auf dem Verdeck des Schiffes.

In der Nähe von Grein erhob sich plötzlich ein heftiges

Gewitter, grelle Blitze zuckten durch die verfinsterte Land=
schaft, der Donner grollte, und heulende Stürme sausten und
peitschten die Wellen der Donau. Da sah der Bischof beim
hellen Schein eines neuen Blitzes eine schwarze Gestalt auf
dem steilen Felsen, der sich über dem Strom erhob.

Gellend schrie Bruno auf und deutete mit der Hand dort=
hin, wo er die unheimliche Erscheinung gesehen hatte und
rief mit angsterfüllter Stimme: „Der graue Mönch!“ Der
Kaiser wandte nun ebenfalls den Blick nach der Richtung,
nach der noch immer die Hand des in Schreck erstarrten Bi=
schofs wies, doch wie sehr er auch seine Augen durch die
Finsternis schweifen ließ, es war vergeblich. Darum maß er
dem Vorfall auch nicht die Bedeutung zu wie Bruno und
glaubte, ein ausbrechendes Fieber hätte den Priester genarrt.

Inzwischen hatte das Schiff seine Fahrt fortgesetzt, und
bald näherte man sich Persenbeug. Die schöne Schloßherrin
empfing die hohen Gäste mit großer Freude und führte sie
in den herrlichen Festsaal. Der Kaiser hatte den schwarzen
Mönch schon längst vergessen, der Bischof aber blieb ernst
und konnte sich nicht der allgemeinen Festfreude anschließen.
Da schrie er plötzlich nochmals auf: „Der Mönch! Hier ist er
wieder!“ Besorgt trat der Kaiser hinzu, in diesem Augenblick
wankte der Boden des Saales, und alle stürzten in die Tiefe.
Als der Kaiser aus seiner Ohnmacht erwachte, befand er sich
auf seinem Schiffe, und die treu besorgte Dienerschaft um=
stand ihn. Nun erfuhr er, daß der Bischof bei dem Einsturz
des Festgemaches den Tod gefunden hatte, ebenso die schöne
Richildis und viele andere seiner Leute. So hatte sich das Er=
scheinen des schwarzen Mönches wirklich als eine Mahnung
vor kommendem Unheil bewahrheitet.

Nach einer anderen Sage soll es Kaiser Maximilian ge=
wesen sein, der bei seiner Donaufahrt von dem schwarzen
Mönch gewarnt wurde, dieser Mahnung aber keine Achtung
schenkte. Als dann der Kaiser und sein Gefolge in der Grein=
burg übernachteten, brach unter ihnen der Boden des Saa=
les, und viele fanden ihren Tod.

Auch zur Zeit der Kreuzzüge sah man den gespenstischen
Mönch häufig droben auf seiner Felsenzinne stehen, und ge=
wöhnlich folgte Unglück und Verderben seinem Erscheinen.
Selbst Hagelwetter und Überschwemmungen schrieben die
Bewohner der Greiner Gegend ihm zu, und das letztemal
soll er vor den Türkenkriegen gesehen worden sein. Er stand
auf dem Fels und schlug mit dem Schwerte um sich, als
kämpfe er gegen einen unsichtbaren Feind. Später wurde der
Turm abgebrochen, und somit verschwand auch der schwarze
oder graue Mönch. Abergläubische Leute aber erzählen auch
heute noch von ihm und schlagen ein Kreuz, wenn sie an
jener Stelle vorbeikommen, an der der schwarze Mönch sich
in früheren Jahren zeigte.

Schreckenwalds Rosengärtlein

Die stolze Feste Aggstein ragt gleich einem unerreichbaren
Adlerneste in die Lüfte. Schwer zu erklimmen, noch
schwerer zu besiegen, so wurde sie erbaut und hat auch durch
viele Jahrhunderte diesen ihren Zweck erfüllt. Ein arges
Raubnest ist sie gewesen, und die Schiffer, welche die Donau
entlang fuhren, konnten davon manch trauriges Lied singen.
Die „Hunde von Kuenring", so wurden ihre Besitzer ge=

nannt, und diesem Namen machten sie auch alle Ehre, denn
gleich grimmigen Hunden bissen sie toll um sich, und Blut
und Wunden trugen diejenigen davon, die mit ihnen in Be=
rührung kamen. Besonders auf die reichen Kaufleute hatten
sie es abgesehen. Sie sperrten mit Ketten die Donau, über=
fielen die Schiffe, die von Regensburg und Passau herab=
fuhren und raubten die Waren. Die armen Kaufleute aber
sperrten sie ins Burgverlies, bis reichliches Lösegeld für sie
gezahlt wurde, oder bis der Tod ihrem Leiden ein Ende be=
reitete. Doch auch für diese Wegelagerer schlug die Stunde
der Vergeltung. Ein prächtiges Kaufschiff wurde zum
Scheine mit kostbaren Waren beladen und fuhr so die Donau
hinab. Als man bei Aggstein vorbeikam, sprengte der Ritter
Hadmar von Kuenring mit seinen Reisigen den Waldweg
herab, denn seinen scharfen Augen entging kein Fahrzeug.
Seine Knechte spannten die Kette über den Fluß, die Schiffe
mußten halten, und die Kaufleute wurden gefesselt, ihre
Waren aber von dem Raubritter und seinen Gesellen fort=
geschleppt. Da öffnete sich plötzlich das Innere des Schiffes,
und eine Schar von Gewappneten stieg ans Tageslicht.
Bevor der Kuenringer sich von seinem Schreck erholt hatte,
war er auch schon gefangen, und kein Sträuben nützte ihm.
Er wurde nun nach Wien gebracht und strenges Gericht
über den Missetäter gehalten. Wohl gelobte er dem Herzog
Treue, schwer aber lastete der Bannfluch auf ihm, und des=
halb zog er zu Fuß nach Passau, um Vergebung zu er=
langen. Doch auf dem Wege ereilte ihn der Tod, und seine
Leiche wurde nach dem Stifte Zwettl gebracht, um in der
Erbgruft der Kuenringer beigesetzt zu werden. Allein die
Mönche weigerten sich, den mit dem Bannfluche Beladenen

zu bestatten, und sie stellten seinen Sarg auf die Friedhofs=
mauer, wo er über ein Jahr unbestattet stehen blieb. Erst als
der Bischof von Passau den Fluch von dem Toten löste,
fand sein Leib den Frieden des Grabes.

Seine Burg aber blieb lange Zeit unbewohnt, bis sie end=
lich dem Jörg Scheck vom Walde verliehen ward. Der je=
doch verwandelte sich bald in einen „Schreckenwald" und
ward womöglich ein noch grausamerer Unterdrücker als der
Kuenringer. Auf einer vorspringenden Felsenplatte hatte er
sein „Rosengärtlein" angelegt, dort stieß er die Unglücklichen
hinab, und es blieb ihnen nur der Tod des Verhungerns oder
der Sturz in die grausige Tiefe. Das Blut der Verzweifelten
rötete die Stelle und gab dem Orte den Namen „Rosen=
gärtlein". Einst schmachtete ein Jüngling in dieser Einöde,
die erfüllt zu sein schien von den Tränen und Seufzern der
Unglücklichen. Da erscholl das Glöcklein von dem nahen
Kirchlein zu Schwallenbach. Der arme Junge faßte einen
kühnen Entschluß. Mit einem Gebet auf den Lippen schwang
er sich über den Fels und kam zum Glück auf einen hohen
Baum, der die Wucht des Falles verminderte. Gerettet! In
eiligem Laufe begab sich der kühne Jüngling ins nächste
Dorf und sandte noch in derselben Nacht Boten zu den be=
nachbarten Burgen, um den Schreckenwald gefangen zu
nehmen. Sein alter Vater hatte sich inzwischen als Spiel=
mann verkleidet und war in die Feste Aggstein eingedrungen,
um seinen verschwundenen Sohn zu suchen. Denn eine
Ahnung sagte ihm, daß er ihn dort finden werde. Der Ritter
Jörg feierte ein großes Festgelage, und der Fiedler kam ge=
rade zurecht. Er spielte auf seiner Geige so wunderbare Wei=
sen und sang in seinen Liedern so eindringlich von der Ver=

geltung alles Guten und Bösen, daß es dem Raubritter gar
unangenehm in den Ohren klang. Voll Wut stieß er ihn in
das Rosengärtlein hinab und rief dazu: „Es ist ohnehin
schon einer draußen, der kann dir alten Narren Gesellschaft
leisten, wenn du zur Hölle fährst!" Voll Verzweiflung ver=
nahm der alte Geiger diese Worte, die sein Ahnen bestätig=
ten. Er blickte hinab in die grausige Tiefe, in der er seinen
Sohn, seine einzige Freude und Stütze, zu sehen glaubte.
Mit einem Wehlaut schwang er sich über den Fels, seine
Geige zerschellte mit grellem Mißklang im Falle.

Sein Sohn aber führte inzwischen auf heimlichen Wegen
die Ritter und Reisigen von allen nahen Burgen dem Schlosse
Aggstein zu. Der „Schreckenwald" verlernte da gar bald
das Höhnen und Lachen. Ein Speer traf ihn — da noch
einer — viele Spieße und Schwerter drangen auf ihn ein.
Mit aller zu Gebote stehenden Kraft entfloh er in das dichte
Gestrüpp des Waldes und schleppte sich noch eine Zeitlang,
bis er an einer einsamen Waldhütte zusammenbrach. Ver=
lassen und allein, ohne Trost, ohne Frieden hauchte der seine
Seele aus, der so viele Verzweifelte in einen gräßlichen Tod
getrieben hatte.

Der alte Geiger aber findet im Grabe keine Ruhe. Immer
noch sucht er seinen Sohn, und seine klagenden Weisen er=
tönen in stillen Nächten in den verödeten Mauern der Feste
Aggstein, wo er im Rosengärtlein umherirrt, bis das Glöck=
lein von Schwallenbach seinem Spiel ein Ende bereitet.

Dürnstein

Mondenschein lag über dem Schlosse Dürnstein in der Wachau. Frieden lag ausgegossen über diesem lieblichen Erdenwinkel, den Gott in herrlichster Vollendung erschaffen hatte. Doch in der Brust des Gefangenen, der hinter den vergitterten Fenstern nun schon drei Jahre wohnte, war kein Friede. Englands stolzer König war es, der durch seinen Übermut und seinen maßlosen Stolz seine Freiheit eingebüßt hatte. Und keine Kunde drang zu seinen Getreuen ins ferne Land, damit sie gekommen wären, ihn zu erlösen aus der demütigenden Kerkerhaft. Oder hatten sie seiner schon vergessen? Gar rasch entschwinden die Menschen aus dem Gedächtnisse derer, die sie nicht mehr sehen. Da erklangen vor dem Fenster des Königs, den der Schlaf — ach, wie oft schon seit Jahren? — floh, ferne leise Zitherklänge, die immer näher kamen und immer lauter ertönten.

Gespannt lauschte der Gefangene, nein, es war keine Täuschung. Und nun erkannte er auch die Melodie des Liedes, das er so oft in der fernen Heimat mit seinem Sänger Blondel gesungen hatte. Nur er konnte es sein, der Getreue, der die weite Reise nicht gescheut hatte, seinen verlorenen Herrn zu suchen. Voll freudiger Zuversicht erwiderte der König mit der zweiten Strophe auf den Gesang, und siehe da, die Wirkung blieb nicht aus! Eine bekannte Stimme rief ihm zu: „Mein Herr und König! Gott Dank, daß ich Euch endlich fand! Viele Reiche und Länder habe ich bereits durchwandert mit meiner Zither unter dem Arm. Nirgends hatte man Kunde von Euch, und fast wollte ich verzweifeln. Vor allen Burgen und Schlössern sang ich mein Lied, doch nim-

mer wurde mir Antwort. Da sah ich im Mondenscheine
diese einsame Feste erglänzen, schon wollte ich weiterziehen,
denn meine Füße waren müde. Doch eine innere Stimme
hieß mich bleiben. Und reichlich wurde ich belohnt für alle
Mühe. Nach England will ich eilen und Euren treuen Unter-
tanen Botschaft bringen. Drum harret noch eine kleine
Weile, lieber Herr, bald naht die Erlösung."

Und der treue Sänger hielt sein Versprechen. Mit reich-
lichem Lösegeld kauften die Engländer ihren Herrscher frei,
und mit unendlicher Begeisterung wurde er von den Seinen
in der Heimat empfangen.

Schloß Dürnstein aber, das einst einen König gefangen
hielt, ist heute nur mehr eine verfallene Ruine, doch auch in
ihrer wehmütigen Vergänglichkeit noch gewaltig und be-
zaubernd, das Kleinod und die Perle der Wachau.

Odoaker

Zu Favianis lag die einfache Zelle des Heiligen, der dem
Lande die Religion des Friedens gebracht hatte. Nieder
und ärmlich war diese Hütte, in der St. Severin sein gott-
gefälliges Leben führte, das geteilt war zwischen Gebet und
Unterweisung der Menschen in Frömmigkeit und Gottes-
furcht.

Der Abend senkte sich bereits über die Berge, und der Heilige stand in seiner Hütte, in Gebet und Betrachtung ver-
tieft. Seine Seele schwebte in seligen Gefilden und war zu
Gott entrückt. Da erschienen in der offenen Tür hohe Gestalten, die schwere Waffen in den Händen hielten. An ihrer

Spitze schritt einer, der die anderen um Haupteslänge über=
ragte. Severin glaubte, es seien Feinde, die nach seinem
Leben trachteten. Doch der Anführer dieser bewaffneten
Schar, der kaum bei der niederen Tür hereinkonnte, beugte
das Haupt mit den blonden Locken und bat den Heiligen
um seinen Segen.

Germanen sind es, hohe, kräftige, rauhe Gestalten, deren
Körper Tierfelle bedecken. Doch aus den blauen Augen leuch=
ten kindliche Treuherzigkeit und Wahrheit. So sehen keine
Mörder aus, und rasch hat Severin mit einem einzigen
Blick sie durchschaut. Sie ziehen nach Italien und wollen
diese Fahrt nicht unternehmen, ohne vorher den Segen des
frommen Mannes zu erbitten. Dieser macht nun das Zeichen
des Kreuzes über dem Anführer und spricht zu ihm: „Odo=
aker, zieh hin nach dem Süden, und Gottes Segen geleite
dich! Heute decken ärmliche Tierfelle deinen Körper, bald
wirst du den Purpur tragen, und Fürsten werden um deine
Gunst buhlen. Jetzt nennst du nur eine kleine Schar von
Getreuen dein, in kurzer Zeit wirst du über ein ganzes Volk
herrschen!"

Die Weissagung des Heiligen erfüllte sich. Odoaker zog
nach Italien, stürzte den römischen Kaiser und wurde der
Beherrscher des großen Reiches, wie Severin es voraus=
gesagt hatte.

Greifenstein

Die Burg Greifenstein war einst wie manche andere ein
Raubnest, das sich stolz und kühn über dem Donau=
strom erhob. „Greif in den Stein" soll der geheime Schwur

der miteinander Verbündeten geheißen haben, und nur, wer
dieses Losungswort wußte und dabei in eine Mauervertie=
fung kniete und die Hand in den Stein legte, der war ein
Eingeweihter und durfte in das Schloß.

Ein Ritter von Greifenstein namens Reinhart hatte ein
liebliches Töchterlein, Eveline mit Namen. Das war in
heimlicher Liebe zu einem Edelknecht entbrannt, und nur der
alte Burgpfarrer wußte um dieses Geheimnis. Doch nicht
lange mehr war es zu verbergen, Eveline sah Mutterfreuden
entgegen. Da ergrimmte der Vater und verstieß die beiden,
den greisen Burgpfarrer aber sperrte er in einen hölzernen
Käfig, der eher für ein reißendes Tier bestimmt schien. „Nur
mein Tod soll dich erlösen!" rief er dabei aus.

Die arme Eveline und ihr Liebster verschwanden im
Walde, und lange Zeit hörte der hartherzige Vater nichts
mehr von ihr. Nach einem Jahre jagte er in dem Walde,
der sich um das Schloß ausdehnte, da begegnete er seiner
Tochter, die bleich und abgezehrt ein Kindlein an der Brust
hielt. Von Reue erfaßt, nahm er sie und ihren Geliebten so=
wie auch das Kind mit sich ins Schloß. Auch den Kaplan
wollte er befreien, er glitt jedoch aus und fiel so unglücklich,
daß er sich nicht mehr erhob. Seine Hand aber klammerte
sich an jenen Felsen, der noch heute der Schwurfelsen heißt.
Seine Worte waren erfüllt, erst sein Tod brachte dem Pfar=
rer die Freiheit.

Eine andere Sage erzählt von der schönen Frau eines
Greifensteiner Ritters, die auf ihre goldenen Zöpfe so stolz
war. Der eifersüchtige Gatte bewachte sie gar strenge, und
als er einmal in ein fernes Land ziehen mußte, ließ er einen
jungen Edelknappen zu ihrem Schutze zurück. Als er wieder

in die Heimat kam, verleumdete ein böser Diener den Jüngling und die Rittersfrau. Da ergrimmte der Gatte und ließ den Junker in das Burgverlies werfen. Nicht eher sollte er frei werden, als bis die Stiege von den Händen der Auf- und Absteigenden so ausgehöhlt sei, daß man in diese Nische die abgeschnittenen Zöpfe seiner Frau legen könne. Den Jammer und die Unschuldsbeteuerungen seiner Gemahlin überhörte er, und er beschloß, den Knappen zu einem Geständnis zu zwingen. Doch da glitt er so unglücklich aus, daß er sich das Genick brach und tot liegen blieb. Seine Seele aber kommt nicht zur Ruhe und ist verdammt, so lange umherzuirren, bis der Stein wirklich so ausgehöhlt ist, daß man die Haare hineinlegen kann. Ruhelos wandelt sein Geist durch die verödeten Räume des Schlosses und bittet jeden Besucher: „Greif in Stein, greif in Stein!"

Hainburg

Die Sage berichtet, daß Hainburg von Heimo, einem Mannen des Königs Arnulf, seinen Namen erhalten hat, da dieser eine Burg errichtete zum Schutze gegen feindliche Völker. Daselbst soll auch die Hochzeit zwischen der Witwe des letzten Babenbergers, Margarete, der Königin der Tränen, und zwischen Ottokar von Böhmen stattgefunden haben.

Auch in den Türkenkriegen wurde das Donaustädtchen arg mitgenommen, und die Blutgasse erinnert noch an eine Begebenheit aus dieser Zeit. Als die Feinde in hellen Scharen heranstürmten, wollten die Bewohner von Hainburg entfliehen, doch fand sich der Schlüssel des Stadttores nicht. Sie verhielten sich ganz stille und hofften so, daß die Türken sie nicht entdecken werden. Doch diese Erwartung erwies sich als trügerisch. Gleich blutgierigen Bestien drangen sie in die Stadt ein und metzelten in der engen Gasse die Wehr= losen nieder, Männer, Frauen und Kinder.

Zur Erinnerung daran heißt diese Stätte noch heute die „Blutgasse"!

Lokalsagen

Der Schneider von Krämpelstein

Ein liebliches, kleines Schlößchen liegt am rechten Donauufer, nicht weit von der alten Bischofstadt Passau. Es ist die Burg Krämpelstein. Heute sind nur mehr spärliche Reste dieses Felsennestes vorhanden, das vor Jahr= hunderten ein beliebter Aufenthaltsort der Passauer geist= lichen Herren gewesen ist. Als die Burg verfallen stand, hauste in den verödeten Mauern ein kleines Schneiderlein, das sich von seiner Hände Arbeit schlecht und recht ernährte. Eine Ziege war seine einzige Spielgenossin und mit großer Liebe hing er an dem Tier, das ihm nicht nur die Lange= weile seiner Einsamkeit verkürzte, sondern auch die nötige Nahrung lieferte. Eines Tages aber erkrankte die Ziege, und zum Schmerz des Schneiders verendete sie alsbald. Tage= lang wollte er sich von dem ihm liebgewordenen Tiere nicht trennen, bis er endlich doch die Leiche nicht länger in seiner Nähe behalten konnte. Da entschloß er sich, die Gefährtin

seiner Einsamkeit in den nahen Donaustrom zu werfen. Er
trat an den Felsen heran und schleuderte den toten Körper
in den Fluß. Doch die Krallen blieben an den Kleidern des
Schneiders haften und rissen ihn mit in die Tiefe. Das
Schloß aber heißt bis auf den heutigen Tag „Schneider-
schlössel".

Eine andere Sage berichtet, daß der Schneider zu tief in
ein paar schwarze Mädchenaugen drunten im Tale geblickt
hatte. Doch die heimlich Geliebte wollte von einem armen
Schneider nichts wissen, denn ihr Herz gehörte bereits einem
rauhen Jäger aus den benachbarten Wäldern. Als der
Schneider sie einst bat, die Seine zu werden, da höhnte sie
seiner und verspottete ihn mit dem Rufe: „Mäh-Mäh!"
Tiefgekränkt zog sich der Arme, der nur über ein gutes,
treues Herz verfügte und keine anderen Reichtümer besaß, in
seine hochgelegene Behausung zurück und beschloß, seinen
Schmerz in die liebliche Reinheit der Natur zu tragen.

Als er die Burgfelsen betrat, kam ihm seine Ziege freundlich schnuppernd entgegen und beleckte seine Hände, da sie
gewöhnt war, von ihm gefüttert zu werden. Doch in jäh
erwachtem Zorne erfaßte er das Tier und schleuderte es zu
Boden, daß es sich nicht mehr rührte. Wohl reute ihn seine
Tat, kaum daß sie geschehen war. Doch es war zu spät, die
Geiß blieb tot am Boden liegen. Da weinte er in seinem
Schmerz um das einzige Lebewesen, das ihm gut und treu
gewesen. Und als er es infolge der Verwesung nicht mehr
bei sich behalten konnte, warf er es über den Abgrund in
die Tiefe der Donau. Das Tier aber riß ihn im Falle mit sich.
Hochauf spritzten die Wogen des Stromes und begruben
den Schneider und seine beste Freundin. Die stolze Dirne

stand gerade an der Donau und sah lachend den Unglück=
lichen in den Fluten verschwinden. Doch ihr Spott währte
nicht lange. Denn über Jahresfrist, als sie ein Kind
gebar, da verstieß sie der hartnäckige Jäger, und Hohn und
Spott der Mitmenschen blieben ihr selbst nun nicht mehr
fremd.

Die Schiffer aber erzählen gerne die Sage vom Schneider
und seiner Ziege, wenn sie vorüberziehen an der Ruine
Krämpelstein.

Der Wirbelschuster von Grein

Vor langen Jahren hauste in dem kleinen Donaustädt=
chen Grein ein Schuster, der gar vortreffliches Schuh=
werk zu machen verstand. Da entbrannte in seinem Herzen
eine heiße Leidenschaft zu der schönen Tochter des Rats=
herrn. Doch die stolze Mechtildis wollte von einem armen
Handwerker nichts wissen. Da wandte sich der Schuster
Melchior Isenflamm an eine arge Zauberin und bat sie in
der Not seines Herzens um ein Hexenträcklein, das ihm die
Liebe der schönen Mechtildis gewinnen sollte. Es gelang ihm
auch, die von der Zauberin erhaltenen Tropfen dem Mädchen
in die Speise zu gießen. Doch unglückseligerweise erkrankte
die Geliebte nach dem Genusse des Trankes und kam an den
Rand des Grabes zu stehen. Als man nun nach dem Schul=
digen fahndete, gestand der Schuster seine Tat. Das Gericht
verurteilte den armen Liebeskranken zum Tode durchs Feuer,
und auch die Hexe, die das Süpplein gebraut hatte, sollte den
gleichen Tod sterben. Doch die schlaue Alte entkam zur rechten

Zeit und ließ den Schuster allein den Scheiterhaufen er=
steigen. Die Flammen leckten bereits an ihm empor, da
sprengte plötzlich der Landgraf daher, und nun mußte die
Verbrennung unterbleiben, denn ein altes Gesetz befahl, daß
dem Schuldigen, der das Antlitz des Grafen erschaue, die
Strafe geschenkt werde. Doch eine andere drohte dem armen
Melchior. Er sollte auf der höchsten Felsenzinne, die steil zur
Donau abfiel, ein Paar Schuhe besohlen. Gelinge ihm das,
dann sei sein Leben gerettet, andernfalls müsse das erste Ur=
teil an ihm vollstreckt werden.

Eine große Volksmenge hatte sich versammelt, um den
Schuster Isenflamm auf dem Felsen nähen zu sehen. Er klet=
terte ganz ruhig auf die Spitze des schmalen Vorsprungs,
der weit über die Donau ins Land hinausragte. Wohl mag
ihn Angst befallen haben, als er so hoch über den Menschen
auf dem schmalen Felsen stand, auf welchem kaum Platz
zum Sitzen war. In banger Erwartung stand die Menge
drunten und sah angestrengt nach oben. Zwei Stunden
mochten so in gespannter Aufmerksamkeit vergangen sein,
da hörte man einen lauten Jubelschrei aus den Lüften er=
schallen, und als die Leute hinaufsahen, erblickten sie den
Schuster, der die Schuhe jauchzend über seinem Kopfe in
die Höhe hielt. Er kletterte hinab und wurde von der Menge
mit Freuden begrüßt. Im Triumph geleiteten ihn die Men=
schen, die ihn vor wenigen Stunden hatten hinrichten wol=
len, nach Hause. Nach Jahren heiratete er ein braves Mäd=
chen, das ihm eine gute Gattin wurde und ihm das Haus=
wesen treulich instand hielt. Er lebte noch lange Jahre mit
seiner Gattin in Wohlstand und Zufriedenheit in Grein.
Den Felsenvorsprung aber, auf dem er seine Jugendtorheit

gebüßt hatte, zeigt man sich noch heute, und das Andenken
des Wirbelschusters von Grein lebt noch fort in den Donau=
auen.

Der Rattenfänger von Korneuburg

Eine ähnliche Sage wie der Rattenfänger von Hameln
erzählt von der Stadt Korneuburg am linken Donau=
ufer in der Nähe von Wien folgendes:

Vor langen Jahren hausten in dieser Stadt ungezählte
Scharen von Ratten, die den Menschen durch ihre Ge=
näschigkeit überaus lästig wurden. Der Rat der Stadt ließ
den hohen Preis von 5000 Gulden für denjenigen aussetzen,
der die Menschen von dieser Plage befreie. Da meldete sich
eines Tages ein merkwürdig gekleideter Mann, den niemand
noch gesehen hatte. Auf dem Kopfe hatte er ein spitzes Hüt=
lein mit einer langen Feder, sein Wams war aus bunten
Flicken zusammengesetzt, und an der Seite hing ihm eine
Tasche. In den Händen trug er eine Pfeife. Er meldete sich
bei dem Bürgermeister von Korneuburg und fragte, ob
dieser genannte Preis wirklich ausbezahlt werde, wenn er
die Stadt von den Ratten säubere. Das Stadtoberhaupt be=
dachte sich erst eine Weile und feilschte mit dem Fremden,
doch endlich wurde ihm der Lohn zugesichert. Der Mann
trat nun vor das Stadttor hinaus und zog seine lange
Pfeife hervor, auf der er gar absonderliche Melodien pfiff.
Es war ein greuliches Quietschen, das man hören konnte,
doch die Ratten erschienen in großen Scharen und strömten
dem Fremden zu, der sie immer weiterführte, dem Donau=
strome zu, in dem sie endlich elend ertranken. Als die Bürger

Burg Kreuzenstein

47

48   Linzerin mit Goldhaube

dies eigentümliche Schauspiel mitansahen, da freuten sie sich
und jubelten dem Manne zu. Im Triumphe zog er als Er-
retter der Stadt von der Plage in den Ort zurück und ging
geradeaus zum Bürgermeister, um den bedungenen Lohn
zu empfangen. Doch der Oberste der Stadt machte ein gar
unfreundliches Gesicht, als er des Fremden ansichtig wurde,
und wollte den Preis nicht bezahlen. Der Rattenfänger aber
hatte keine Lust, sich den bestimmten Lohn entgehen zu lassen, und stritt eine Weile mit dem starrköpfigen Bürgermeister, bis dieser ihm endlich 500 Gulden gab. Da stieß der
Fremde einen furchtbaren Fluch aus, warf das Geld grim-
mig hin und verließ die Stadt, die sich ihm so undankbar
erwiesen hatte.

Einige Wochen waren ins Land gezogen, und die Korneuburger hatten bereits den Rattenfänger vergessen, da hörten
sie eines Tages eine liebliche Musik. Als sie zu den Fenstern
eilten, erblickten sie den Fremden, der wieder auf seiner Pfeife
blies. Doch diesmal klang es so eigentümlich, es war ein
Jubeln und Klagen, ein Locken und Ziehen in seinen Melodien, daß es den Städtern ganz wohl und weh ums Herz
ward. Seine Musik hatte auch eine ganz andere Wirkung
als das erstemal. Kaum hatten die Jungen und Mädchen
das Singen und Klingen vernommen, da eilten sie alle, wie
einst die Ratten, dem fremden Manne nach und ließen sich
von ihm führen, wohin er wollte. Wie früher führte sein
Weg dem Donaustrome zu, und willenlos zogen die Knaben und Mägdlein ihm nach. Als sie am Ufer ankamen, sah
man dort ein wunderschönes Schiff, das mit bunten Segeln
geschmückt war. Der Fremde und die Schar der Kinder bestiegen es, und fort eilte das Fahrzeug, kein Mensch hat es je

wieder gesehen. Als man den Kindern nacheilte, fand man
keine Spur mehr von ihnen und dem geheimnisvollen
Manne, der sich so empfindlich an der treulosen Stadt ge=
rächt hatte. Da gab es unermeßlichen Schmerz und Jammer
in der Stadt, denn es war fast keine Mutter, die nicht ihr lie=
bes Kindlein vermißte. Nur zwei waren gerettet worden:
das eine war taub und hatte die verführerische Musik nicht
hören können, das zweite hatte noch schnell seinen Rock ge=
holt und war dann den andern nicht mehr nachgekommen.

In der Kirche zu Korneuburg kann man heute noch einen
alten Gedenkstein sehen, dessen schon stark verwitterte In=
schrift diese merkwürdige Begebenheit erzählt.

Wo der Wolf den Gänsen predigt

Wiegand, der „Pfaff vom Kahlenberg", wie er be=
nannt wurde, war beschuldigt worden, den Herzog
Albrecht vergiftet zu haben. Doch alsbald stellte sich seine
Unschuld heraus, und er wurde aus der Haft entlassen. Er
kehrte in seine Studierstube voll Freude zurück und bewarb
sich um die erledigte Pfarrstelle, wobei ihn auch Herzog
Otto unterstützte. Er erhielt auch wirklich die reiche Pfarre,
wodurch er sich einen Feind zuzog, der diese Stelle für einen
armen Verwandten hatte erlangen wollen. Der neidisch ge=
sinnte reiche Bürger beschloß nun, die Gemeinde gegen den
neuen Pfarrer aufzuwiegeln, was ihm auch durch Verleum=
dung bei einem Teil der Bevölkerung gelang. Er sagte näm=
lich, der Pfarrer werde bei seiner ersten Predigt die Leute auf=
fordern, das schadhafte Kirchendach ausbessern zu lassen,

was natürlich der Gemeinde große Kosten verursachen
werde. Insgeheim ließ der Bürger eine Tafel malen, die den
Wolf darstellt, wie er gerade den Gänsen predigt. Diese
Spottafel sollte an dem bestimmten Tage vor der Kirche
aufgehängt werden, damit der Pfarrer sich ärgere. Der Maler aber verriet den schändlichen Plan der Köchin Wiegands,
und von dieser erfuhr letzterer die Sache. Der schlaue Pfaff
bestellte nun den Maler für den bestimmten Tag, befahl ihm
jedoch, in allen Dingen dem feindlich gesinnten Bürger ge-
horsam zu sein.

Endlich war der Tag erschienen, an welchem der Pfarrer
seine Antrittsrede vor dem versammelten Publikum halten
sollte. Er lud die Pfarrkinder zu Speise und Trank ein und
bewirtete sie aufs trefflichste. Dann hielt er seine Rede, worin
er die Leute auf ihre Pflichten gegen Gott und gegen ihn als
ihren Seelsorger aufmerksam machte und dabei ihnen frei-
stellte, ob sie das schlechte Kirchendach oder nur das Dach
über dem Predigtstuhl ausbessern lassen wollten. Natürlich
entschieden sie sich für das letztere, weil es weniger Geldmit-
tel erforderte. Die Bauern und Bürger steuerten gleich zusammen und erhielten auch wirklich eine stattliche Summe,
während sie im stillen des Pfarrers Feind einen argen Lüg-
ner hießen. Als die Andächtigen das Gotteshaus verließen,
bemerkten sie vor demselben das Bild, das der Bürger hatte
malen lassen, doch aus den Gänsen waren Schafe geworden,
und der Wolf hatte ein Menschenantlitz, das eine auffallende
Ähnlichkeit mit dem spottsüchtigen Bürger aufwies. Der
Ärger des Genarrten und das Gelächter der Bauern war
dem Pfaff vom Kahlenberg eine große Genugtuung.

Das Dach über dem Predigtstuhl wurde richtig ausgebes-

sert, und als nun die Regenzeit kam, da stand der schlaue
Pfarrer im Trockenen, während seine Pfarrkinder naß wur=
den. Doch ihn kümmerte das wenig, er war gedeckt. Wenn
es ihnen zu arg war, dann sollten sie einfach das Dach auch
richten lassen.

Das Gemälde mit dem Abbild des boshaften Bürgers er=
hielt sich noch lange Zeit in der Familie und wurde von
einem späten Enkel aufgefrischt, freilich ohne das Gesicht
des Ahnherrn. In der Wallnerstraße in Wien ist es jetzt
noch zu sehen, doch nur wenige werden seine ursprüngliche
Bedeutung kennen. Die Pfarrkinder Wiegands von Theben
aber haben nicht mehr versucht, ihren schlagfertigen Seel=
sorger zu hintergehen.

Die Nibelungenstraße
in der neueren deutschen Dichtung

E in voller Blumenstrauß, soweit es reicht,
vom Silberband der Donau rings umwunden —"
Dieser Lobspruch auf sein Österreich, von keinem
Geringeren als Grillparzer dem Ottokar von Horneck (in
„König Ottokars Glück und Ende") in den Mund gelegt,
klingt wie ein Auftakt zum Reigen neudeutscher Dichtung
über die Schönheiten der Donaulandschaft. Es ist eine reiche
Fülle stattlicher und gemütvoller poetischer Ergüsse, die aus
deutscher Dichterseele strömen, wenn sie der Flügelschlag
ihrer Phantasie ins Donauparadies trägt ... hierin ist die
Donau echte Schwester des Rheins.

Die Gedenktafel auf Aggsteins Burgruine berichtet von
romantischer Wanderung des Sängers edler Weisen und
Aventiuren — Josef Viktor von Scheffels — „auf der alten
Nibelungenfährte, folgend Meister Konrads Spur". Sie
mutet wie ein schönes Symbol an: Gleich ihm zogen gar
viele muntere Sänger längs des Stromes dahin, ihn be=
wundernd und besingend, Blick und Herz an seines Ufers
zauberischen Reizen labend:

Ein Josef von Eichendorff, ein Martin Greif („Lob der
Donau"), ein Gilm, ein Ferdinand von Saar, ein Hebbel,
ein Feuchtersleben, ein Lenau, ein Uhland und bis herein in
unsere Tage, da die Namen der Dichter Legion — im bunt=
schillernden Kleide der verschiedenen Dichtungsarten, leicht
beschwingt gleich dem Strauß=Walzer „An der schönen

blauen Donau", oder wieder schwermütig sinnend und Ge=
stalten der Vorzeit beschwörend, dann wieder jubelnd in
vaterländischer Begeisterung oder in stillerer Heimatliebe
sich versenkend ... ein wechselvoller Rhythmus der Stim=
mung und Meditation.

Doch wir wollen dabei nicht verweilen. Nur dem histo=
risch getreuen Erlebnis einer Donaufahrt, wie sie deutsche
Dichterhand uns mit kurzen markigen Strichen zeichnet, sei
hier Raum gewährt.

Zunächst hat Uhland das Wort. Von Stuttgart aus
trat er im Juli 1838 seine Wiener Reise an, deren Verlauf er
in einem Briefe an seine Frau (vom 10. Juli 1838) schildert:

„... den folgenden Morgen fuhr ich um vier Uhr mit dem
Dampfschiffe (von Regensburg) ab. Die zweitägige Donau=
fahrt war überaus genußreich, nicht durch alte oder neue
Bekanntschaften auf dem Schiffe, deren sich mir keine dar=
bot, sondern durch den reichen Wechsel schöner Landschafts=
bilder. Milde und fruchtbare Gegenden, mit der Aussicht
auf nahes und ferneres Gebirge, wechseln mit wilden Fels=
partien, wie besonders beim Strudel und Wirbel der Do=
nau, der Burg Dürrenstein usw. ... Einen eigentümlichen
Reiz hatte mir auch die fortlaufende Erinnerung an die
Fahrten Kriemhildens und der Nibelungen" ...

Ein Jahr später fuhr Lenau stromaufwärts:

„Meine Reise" — so berichtet er an Schurz — „auf dem
Dampfschiff ging trefflich. Alles sehr bequem: nur das
Schlafen mit wildfremden Leuten in gemeinsamer Kajüte
nicht, wo alles durcheinander auf den Polstersitzen herum=
lag, und der Zufall mir den —schen Gesandten zu Füßen
warf, einen kolossalen Bengel.

Teufel hinein! daß gerade
zu meinen Füßen
die schnarchende Ambassade
hat saufen müssen!

Seine Frau war viel schöner als er, aber die lag fernab, indessen, vielleicht schnarchte sie auch ... Die Donaugegenden sind außerordentlich; sie würden die gepriesenen Rheingegenden, wenn diese nebenher liefen, ohne Zweifel weit hinter sich zurücklassen. Man sieht's den Bergschlössern in unserem Lande wohl an, daß hier der Haß mit nervigerer Hand die Steine gefügt und getürmt. Dazu die düstere Waldumschattung; das ist prachtvoll ..."

Nochmals sehen wir den Dichter auf einer Donaureise, neun Jahre später aber ist es nicht mehr der lebensfrische, liebestrunkene Lenau von anno 1838! Ein unheilbar dem Wahnsinn verfallener Kranker ist es, den sein Freund an Bord des Dampfschiffes „Kronprinz Max" nach Wien brachte! Es liegt eine erschütternde Tragik in dem Bericht des Freundes über diese traurige Donaureise: „... die Fahrt nach Linz lief glücklich ab. Er schlief zum Teil oder verharrte doch still, so daß man oben gar nicht merken mochte, es wäre ein Tobsüchtiger im Schiffe. Nur einmal, ich glaube bei Deggendorf, richtete Niembsch sich auf und blickte durch die runden Schiffsfensterchen in die vorüberfliegende schöne Gegend hinaus. Als ihm da aus weiter Ferne die blauen Berge des bayrischen Waldes entgegentraten, rief er freudig: ,Hochgebirg? — Wirklich? — Eine Wiese? — Eine grüne Wiese! Niems (so nannte er gewöhnlich seinen Namen in der Krankheit) hüpft darauf. — Das ist eine Eiche, hohe Eiche.' Er lehrte sich gleichsam selbst die entfremdeten

Gegenstände wieder kennen. In einer nahen Au des Ufers weideten Kühe. Da rief er entzückt: ‚Hirsche, schöne Hirsche!‘ Gleich darauf aber stöhnte er entsetzt: ‚Dort tragen sie eine Leiche!‘ Wir mußten nur schnell die Vorhänge zuziehen, ihn sanft niederdrücken und beschwichtigen. In Linz brachte uns der Wagen des Wirts ‚Zur goldenen Kanone‘ in ein für uns gastfreundliches Haus, wo wir alle trefflich übernachteten...

Dem bayrischen, uns zuerst feindlichen, dann aber freund= lichen Schiffskapitän, welcher sehr gefällig sein eigenes Bett zwischen Regensburg und Linz Niembsch zur Benützung überlassen hatte, verehrte ich dafür zum Andenken jenes Exemplar von Faust, das Niembsch zu Winnental selbst ge= braucht. Die Fahrt endlich von Linz nach Wien verlief am Samstag, den 15. Mai 1847, ebenfalls ohne allen Anstand. Wir hatten ein Gemach auf dem Verdeck inne, worin Niembsch nur durch dünne Bretter von der übrigen zahl= reichen Gesellschaft getrennt war, und gleichwohl hatte kein Ununterrichteter auch nur eine Ahnung von seiner Gegen= wart, so sehr ruhig verhielt er sich. Im ganzen war also unsere gewagte Reise eine recht glückliche. Ich erinnere mich ihrer als der vielleicht wichtigsten Handlung meines gan= zen Lebens mit Befriedigung und Stolz. Ja, stolz bin ich darauf, dem geliebten Österreich seinen größten Neudichter heimgebracht zu haben. So stieg denn vom Dampfschiff ‚Sophie‘ (ab Linz) am Sophientage, dem Namenstage sei= ner geliebtesten Freundin, nachmittags um vier Uhr zu Nuß= dorf der Langverbannte, ein geistiger Odysseus, ans kaum erkannte, heimische Ufer ...“

So endete eine historisch gewordene Dichterfahrt am Ni= belungenstrom!

Literatur

Bartlett, H. Die Donau. Leipzig 1845.

Bartsch, Karl. Das Nibelungenlied, in der Sammlung deutscher Klassiker des Mittelalters. 3. Band, 4. Auflage. Leipzig 1875.

Blätter der Erinnerung an die Enthüllung der Scheffel=Gedenktafel auf Aggstein. Wien 1903.

Belvedere. Kunst und Kultur der Vergangenheit. Wien 1924.

Dahlem, Erster Führer durch die prähistorisch=römische Sammlung in Regensburg. Regensburg 1910.

Donaualbum, Illustriertes. Hartlebens Verlag. Wien (o. J.).

Donau, Die freie. Regensburg 1925.

Donau, Die, von Passau bis zum Schwarzen Meere. Erste Kaiserlich=königliche privilegierte Donau=Dampfschiffahrtgesellschaft. 1906.

Drexler, K. Das Stift Klosterneuburg. Wien 1894.

Dülberg, Franz. Deutsche Malerei. Volksverband der Bücherfreunde, Wegweiser=Verlag, Berlin 1924.

Effenberger, Ed. Spitz an der Donau in seiner Vergangenheit und Gegenwart. Krems (o. J.).

Fluß, Dr. Max. Donaufahrten und Donauhandel im Mittelalter und in neueren Zeiten. In der Sammlung „Aus Österreichs Vergangenheit" Nr. 22. Schulwissenschaftlicher Verlag A. Haase, Leipzig, Wien und Prag 1920.

Geographie, Zur, der deutschen Alpen. Prof. Dr. Robert Sieger zum 60. Geburtstag gewidmet von Freunden und Schülern. Herausgegeben vom deutschen akademischen Geographenverein, Graz 1924.

Geographie, Zur, des Wiener Beckens. Prof. Dr. Hans Heiderich zum 60. Geburtstag gewidmet von Freunden und Schülern. Wien 1923.

Guettenberger, Heinrich. Die Donaustädte in Niederösterreich als geographische Erscheinungen. Nr. 1 der von Guettenberger herausgegebenen landeskundlichen Bücherei. Wien, Österreichischer Schulbücherverlag 1924.

Hantsch, Hugo, Jakob Prandauer, Wien 1926.

Heiderich, Prof. Dr. Franz. Die Donau als Verkehrsstraße. Wien und Leipzig 1916.

Heimatgaue, Zeitschrift für oberösterr. Geschichte, Landes- und Volkskunde. Herausgegeben von Prof. Dr. Adalbert Depiny. 5. Jahrg., Linz 1924—1925.

Heimatland, Festausgabe des, Nr. 33: 700-Jahr-Feier der Stadt Eferding. Linz 1925.

Hoernes, M., Urgeschichte der bildenden Kunst in Europa. Wien 1898.

Hofmann, Emil, Donauballaden. Wien 1924.

Hollensteiner, Johannes, Das Chorherrenstift St. Florian. Steyr 1925.

Huemer, Hans, Führer durch Ybbs a. d. Donau und Persenbeug. Zweite verbesserte Auflage. Ybbs 1912.

Ilg, Kunstgeschichtliche Charakterbilder aus Österreich-Ungarn. Wien 1893.

Kohl, J. G., Hundert Tage auf Reisen in den österr. Staaten. Dresden und Leipzig 1842.

Koller, Ludwig, Aus der Kulturvergangenheit altösterreichischer Abteien. Sammlung Volksaufklärung Nr. 55—56. Warnsdorf (o. J.).

Koller, Ludwig, Österr. Kulturbilder aus dem Mittelalter. Regensburg 1914.

Kriechbaum, Ed., Braunauer Heimatkunde. Braunau 1925.

Kunst und Kunsthandwerk, Herausgeg. vom Österr. Museum. Wien 1913.

Kuthmayer, Friedr., Donausagen. Wien (o. J.).

Leixner, O. v., Das Donautal von Passau bis Preßburg. Wien 1918.

Lill, Georg, Deutsche Plastik. Volksverband der Bücherfreunde, Wegweiser-Verlag. Berlin 1925.

Ludwig, V. O., Eine Biedermeierreise. Klosterneuburg 1914.

Ludwig, V. O., Eine Biedermeierreise. 2. Ausg.: Albin Bukovskys Tagebuch. Wien 1916.

Ludwig, V. O., Memoiren eines Vergessenen. Jahrb. des Stifts Klosterneuburg. Wien u. Leipzig 1915.

Ludwig, V. O., Das Wachauffspiel. Spitz a. D. — Wien 1927.

Lübke, W., Grundriß der Kunstgeschichte. Stuttgart 1873.

Mayer, Franz Martin, Geschichte Österreichs. Wien u. Leipzig 1900.

Meinecke, Friedrich und Fritz Vigener, Historische Zeitschrift. Bd. 131, Heft 3. München u. Berlin 1925.

Menghin, Oswald u. Vancura Viktor, Urgeschichte Wiens. 2. Bändchen der urgeschichtlichen Volksbücher. Wien 1924.

Mitteilungen der Geogr. Gesellschaft in Wien. Red. v. H. Leiter. Wien 1925.

Monarchie, Die österr.-ung., in Wort und Bild. Wien 1889.

Müllner, Alphons, Der Kürnberg. Linz 1884.

Pauker, W., Das Chorherrnstift Dürnstein im Jahrbuch Das Stift Klosterneuburg, Bd. III. Wien 1910.

Paukert, J., Kreuzenstein. Wien 1904.

Reischl, Friedr., Wachaustudien. Leipzig u. Wien 1922.

Ricek, L. G., Die Ostmark im Spiegel deutscher Dichtungen.

Riesenhuber M., O.S.B., Die kirchliche Barockkunst in Österreich. Linz 1924.

Sagen und Schwänke aus Niederösterreich. Pädagogische Gesellschaft Wien. Wien, Leipzig u. Neuyork 1924.

Scherndl, Christliche Kunstblätter, Organ des Linzer Diözesan-Kunstvereins. Linz 1913—1914.

Schmid, Wolfgang M., Passau in Seemanns „Berühmte Kunststätten". Bd. 60. Leipzig 1912.

Schroth-Ukmar, Albine, Donausagen. Wien (o. J.).

Sekker, Franz, Burgen und Schlösser, Städte und Klöster Oberösterreichs in Georg Matthäus Vischers Topographia Austriae superioris modernae 1674, Nachrichten aus ihrer Geschichte. Linz 1925.

Simrock, Karl, Das Nibelungenlied. 4. Auflage. Stuttgart u. Tübingen 1844.

Städtebilder u. Landschaften aus aller Welt: Das Benediktinerstift Kremsmünster. Linz (o. J.).

Strnadt, Julian, Der Bauernkrieg in Oberösterreich. Wels 1902.

Suppan, O. V., Die Donau und ihre Schiffahrt. Wien 1917.

Vancsa, M., Geschichte Nieder- und Oberösterreichs. Gotha 1885.

Voß, Hermann, Der Ursprung des Donaustils. Leipzig 1907.

Wolff, Oskar Ludwig Bernhard, Die Donau. Illustriert von Henry Bartlett. Leipzig 1845.

Kleine historische Monographien. Herausgegeben von Nikolaus v. Hovorka. Verlag Reinhold. Wien u. Berlin 1924 ff.

A. Heiligenleben:
1. Bd.: Erinnerungen an den heil. Severin; von Nik. v. Hovorka.
2. Bd.: Die Legende von St. Leopold; von V. O. Ludwig.
3. Bd.: Leben und Versuchungen des heil. Antonius; von Hovorka und Stein.

4. Bd.: St. Benedikt; von C. Vidmar.
5. Bd.: Rufinus, Mönchsleben (Johannes usw.).
6. Bd.: Klemens Maria Hofbauer; v. H. Guettenberger.

B. Kunst- und Kulturstätten:

1. Bd.: Dürnstein a. d. Donau; von R. Gnevkow-Blume.
2. Bd.: Klosterneuburg; von V. O. Ludwig.

C. Historische Schriftdenkmäler:

1. Bd.: Napoleon. Szenen und Karikaturen; von V. O. Ludwig und Claire E. Stransky.

Verzeichnis der Abbildungen

Wo nicht anders bemerkt, stammen die Photographien vom Verfasser

Inhaltsverzeichnis